［新書版］

論語と算盤

お金の大事なこと

渋沢栄一

興陽館

金はもとより無心である。

——本文131頁

善人がこれを持てば、善くなる。
悪人がこれを持てば、悪くなる。

——本文131頁

高尚なる人格をもって正義正道を行い、
しかる後に得た所の富、地位でなければ、
完全な成功とはいわれないのである。

——本文214頁

私は論語で一生を貫いてみせる。

——本文47頁

論語の教訓を標準として、
一生商売をやってみようと決心した。

——本文47頁

はじめに　100年のお金哲学の名著

渋沢栄一の生の言葉を読む

渋沢栄一は、生涯を通して「正しくお金とつきあう」という自分の考えを貫いた人でした。

経済活動は、ただお金を稼げばいいというものではない。

世の中に貢献し、みんなを豊かにすることが大切なのだという大きな理念。

それと同時に、人間としてどのようにお金に向かい合うべきなのか。そもそもお金とは一体なんなのか。どのように稼ぎ、使えばいいのか。正しい商売のやり方とは。

そして、正しい生き方とは。

そうしたまっすぐな問いに、真正面から答えた人でした。

令和6（2024）年7月、長年慣れ親しんだ一万円札の肖像が変わります。福沢諭吉から、500以上の会社の立ち上げに関わり、「日本資本主義の父」と呼ばれた渋沢栄一へと。そのニュースは大きな話題を集めましたが、ついに、満を持しての登場です。

本書『論語と算盤』は経済と道徳の融合を求めた渋沢栄一のお金哲学の集大成です。大正5（1916）年に刊行されてから、人生の参考書として100年以上にわたって多くの人に読み継がれてきた、超・ロングセラー。

いくら時代が移り変わろうとも、その想いは色あせることなく、むしろ新しい。私たちの人生の足元を照らし、生きる道しるべになってくれます。

本書は『論語と算盤』の渋沢栄一本人の原文を全文、収録、各章の冒頭に、現代文で要約した「あらすじ」をもうけました。

それにより、読者が渋沢栄一の生の言葉に触れるだけではなく、彼がどのように考え動いたのかがわかりやすく伝わります。

本書の言葉を友として、あなたの人生がより豊かなものとなるように願っています。

令和6年　1月吉日　　編集部

旧版・はじめに

『論語と算盤』刊行にあたって

歴史的名著『論語と算盤』を新編集で

渋沢栄一は、このように語っています。

「私は論語で一生を貫いてみせる。金銭を取り扱うが何ゆえ賎しいか。君のように金銭を卑しむようでは国家は立たぬ。官が高いとか、人爵《じんしゃく》が高いとかいうことは、そう尊《とうと》いものでない。人間の勤むべき尊い仕事は到る処にある。官だけが尊いのではないと、いろいろ論語などを援《ひ》いて弁駁《べんばく》し説きつけたのである。そして私は論語を最も瑕瑾《きず》のないものと思ったから、論語の教訓を標準として、一生商売をやってみようと決心した。」

本書『論語と算盤』は、こうした渋沢栄一の講演や談話をまとめた渋沢の代表作です。渋沢栄一は、古代中国の道徳である「論語」と、本来道徳とは対極にあるはずの金勘定である「算盤」という一見かけ離れたものを結びつけて、商売にもモラルが必要だと説きました。本書は、商売のこと、仕事のこと、人間の生き方といった人生全般についての渋沢哲学の集大成です。

今回、この『論語と算盤』の全文を原文で収録しただけでなく、各章の冒頭に現代語の「あらすじ」をもうけることで、渋沢栄一の「生の言葉」に触れるとともに、彼が実際にどのように考え、どのように行動したかが、より理解しやすくなっています。

原文には、当時使われていた難解な言葉も含まれていますが、読むほどに時代背景を含めた原著ならではの味わいがあります。理解の一助とするために、編集にあたっては独自に小見出しをつけました。

生涯で500社以上もの有名企業を創設した

渋沢栄一は、たった6歳で孔子の『論語』を読みはじめ、その思想に大きな感銘を受けて、これを生涯、自らの人生の指針としました。そして長ずるにつれ、それを商売の世界で役立てようと決心したのです。

こうして渋沢栄一は、『論語』の思想を体現すべく、日本ではじめて株式会社をつくり、多数の会社の創業と経営に関わるとともに、銀行と金融の仕組みを確立するという、日本の資本主義の確立に不可欠な役割を果たしました。これが、渋沢栄一が「日本資本主義の父」と呼ばれるゆえんです。

渋沢栄一は、生涯で500社以上もの企業を創設しました。一例をあげると、現みずほ銀行の前身である第一国立銀行、東京株式取引所（現・東京証券取引所）、東京瓦斯（現・東京ガス）、東京海上保険（現・東京海上火災保険）、王子製紙（現・王子製紙、日本製紙）、田園都市（現・東急）、秩父セメント（現・太平洋セメント）、帝国ホテル、京阪電気鉄道、東洋紡績（現・東洋紡）、日本郵船、キリンビール、サッポロビールなど。

今や誰もが知っている有名企業の多くは、もともと渋沢栄一の手によって創設されたものなのです。渋沢栄一の日本経済への影響力の大きさに、改めて感じ入るほかありません。

渋沢栄一の波乱万丈の人生

そのような偉業を成し遂げた渋沢栄一は、どのような人生を送ったのでしょうか。農民から身を起こし、時代の変遷とともに倒幕志士、武士、幕臣、明治政府高官、起業家などさまざまな肩書を身につけたその一生は、一言でいえば波乱万丈でした。その生涯を、ごく簡単に紹介しましょう。

渋沢栄一は、江戸幕末の天保11（1840）年、武蔵国榛沢郡血洗島村（現・埼玉県深谷市

血洗島）に生まれました。子ども時代に読書のおもしろさに目覚めて、たくさんの本を読みあさり、すでに述べたように、6歳にして『論語』を読んでいたというから驚きです。実家は染料を製造販売しながら養蚕などを手掛ける農家で、渋沢は13歳のときから家の仕事を手伝いながら、商売を覚えていきます。こうして、渋沢の思考力と商才の素養が育っていきました。

そのような環境の中で、いつしか渋沢は、「農民のままでいては人生が制限される」と、転身を考えるようになりました。その後江戸に出て剣術修行の傍ら、勤皇志士と交友を結ぶうちに、天皇を尊び外敵を討ち倒すという尊皇攘夷の思想に目覚め、倒幕運動に邁進しますが、運動は挫折。渋沢は武士となり、たまたま仕えた一橋慶喜がその後「将軍・徳川慶喜」となったことで、自らも幕臣へと出世します。

慶喜の弟についてヨーロッパの各国を訪れた渋沢は、西洋の合理的な金融システムに触れて深く感激をします。幕府が倒れた大政奉還後、明治新政府に呼び戻された渋沢は、大蔵省に入って官僚となります。ここで先のヨーロッパで見た資本主義を導入して、財政政策をつくり度量衡の制定や郵便制度の導入など圧倒的な実績を残します。

しかし、ほどなく渋沢は大久保利通と衝突して職を辞し、民間へと活躍の場を移します。官僚時代に国立銀行条例など銀行の仕組みを作っていた渋沢は、自らが設立した第一国立銀行の頭取に就任し、その後、500社以上の企業や、商法講習所（現・一橋大学）など多数の学校の設立に関わることになりました。

激動の時代を駆け抜けた渋沢栄一は、まさに現在の日本経済の基礎を築いた最大の功労者であり、その偉大な功績により、２０２４年に発行される予定の新紙幣・一万円札の顔に選ばれました。いまもっとも注目される偉人・渋沢栄一の思想や考え方を知ることは、同じく先の見えないこの激動の時代を生きる私たちにとっての励ましとなるとともに、人生をより充実して生きるための道しるべとなることは間違いありません。本書がその一助となれば幸いです。

令和2年11月吉日　編集部

「論語」とは

古代中国の思想家、孔子の教えを弟子たちが書き留めたもの。
紀元前5世紀頃に記されて、現代でもなお広く語りつがれています。
人の生きる道、考え方、道徳、モラルなどを述べており、
参考にしようとする人がとても多い書物です。

［新書版］論語と算盤――お金の大事なこと　目次

第二章

「立志と学問」

第三章

「常識と習慣」

常識人として、よい習慣を身につける……97

第四章

「仁義と富貴」正しくお金儲けをして正しく使う……125

第五章

しっかり考えて行動すれば、過ちも少ない……153

「理想と迷信」

第六章

すぐに答えを出さない、じっくり考える……183

第七章

「算盤と権利」

第八章

武士道で実業をする……237

「実業と士道」

第九章

「教育と情誼」はっきりと目的を持って学ぶ……265

第十章

「成敗と運命」

成功なんて気にするな……289

本書は『論語と算盤――渋沢栄一の名著を「生の言葉」で読む。』(弊社刊)を再編集したものです。

※底本には、『論語と算盤』（忠誠堂／１９２７年）を使用した。

※本書には、年号や漢文の典拠等に一部誤りがあるが、原文を尊重し、そのままとした。

※現代仮名遣いと常用漢字に適宜改めたほか、難しい言葉には意味を添えた。

※あらすじと小見出しはわかりやすくするため独自に付けた。

※漢文には書き下し文や現代語訳を付けた。

格言五則

言行君子之枢機、枢機之発、栄辱之主。

易経

言行《げんこう》は君子の枢機《すうき》なり。枢機《すうき》の発《はっ》するや、栄辱《えいじょく》の主たり。

【訳】言行は君子（学識・人格ともに優れた人物）にとって枢機（「枢」は戸の開閉装置のくる る、「機」は石弓《いしゆみ》の引《ひ》き金《がね》。そのように物事の肝心なところ）のように極めて重要なものである。その発する一瞬で、栄誉を得るか恥辱を受けるか決まってしまう。

発レ言盈レ庭、誰敢執二其咎一。

詩経

言《げん》を発《はっ》して庭《てい》に盈《み》つ。誰《たれ》か敢《あえ》て其《そ》の咎《とが》を執《と》らん。

【訳】皆がそれぞれ意見を述べて庭中いっぱい。けれど誰もその責任をとろうとしない。

言不レ務レ多、而務レ審二其所一レ謂。

戴記

言《げん》は多《おお》きに務《つと》めず。其《そ》の謂《い》う所《ところ》を審《あきら》かにするに務む。

【訳】言葉は多ければよいわけではない。その趣旨を明らかにすることが大切である。

声無二細而不一レ聞、行無二隠而不一レ明。

説苑

この文は『説苑《ぜいえん》』にはない。この文はおそらく『荀子』勧学篇の「故声無小而不聞、行無隠不形」を引用したもので、文字も写し間違えている。この『荀子』の文だと、次のようになる。

〔故《ゆえ》に、〕声《こえ》は小《しょう》にしても聞《きこ》えざるはなく、行《おこない》は隠《かく》しても形《あらわ》れざるはなし。

【訳】〔だから、〕優れた人の声（意見）はたとえ小さくても必ず聞こえ、行いは隠していても必ず現れる。

志意修、則驕二富貴一、道義重、則軽二王公一。

荀子

志《し》意《い》修《おさ》まれば、則《すなわ》ち富《ふう》貴《き》を驕《あなど》り、道《どう》義《ぎ》重《おも》ければ、則《すなわ》ち王《おう》公《こう》を軽《かろ》しとす。

【訳】こころざしがきちんと定まっていれば、富や地位など問題ではない。行いが道義にかなっているという自信があれば、たとえ王公貴人の前に出てもひけ目を感じない。

第一章

武士の心と商人の才覚で生きる

「処世と信条」

武士の心と商人の才覚で生きる

『処世と信条』の章のあらすじ

社会でうまくいくには、士魂（武士的精神）と商才がなくてはならない。論語は最も士魂養成の役に立つものだと思う。商才もまた根底にあるのは道徳であるので、世の中をうまく渡っていくためには、まずは論語を熟読するのがよい。

気長に時期の到来を待つということも、忘れてはならない心がけである。逆境にたたされたら、それが人為的逆境であるか、自然的逆境であるかを区別し対策をたてるべきだ。人為的逆境であったならば、自分の悪い点を反省し改めるしかない。自然的逆境であっても、「これが天命なのだ」と受け入れ努力を続けるのがよい。

うまくいっている時もうまくいかない時も平常心を心掛けることが大切である。ことの大小にかかわらず、本質をよく考えてから適切な処置をしないと思いもよらない間違いを犯しやすいことを忘れてはいけない。

編集部

「論語」と「算盤」は遠くて近い

今の道徳によって最《もっと》も重《おも》なるものとも言うべきものは、孔子《こうし》のことについて門人達の書いた論語という書物がある。これは誰でも大抵読むということは知っているがこの論語というものと、算盤《そろばん》というものがある。これははなはだ不釣合《ふつりあい》で、大変に懸隔《けんかく》したものであるけれども、私は不断《ふだん》にこの算盤は論語によってできている、論語はまた算盤によって本当の富が活動されるものである、ゆえに論語と算盤は、はなはだ遠くしてはなはだ近いものであると始終論じておるのである。ある時、私の友人が、私が七十になった時に、一つの画帖を造ってくれた。その画帖の中《なか》に論語の本と算盤と、一方には「シルクハット」と朱鞘《しゅざや》の大小の絵が描いてあった。一日、学者の三島毅《みしまき》先生が私の宅へござって、その絵を見られて、「はなはだ面白い。私は論語読みの方だ。お前は算盤を攻究している人で、その算盤を持つ人が、かくのごとき本を充分に論ずる以上は、自分もまた論語読みだが算盤を大いに講究せねばならぬから、お前とともに論語と算盤をなるべく密着するように努めよう」と言われて、論語と算盤のことについて一つの文章を書いて、道理と事実と利益と必ず一致するものであるということを、種々《しゅじゅ》なる例証を添えて一大文章を書いてくれられた。私が常にこの物の進みは、ぜひとも大なる欲望《よくぼう》をもって利殖《りしょく》を図《はか》ることに充分でないものは、決して進むものではない。ただ空理にはしり虚栄に赴《おもむ》く国民は、決して真理の発達をなすものではない。ゆえに自分等はなるべく政治界、軍事界などがただ跋扈《ばっこ》せずに、実業界がなるべく力を張るように希望する。これはすなわち物を増殖する務めである。これが完全でなければ国の富はなさぬ。その富をなす根源は何かといえば、仁義道徳。正しい道理の富でなければ、その富は完全に永続することができぬ。ここにおいて論語と算盤という懸け離れたものを一致せしめることが、今日の緊要の務めと自分は考えているのである。

「論語」で「士魂商才」をつくる

昔、菅原道真《すがわらみちざね》は和魂漢才《わこんかんさい》ということを言った。これは面白いことと思う。これに対して私は常に士魂商才《しこんしょうさい》ということを唱道するのである。和魂漢才とは、日本人に日本の特有なる日本魂《やまとだましい》というものを根底としなければならぬが、しかし支那は国も古し、文化もはやく開けて孔子、孟子《もうし》のごとき聖人、賢者を出しているくらいであるから、政治方面、文学方面その他において、日本より一日の長《ちょう》がある。それゆえ、漢土の文物学問をも修得して才芸を養わなければならぬという意味であって、その漢土の文物学問は、書物もたくさんあるけれども、孔子の言行を記した論語が中心となっておるのである。それは尚書《しょうしょ》、詩経、周礼《しゅらい》、儀礼《ぎらい》などの、禹《う》湯《とう》、文武《ぶんぶ》、周公《しゅうこう》のことを書いた書物もあるけれども、それとてもやはり孔子の編纂《へんさん》したものと伝えられてあるから、漢学といえば孔子の学。孔子が中心となっているのである。その孔子の言行を書いた論語であるから、菅公も大いにこれを愛誦《あいしょう》し、応神《おうじん》天皇の朝に百済《くだら》の王仁《わに》が献上した論語、千字文《せんじもん》の朝廷に伝えられたのを筆写して伊勢《いせ》の大廟《たいびょう》に献じたのが世に菅本論語《かんほんろんご》といって現存しているのである。

士魂商才というのも同様の意義で、人間の世の中に立つには、武士的精神の必要であることは無論であるが、しかし、武士的精神のみに偏して商才というものがなければ、経済の上から自滅を招くようになる。ゆえに士魂にして商才がなければならぬ。その士魂を養うには、書物という上からはたくさんあるけれども、やはり論語は最も士魂養成の根底となるものと思う。それならば商才はどうかというに、商才も論語において充分養えるというのである。道徳上の書物と商才とは何の関係が無いようであるけれども、その商才というものも、もともと道徳をもって根底としたものであって、道徳と離れた不道徳、欺瞞《ぎまん》、浮華《ふか》〔うわついていて華やか〕、軽佻《けいちょう》〔落ち着きがなく軽はずみ〕の商才は、いわゆる小才子《こざいし》、小利口《こりこう》であって、決して真の商才ではない。ゆえに商才は道徳と離るべからざるものとすれば、道徳の書たる論語によって養える訳《わけ》である。また人の世に処するの道は、なかなか至難のものであるけれども、論語を熟読玩味《じゅくどくがんみ》〔意義をよく味わう〕して往《ゆ》けば大いに覚《さと》る所があるのである。ゆえに私は平生《へいぜい》、孔子の教えを尊信すると同時に、論語を処世の金科玉条〔最も大切にして守らなければならない重要な法律・規則〕として、常に座右から離したことはない。

我邦《わがくに》でも賢人豪傑はたくさんにいる。そのうちでも最も戦争が上手であり、処世の道が巧《たく》みであったのは、徳川家康公《とくがわいえやす》である。処世の道が巧みなればこそ、多くの英雄豪傑を威服して十五代の覇業《はぎょう》を開くを得《え》たので、二百余年間、人々が安眠高枕《あんみんこうちん》〔安らかに、のんびりしてよく眠る〕することのできたのは実に偉《い》とすべきである。それゆえ処世の巧みな家康公であるから、種々《しゅじゅ》の訓言《くんげん》を遺されている。かの「神君遺訓《しんくんいくん》」なども、われわれ処世の道を実によく説かれている。しかしてその「神君遺訓」を私が論語と照らし合わせてみたのに、実に符節を合わするがごとくであって、やはり大部分は論語から出たものだということが分かった。例えば「人の一生は重荷を負って遠き道を行くがごとし」とあるのは、論語の「士ハ不レ可三以テ不二ル弘毅一ナラ、任重ク而道遠シ、仁以テ為二ス己ガ任一ト、不二亦重一カラ乎、死シテ而シテ後已ム、不二亦遠一カラ乎（士はもって弘毅《こうき》ならざるべからず。任《にん》重くして道遠し。仁もって己《おの》が任となす。また重からずや。死してのち已《や》む。また遠からずや）」とある。この曾子《そうし》の言葉とまことによく合っている。

また「己れを責めて人を責むるな」は、「己レ欲レシテ立ント而シテ立レテ人ヲ、己レ欲レシテ達セント而シテ達レス人ヲ（己《おの》れ立たんと欲《ほっ》して人を立て、己れ達《たっ》せんと欲して人を達す）」という句の意を採られたのである。また「及ばざるは過《す》ぎたるより勝《まさ》れり」というのは、例の「過猶レ不レ及（過ぎたるは、なお及ばざるがごとし）」と孔子が教えられたのと一致しておる。

「堪忍《かんにん》は無事長久の基《もとい》、怒りは敵と思え」は「克己復礼《こっきふくれい》（己《おの》れに克《か》ちて礼に復《ふく》す）」の意である。

「人はただ身のほどを知れ草の葉の　露も重きは落つるものかな」は分《ぶん》に安《やす》んずることである。

「不自由を常と思えば不足なし、心に望み起こらば、困窮《こんきゅう》したる時を思い出すべし」「勝つことばかりを知りて負くることを知らざれば、害その身に至る」とある。この意味の言葉は論語の各章にしばしば繰り返して説いてある。

次に、公が処世に巧みであったこと、二百余年の大偉業を開かれたことは、たいてい論語から来ているのである。

世の人は漢学の教うる所は禅譲《ぜんじょう》放伐《ほうばつ》〔古代中国で正当とされる王朝交代の二つのやり方。禅譲は帝王がその位を世襲せず有徳者に譲ること。放伐は徳を失った君主を討伐して放逐すること〕を是認しておるから、わが国体に合《がっ》しないというが、それは一を知って二を知らざる説である。孔子の「謂フレ韶ヲ、尽クスレ美ヲ矣、又尽クスレ善ヲ也、謂フレ武ヲ、尽クスレ美ヲ矣、未ダレ尽クサレ善ヲ也（韶《しょう》を謂《い》う。善を尽《つく》す、また美を尽くすなり。武を謂う。美を尽くす、いまだ善を尽くさざるなり）」とあるのを見ても明らかであって、韶という音楽は堯舜《ぎょうしゅん》のことを述べたので、とにかく堯は舜の徳を悦《よろこ》んで位を譲ったのである。ゆえに、そのことを歌った音楽は実に善美を尽くしている。しかるに武という楽は武王《ぶおう》のことを歌ったので、たとえ武王は徳があったにせよ、兵力をもって革命を起こし位に登ったのであるから、したがって、その音楽も善を尽くさないと言っておられる。孔子の意では、革命ということは望ましいものでないということが充分に看《み》ることができる。何でも人を論ずるには、その時代というものを考えなければならぬ。孔子は周《しゅう》の代の人であるから、充分に露骨《ろこつ》に周代の悪しきことを論ぜられないから、美を尽くせりまだ善を尽くさずというように、婉《えん》曲《きょく》に言っておるのである。不幸にして孔子は、日本のような万世一系の国体を見もせず、知りもしなかったからであるが、もし日本に生まれ、または日本に来て万世一系のわが国体を見聞したならば、どのくらい讃歎《さんたん》したかしれない。韶を聞いて美を尽くし善を尽くせりと誉めた所ではない。それ以上の賞讃尊敬の意を表したに違いない。世人《せじん》が孔子の学を論ずるには、よく孔子の精神を探り、いわゆる眼光紙背《がんこうしはい》に徹する〔書物を読んで、ただ字句の解釈にとどまらず、その深意を読みとる〕底《てい》の大活眼をもってこれを観《み》なければ、皮相に流れるおそれがある。

ゆえに私は人の世に処せんとして道を誤まらざらんとするには、まず論語を熟読せよというのである。現今世の進歩に従って、欧米各国から新しい学説が入って来るが、その新しいというは、われわれから見ればやはり古いもので、すでに東洋で数千年前に言っておることと同一の者を、ただ言葉の言い廻しを旨くしておるに過ぎぬと思われるものが多い。欧米諸国の日進《にっしん》月歩《げっぽ》の新しい者を研究するのも必要であるが、東洋古来の古い者の中にも捨てがたい者のあることを忘れてはならぬ。

天は人を罰しない

孔夫子《こうふうし》が「罪を天に獲《う》れば、祷《いの》る所なし」といわれた言葉のうちにある天とは、果たして何であろうか。私は天とは天命の意味で、孔夫子もまたこの意味において、天なる語を用いられたものと信ずるのである。
人間が世の中に活き働いてるのは天命である。草木には草木の天命あり、鳥獣には鳥獣の天命がある。この天命がすなわち天の配剤となって顕われ、同じ人間のうちには、酒を売るものがあったり、餅《もち》を売ったりする者があったりするのである。天命には如何《いか》なる聖人賢者とても、必ず服従を余儀なくせられるもので、堯といえども、わが子の丹朱《たんしゅ》をして帝位を継がしむること能《あた》わず、舜といえども、また太子の商均をして位につかしむるわけには行かなかったのである。これ皆、天命のしからしむる所で、人力の如何《いかん》ともすべからざる所である。草木はどうしても草木で終わらねばならぬもので、鳥獣になろうとしてなり得られるものでない。鳥獣とてもまた如何《いか》になろうとしたからとても、草木にはなり得られぬものである。畢竟《ひっきょう》〔結局のところ〕みな天命である。これによって考えてみても、人間は天命に従って行動せねばならぬものであることがすこぶる明らかになる。

されば孔子がいわれた「罪を天に獲る」とは、無理な真似をして不自然の行動に出づるという意味であろうかと思う。無理な真似をしたり不自然な行動をすれば、必ず悪い結果を身の上に受けねばならぬに決まっている。その時になって、その尻《しり》を何処かへ持ってゆこうとしたところで、元来が無理や不自然なことをして自《みずか》ら招いた応報であるから、何処へも持って行き所がないということになる。これがすなわち「祷る所なし」との意味である。

孔子は論語陽貨《ようか》篇において、「天何ヲカ言フヤ哉、四時行ハレ焉、百物生ズ焉、天何ヲカ言フヤ哉（天何をか言うや、四時《しいじ》行われ、百物生ず、天何をか言うや）」と仰せられ、また孟子も万章　章《ばんしょうしょう》句上《くじょう》において、「天不レ言ハ、以テ二行ト与レ事ト示レス之ヲ而已（天言わず、行と事とをもって、これを示すのみ）」といわれておる通り、人間が無理な真似をしたり、不自然な行動をしたりなぞして罪を天に獲たからとて、天が別に物を言ってその人に罰を加えるわけでも何でもない。周囲の事情によって、その人が苦痛を感ずるようになるだけである。これがすなわち天罰というものである。人間が如何にこの天罰から免れようとしても、決して免れ得《う》べきものではない。自然に四時の季節が行なわれ、天地万物の生育するごとくに、天命は人の身の上に行なわれてゆくものである。ゆえに、孔夫子も中庸《ちゅうよう》の冒頭において、「天ノ命之ヲ謂フレ性ト（天の命、これを性と謂う）」と言われておる。如何に人が神に祷ればとて、仏にお頼み申したからとて、無理な真似をしたり不自然な行為をすれば、必ず因果応報はその人の身の廻りに来るもので、到底これを逃れる訳に行くものではない。ここにおいてか自然の大道を歩んでごうも〔少しも〕無理な真似をせず、内《うち》に省《かえり》みて疚《やま》しからざる者にして、初めて孔夫子の言《げん》のごとく、「天生ズ二徳ヲ於予ニ一、桓魋其レ如レ予ヲ何セン（天、徳を予に生ず。桓魋《かんたい》、それ予をいかんせん）」との自信を生じ、ここに真正の安心立命を得られることになるのである。

人は「第一印象」でわかる

佐藤一斎《さとういっさい》先生は、人と初めて会った時に得た印象によってその人の如何なるかを判断するのが、最も間違いのない正確な人物観察法なりとせられ、先生の著述になった『言志録《げんしろく》』のうちには、「初見《しょけん》の時に相《そう》すれば人多く違《たが》わじ」という句さえある。初めて会った時によくその人を観《み》れば、一斎先生の言のごとく多くは誤たぬもので、たびたび会うようになってからする観察は考え過ぎて、かえって過誤に陥りやすいものである。初めてお会いしたその時に、この方はたいていこんな方だなと思った感じには、いろいろの理屈《りくつ》や情実が混ぜぬから、至極《しごく》純な所のあるもので、その方がもし偽り飾っておらるれば、その偽り飾っておらるる所が、初見の時にはチャンと当方と胸の鏡に映ってありありと見えることになる。しかし、たびたびお会いするようになると、ああでない、こうであろうなどと、他人の噂を聞いたり、理屈をつけたり、事情に囚《とら》われたりして考え過ぎることになるから、かえって人物の観察を過まるものである。

また孟子は「存スル二乎人ニ一者、莫シレ良キハ二於眸子ヨリ一、眸子ハ不レ能ハレ掩フコト二其ノ悪ヲ一、胸中正ケレバ、則チ眸子瞭カナリ焉、胸中不レバレ正カラ、則チ眸子眊シ焉（人に存する者、眸子《ぼうし》〔ひとみ〕より良きはなし。眸子は、その悪を掩《おお》うことあたわず。胸中正しければ、すなわち眸子、瞭《あきら》かなり。胸中正しからざれば、すなわち眸子眊《くら》し）」と、孟子一家の人物観察法を説かれている。すなわち孟子の人物観察法は、人の眼によってその人物の如何を鑑別するもので、心情の正しからざるものは何となく眼に曇りがあるが、心情の正しいものは、眼が瞭然《はっきり》として淀《よど》みがないから、これによってその人の如何なる人格であるやを判断せよというにある。この人物観察法もなかなか的確の方法で、人の眼をよく観ておきさえすれば、その人の善悪正邪《ぜんあくせいじゃ》はたいてい知れるものである。

論語に「子曰ク、視二其ノ所ヲ一レ以イル、観二其ノ所ヲ一レ由ル、察スレバ二其ノ所ヲ一レ安ンズル、人焉ンゾ痩サン哉（子いわく、その以《もち》いるところを視《み》、その由《よ》るところを観《み》、その安んずるところを察すれば、人いずくんぞ痩《かく》さんや）」、初見の時に人を相する佐藤一斎先生の観察法や、人の眸子《ぼうし》を観てその人を知る孟子の観察法は、ともにすこぶる簡易なてっとりばやい方法で、これによってたいていは大過なく、人物を正当に識別し得らるるものであるが、人を真に知ろうとするにはかかる観察法では到らぬ所があるから、ここに挙げた論語為政《いせい》篇の章句のごとく、視、観、察の三つをもって、人を識別せねばならぬものだというのが、孔夫子《こうふうし》の遺訓である。

視も観もともに「ミル」と読むが、視は単に外形を肉眼によって見るだけのことで、観は外形よりもさらに立ち入ってその奥に進み、肉眼のみならず、心眼を開いて見ることである。すなわち孔夫子の論語に説かれた人物観察法は、まず第一にその人の外部に顕われた行為の善悪正邪を相し、それよりその人の行為は何を動機にしているものなるやをとくと観、さらに一歩を進めて、その人の安心はいずれにあるや、その人は何に満足して暮らしてるや等を知ることにすれば、必ずその人の真人物が明瞭《めいりょう》になるもので、如何にその人が隠そうとしても、隠し得られるものでないというにある。如何に外部に顕われる行為が正しく見えても、その行為の動機になる精神が正しくなければ、その人は決して正しい人であるとは言えぬ。時には、悪をあえてすること無しとせずである。また外部に現れた行為も正しく、これが動機となる精神もまた正しいからとて、もしその安んずるところが飽食《ほうしょく》暖衣《だんい》逸居《いっきょ》するにありというようでは、時に誘惑に陥って意外の悪をなすようにもなるものである。ゆえに行為と動機と、満足する点との三拍子が揃って正しくなければ、その人は徹頭徹尾《てっとうてつび》、永遠まで正しい人であるとは言いかねるのである。

論語は誰もが使える実用的な教訓

明治六年官を辞して、年来の希望なる実業に入ることになってから、論語に対して特別の関係ができた。それは初めて商売人になるという時、ふと心に感じたのは、これからはいよいよ錙銖《しゅし》〔僅少〕の利もて、世渡りをしなければならぬが、志を如何に持つべきかについて考えた。その時前に習った論語のことを思い出したのである。論語にはおのれを修め人に交わる日常の教えが説いてある。論語は最も欠点の少ない教訓であるが、この論語で商売はできまいかと考えた。そして私は論語の教訓に従って商売し、利殖を図ることができると考えたのである。

そこへちょうど、玉乃（世履《せいり》）という岩国《いわくに》の人で、後《のち》に大審院長になり、書も達者、文も上手、至って真面目な人で、役人中では玉乃と私とはマー循吏《じゅんり》〔法理を守って熱心に人民を治める官吏〕といわれていた。二人は官で非常に懇親にし、官も相並んで進み、勅任官になった。二人はともに将来は国務大臣になろうという希望を懐《いだ》いて進んでいたのだから、私が突然官を辞して商人になるというを聞き、痛く惜しまれ、ぜひにと言って引き止めてくれた。私はその時、井上《いのうえ》さんの次官をしていたので、井上さんは官制のことについて内閣と意見を異《こと》にし、ほとんど喧《けん》嘩《か》腰で退《ひ》いた。そして私も井上さんとともに辞したから、私も内閣と喧嘩して辞したように見えたのである。もちろん私も井上さんと同じく、内閣と意見は違っていたけれども、私の辞したは喧嘩ではない。主旨が違う。私の辞職の原因は、当時のわが国は政治でも教育でも着々改善すべき必要がある。しかしわが日本は、商売が最も振るわぬ。これが振るわねば日本の国富を増進することができぬ。これは如何にもして他の方面と同時に、商売を新興せねばならぬと考えた。その時までは商売に学問は不要である。学問を覚えればかえって害がある、「貸家札《かしやふだ》唐様《からよう》で書く三代目」といって、三代目は危険であるという時代であった。そこで不肖《ふしょう》ながら学問をもって利殖を図らねばならぬという決心で、商売人に変わったのであるけれども、しかしそこまでは、いくら友人でも分からなかったのだから、私の辞職を喧嘩だと合点し、ひどく私を誤っているとして責めた。君も遠からず長官になれる、大臣になれる。お互いに官にあって国家のために尽くすべき身だ。しかるに賤《いや》しむべき金に眼《まなこ》が眩《くら》み、官を去って商人になるとは実に呆《あき》れる。今まで君をそういう人間だとは思わなかった、と言って忠告してくれた。その時私は大いに玉乃を弁駁《べんばく》〔他人の説を攻撃して言いやぶる〕し説得したが、私は論語を引き合いに出したのである。趙普《ちょうふ》が論語の半ばで宰相を助け、半ばでわが身を修めると言ったことなどを引き、私は論語で一生を貫いてみせる。金銭を取り扱うが何ゆえ賤しいか。君のように金銭を卑しむようでは国家は立たぬ。官が高いとか、人爵《じんしゃく》〔人から与えられた官位〕が高いとかいうことは、そう尊《とうと》いものでない。人間の勤むべき尊い仕事は到る処にある。官だけが尊いのではないと、いろいろ論語などを援《ひ》いて弁駁し説きつけたのである。そして私は論語を最も瑕瑾《きず》〔欠点〕のないものと思ったから、論語の教訓を標準として、一生商売をやってみようと決心した。それは明治六年の五月のことであった。

それからというものは、勢い論語を読まなければならぬことになり、中村敬宇《なかむらけいう》先生や信夫《しのぶ》恕軒《じょけん》先生に講義を聴いた。いずれも多忙なものだから、終わりまでは成し遂げなんだが、最近からは大学の宇野さんに願ってまた始めた。主として子供のためにやっておるが私も必ず出席して聴き、そして種々《いろいろ》と質問し、また解釈について意見が出たりして、なかなか面白く有益である。一章一章講義し、皆《みんな》で考えて本当に分かって後、進むのだからなかなか進まないが、その代わり意味は善《よ》く判って、子供なども大変に面白がっている。

私は今までに五人の手で論語を講究しているが、学問的でないから、時には深い意味を知らずにおることがある。例えば、泰伯《たいはく》第八の「邦有《ツテ》レ道、貧《シク》且《ッ》賤《シキハ》焉、恥也。邦無《クシテ》レ道、富《ミ》且《ッ》貴《キハ》焉、恥也（邦《くに》道あって、貧しくかつ賤《いや》しきは恥なり。邦道なくして、富みかつ貴《たっと》きは恥なり）」の語のごときも、今となって深い意味を含んでいることを知った。このたびは論語をくわしく攻究しておるので、いろいろな点に気がついて悟るところが多い。しかし論語は決してむずかしい学理ではない。むずかしいものを読む学者でなければ解らぬというようなものでない。論語の教えは広く世間に効能があるので、元来解りやすいものであるのを、学者がむずかしくしてしまい、農工商などの与《あず》かり知るべきものでないというようにしてしまった。商人や農人は論語を手にすべきものでないというようにしてしまった。これは大なる間違いである。

かくのごとき学者は、たとえばやかましき玄関番のような者で、孔夫子には邪魔者である。こんな玄関番を頼んでは、孔夫子に面会することはできぬ。孔夫子は決してむずかし屋でなく、案外捌《さば》けた方で、商人でも農人でも誰にでも会って教えてくれる方で、孔夫子の教えは実用的の卑近の教えである。

気長に待つのもときには大事

いやしくも人と生まれ——ことに青年時代において、絶対に争いを避けようとするごとき卑屈の根性では、到底進歩する見込みも、発達する見込みもなく、また社会進運の上にも争いの必要であることは、言うまでもないのであるが、争いを強いて避けぬと同時に、時期の到来を気長に待つということも、処世の上には必要欠くべからざるものである。

　私は今日とてももちろん、争わざるべからざる所は争いもするが、半生以上の長い間の経験によって、いささか悟った所があるので、若い時におけるがごとくに、争うことをあまり多く致さぬようになったかのごとくに、自分ながら思われる。これは世の中のことは、かくすれば必ずかくなるものである、という因果の関係をよく呑《の》み込んでしまって、すでにある事情が因《もと》をなしてある結果を生じてしまってる所に、突然横から現れて形勢を転換しようとし、如何に争ってみた所が、因果の関係は俄《にわか》にこれを断ち得るものでなく、ある一定の時期に達するまでは、人力《じんりょく》で到底形勢を動かし得ざるものであることに想い到ったからである。人が世の中に処して行くのには、形勢を観望して気長に時期の到来を待つということも、決して忘れてはならぬ心掛けである。正しきを曲げんとするもの、信ずる所を屈せしめんとする者あらば、断じてこれと争わねばならぬ。青年子弟諸君に勧めるかたわら、私はまた気長に時期の到来を待つの忍耐もなければならぬことを、ぜひ青年子弟諸君に考えておいて貰《もら》いたいのである。

　私は日本今日の現状に対しても、極力争ってみたいと思うことがないでもない。いくらもある。なかんずく日本の現状で私の最も遺憾《いかん》に思うのは、官尊民卑の弁がまだやまぬことである。官にある者ならば、如何に不都合なことを働いても、たいていは看過せられてしまう。たまたま世間物議の種を作って、裁判沙汰《ざた》となったり、あるいは隠居をせねばならぬような羽目に遭うごとき場合もないではないが、官にあって不都合を働いておる全体の者に比較すれば、実に九牛《きゅうぎゅう》の一毛《いちもう》、大海の一滴にも当たらず、官にある者の不都合の所為は、ある程度までは黙許の姿であるといっても、あえて過言ではないほどである。

これに反し、民間にある者は、少しでも不都合の所為があれば、ただちに摘発されて、たちまち縲紲《るいせつ》〔縛られて獄に入る〕の憂き目に遭わねばならなくなる。不都合の所為あるものは、すべて罰せねばならぬとならば、その間に朝にあると野《や》にあるとの差別を設け、一方は寛に、一方は酷であるようなことがあってはならぬ。もし大目に看過すべきものならば、民間にある人々に対しても官にある人々に対すると同様に、これを看過してしかるべきものである。しかるに日本の現状は、今もって官民の別により、寛厳の手心を異にしている。

また民間にある者が、如何に国家の進運に貢献するような功績を挙げても、その功が容易に天朝に認められぬに反し、官にあるものは寸功があったのみでも、すぐにそれが認められて恩賞に与《あず》かるようになる。これらの点は、私が今日において極力争ってみたいと思うところだが、たとい如何に私が争ったからとて、ある時期の到来するまでは、到底大勢を一変するわけにゆかぬものと考えているので、目下《もっか》のところ私は、折に触れ不平を洩《も》らすぐらいに止め、あえて争わず、時期を待ってるのである。

人は適材適所に置く

才能の適不適を察し、適材を適所に置くということは、多少なりとも人を使う者の、常に口にこれを言う所であって、しかしてまた常に心にこれを難ずる所である。さらにまた惟《おも》うに、適材を適所に置くということの蔭《かげ》には、往々にして権謀《けんぼう》の加味されている場合がある。自己の権勢を張ろうとするには、何よりも適材を適所に配備し、一歩は一歩より、一段は一段より、漸次《ぜんじ》に自己の勢力を扶植し、漸次に自己の立脚地を踏み固めて行かなければならぬ。斯様《かよう》に工夫するものは、ついによく一派の権勢を築き上げて、政治界に処しても、事業界に処しても、ないしなんらの社会に処しても、厳然として覇者の威を振るうことができるのである。しかし左様《さよう》な行き方は、断じて私の学ぶ所ではない。

わが国の古今を通じて、徳川家康という人ほど巧みに適材を適所に配備して、自家の権勢を張るに便じた権謀家は見当たらない。居城江戸の警備として、関東は大方譜代《ふだい》恩顧の郎党をもって取り固め、箱根《はこね》の関所を控えて大久保相模守《おおくぼさがみのかみ》を小田原《おだわら》に備え、いわゆる三家は、水戸《みと》家をもって東国の門戸を抑え、尾州《びしゅう》家をもって東海の要衝を扼《やく》し、紀州《きしゅう》家をもって畿内の背後をいましめ、井伊掃部頭《いいかもんのかみ》を彦根《ひこね》に置いて、平安王城を圧したなんど、人物の配備は実にその妙を極めたのである。その他越後《えちご》の榊原《さかきばら》、会津《あいず》の保科《ほしな》、出羽《でわ》の酒井《さかい》、伊賀《いが》の藤堂《とうどう》にしても、かつは中国九州はもちろん、日本国中到らぬ隈なく、要所には必ず自家恩顧の郎党を配備し、これはと思う大名は、手も足も出ぬように取り詰め、見事に徳川三百年の社稷《しゃしょく》〔国家〕を築き上げたのである。かくして得たる家康の覇道は、わが国体に適《かな》うものであったか否《いな》かは、私が更《あら》めて批評するまでもないが、ともかくも適材を適所に置くという手腕においては、古今家康に企及《ききゅう》〔努力して追いつく。匹敵する〕し得るもの、わが国史にはその匹儔《ひっちゅう》〔匹敵するもの〕をもとめがたいのである。

私は適材を適所に配備する工夫において、家康の故智〔故人の用いた知略〕にあやかりたいものと、断えず苦心しているのであるが、その目的においては全く家康に倣《なら》う所がない。渋沢はどこまでも渋沢の心をもって、我と相ともにする人物に対するのである。これを道具に使って自家の勢力を築こうの、どうのという私心は毛頭も蓄えておらぬ。ただ私の素志は適所に適材を得ることに存するのである。適材の適所に処して、しかしてなんらかの成績を挙げるとは、これその人の国家社会に貢献する本来の道であって、やがて、またそれが渋沢の国家社会に貢献する道となるのである。私はこの信念の下《もと》に人物を待つのである。権謀的色彩をもってその人を汚辱《おじょく》し、自家薬籠《じかやくろう》の丸子《がんし》〔自家薬籠中の物＝思うままに使いこなせるもの〕として、その人を封じこめてしまうような、罪な業は決して致さぬ。活動の天地は自由なものでなければならぬ。渋沢のもとにおりて舞台が狭いのならば、即座に渋沢と袂《たもと》を分かち、自由自在に海濶《かいかつ》〔天空海闊＝人の度量が空や海のように広く大きいこと〕な大舞台に乗り出して、思うさま手一杯の働き振りを見せて下さることを、私は衷心《ちゅうしん》から希《ねが》っている。我に一日の長あるがために、人の自ら卑しゅうして私の許《もと》に働いてくれるにしても、人の一日の及ばざるのゆえをもって、私はその人を卑しめたくない。人は平等でなければならぬ。私を徳とする人もあろうが、私も人を徳としている。畢竟《ひっきょう》世の中は相持ちと決めておるから、私も驕《おご》らず、彼も侮《あなど》らず、互いに相許して、毫末《ごうまつ》「ごくわずか」も乖離《かいり》する所のなきように私は勤めておる。

よい争いと悪い争い

世間には、争いを絶対に排斥《はいせき》し、如何なる場合においても、争いをするということは宜《よろ》しくない。「人もし爾《なんじ》の右の頬を打たば、左の頬をも向けよ」などと説く者もある。こんな次第で他人と争いをするということは、処世上に果たして利益になるものだろうか。将《は》た不利益を与えるものだろうか。この実際問題になれば、随分人によって意見が異なることだろうと思う。争いは決して排斥すべきでないと言うものがあるかと思えば、また絶対に排斥すべきものだと考えておる人もある。

私一己《いっこ》の意見としては、争いは決して絶対に排斥すべきものでなく、処世の上にもはなはだ必要のものであろうかと信ずるのである。私に対し、世間ではあまりに円満過ぎる、などとの非難もあるらしく聞き及んでおるが、私は漫《みだ》りに争うごときことこそせざれ、世間の皆様達がお考えになっておるごとく、争いを絶対に避けるのを処世唯一の方針と心得ておるほどに、そう円満な人間でもない。

孟子も告子章句下《こくししょうくげ》において「無キ二敵国外患一者ハ、国恒ニ亡ブ（敵国外患《てきこくがいかん》なき者は、国つねに亡ぶ）」と申されておるが、如何にもその通りで、国家が健全なる発達を遂げて参ろうとするには、商工業においても、学術技芸においても、外交においても、常に外国と争って必ずこれに勝ってみせるという、意気込みが無ければならぬものである、ただに国家のみならず、一個人におきましても、常に四囲に敵があってこれに苦しめられ、その敵と争って必ず勝ってみましょうとの気が無くては、決して発達進歩するものでない。

後進を誘掖輔導《ゆうえきほどう》「みちびき助ける」せらるる先輩にも、大観した所で、二種類の人物があるかのごとくに思われる。その一つは、何事も後進に対して優しく親切に当たる人で、決して後進を責めるとか、苛《いじ》めるとかいうようなことをせず、飽《あ》くまで懇篤《こんとく》と親切とをもって後進を引き立て、決して後進の敵になるがごとき挙動に出ず、如何なる欠点失策があっても、なおその後進の味方となるを辞せず、どこどこまでも後進を庇護《ひご》して行こうとするのを持ち前とせられておる。こういう風な先輩は、後進より非常の信頼を受け、慈母《じぼ》のごとくに懐かれ慕われるものであるが、かかる先輩が果たして後進のために真の利益になるかどうかは、いささか疑問である。

他の種類はちょうどこれの正反対で、いつでも後進に対するに敵国の態度をもってし後進の揚げ足を取ることばかりをあえてして悦《よろこ》び、何か少しの欠点が後進にあれば、すぐガミガミと怒鳴りつけて、これを叱り飛ばして完膚《かんぷ》なきまでに罵《ののし》り責め、失策でもするともう一切かまいつけぬというほどに、つらく後進に当たる人である。かく一見残酷なる態度に出づる先輩は、往々後進の怨恨《えんこん》を受けるようなこともあるほどのもので、後進の間にははなはだ人望の乏しいものであるが、かかる先輩は果たして後進の利益にならぬものだろうか。この点はとくと青年子弟諸君において熟考せられてしかるべきものだろうと思う。

如何に欠点があっても、また失策しても、飽くまで庇護してくれる先輩の懇篤なる親切心は、誠にありがたいものであるに相違ないが、かかる先輩しかないということになれば、後進の奮発心をはなはだしく阻喪《そそう》さするものである。たとい失策しても先輩が恕《ゆる》してくれる。はなはだしきに至っては、如何なる失策をしても、失策すれば失策したで先輩が救ってくれるから、予《あらかじ》め心配する必要はないなど、至極暢気《のんき》に構えて、事業に当たるにも綿密なる注意を欠いたり、軽躁《けいそう》なことをしたりするような後進を生ずるに至り、どうしても後進の奮発心を鈍らすことになるものである。

これに反し、後進をガミガミ責めつけて、常に後進の揚げ足を取ってやろうやろうという気の先輩が上にあれば、その下にある後進は、寸時も油断がならず、一挙一動にも隙を作らぬようにと心掛け、あの人に揚げ足を取られる様なことがあってはならぬから、と自然身持ちにも注意して不身持ちなことをせず、怠るようなことも慎み一体に後進の身が締まるようになるものである。ことに後進の揚げ足を取るに得意な先輩は、後進の欠点失策を責めつけ、これを罵り嘲《あざけ》るのみで満足せず、その親の名までも引き出して、これを悪しざまに言い罵り、「一体貴公の親からして宜しくない」などとの語をよく口にしたがるものである。したがって、かかる先輩の下《もと》にある後進は、もし一旦《いったん》失敗失策があれば、単に自分が再び世に立てなくなるのみならず、親の名までも辱《はずかし》め、一家の恥辱《ちじょく》になると思うから、どうしても奮発する気になるものである。

逆境の時はひたすら勉強をする

真の逆境とは如何なる場合をいうか、実例に徴《ちょう》して〔証拠を求める〕一応の説明を試みたいと思う。およそ世の中は順調を保って平穏無事にゆくのが普通であるべきはずではあるが、水に波動のあるごとく、空中に風の起こるがごとく、平静なる国家社会すらも、時としては革命とか変乱とかいうことが起こって来ないとも断言されない。しかして、これを平静無事な時に比すれば明らかに逆であるが、人もまたかくのごとき変乱の時代に生まれ合い、心ならずもその渦中に捲《ま》き込まれるは不幸の者で、こういうのが真の逆境に立つというのではあるまいか。果たしてしからば、余《よ》もまた逆境に処して来た一人《いちにん》である。余は維新前後世の中が最も騒々しかった時代に生まれ合い、様々の変化に遭遇して今日に及んだ。顧みるに維新の際におけるがごとき世の変化に際しては、如何に智能ある者でも、また勉強家でも、意外な逆境に立ったり、あるいは順境に向かうたりしないとは言われない。現に余は最初、尊王討幕《そんのうとうばく》、攘夷鎖港《じょういさこう》を論じて東西に奔走していたものであったが、後には一橋《ひとつばし》家の家来となり、幕府の臣下となり、それより民部公子《みんぶこうし》に随行して仏国《ふっこく》に渡航したのであるが、帰朝してみれば幕府はすでに亡びて、世は王政に変わっていた。この間の変化のごとき、あるいは自分に智能の足らぬことはあったであろうが、勉強の点については自己の力一杯にやったつもりで、不足はなかったと思う。しかしながら社会の遷転《せんてん》、政体の革新に遭っては、これを奈何《いかん》ともする能《あた》わず、余は実に逆境の人となってしまったのである。その頃逆境におって最も困難したことは今もなお記憶しておる。当時困難したものは余一人だけでなく、相当の人材中に余と境遇を同じゅうした者はたくさんにあったに相違ないが、かくのごときは、畢竟《ひっきょう》大変化に際して免れがたい結果であろう。ただしこんな大波瀾《はらん》は少ないとしても、時代の推移に伴《つ》れて、常に人生に小波瀾のあることは止むを得ない。したがって、その渦中に投ぜられて逆境に立つ人も常にあることであろうから、世の中に逆境は絶対に無いと言い切ることはできないのである。ただ順逆を立つる人は、宜しくそのよって来る所以《ゆえん》を講究し、それが人為的逆境であるか、ただしは自然的逆境であるかを区別し、しかる後これに応ずるの策を立てねばならぬ。

しかし、自然的逆境は大丈夫の試金石《しきんせき》であるが、さてその逆境に立った場合は如何にその間に処すべきか。神ならぬ身の余は、別にそれに対する特別の秘訣《ひけつ》を持つものではない。また恐らく社会にもそういう秘訣を知った人はなかろうと思う。しかしながら余が逆境に立った時、自ら実験した所、及び道理上から考えてみるに、もし何人《なんぴと》でも自然的逆境に立った場合には、第一にその場合に自己の本分であると覚悟するのが唯一の策であろうと思う。足るを知りて分を守り、これは如何に焦慮《しょうりょ》〔心をいらだたせる〕すればとて、天命であるから仕方がないとあきらめるならば、如何に処しがたき逆境にいても、心は平らかなるを得るに相違ない。しかるにもしこの場合をすべて人為的に解釈し、人間の力でどうにかなるものであると考えるならば、徒《いたずら》に苦労の種を増すばかりか、労して功のない結果となり、遂には逆境に疲れさせられて、後日の策を講ずることもできなくなってしまうであろう。ゆえに自然的の逆境に処するに当たっては、まず天命に安んじ、おもむろに来るべき運命を待ちつつ、撓《たゆ》まず屈せず勉強するがよい。

それに反して、人為的の逆境に陥った場合は如何にすべきかというに、これは多く自働的なれば、何でも自分に省みて悪い点を改めるより外はない。世の中のことは多く自働的のもので、自分からこうしたい、ああしたいと奮励さえすれば、大概はその意のごとくになるものである。しかるに多くの人は自ら幸福なる運命を招こうとはせず、却って手前の方から、ほとんど故意に佞《ねじ》けた人となって、逆境を招くようなことをしてしまう。それでは順境に立ちたい、幸福な生涯を送りたいとて、それを得られるはずがないではないか。

「蟹の穴」主義でいく

私の処世の方針としては、今日まで忠恕《ちゅうじょ》〔真心と思いやり〕一貫の思想でやり通した。古来、宗教家、道徳家というような人に碩学鴻儒《せきがくこうじゅ》〔大学者〕がたくさん輩出して、道を教え法を立てたけれども、畢竟《ひっきょう》それは修身――すなわち身を修めるという一事に尽きておるだろうと思う。その修身も廻りくどく言えばむずかしいが、解りやすくいえば、箸《はし》の上げ下ろしの間の注意にも、充分その意義が含まれているだろうと思われる。私はその意味において、家族に対しても、客に対しても、その他手紙を見るにも、何を見るにも誠意をもってしておる。孔子はこの意味を「入ルニ二公門ニ一、鞠躬如タル也、如シレ不ルガレ容レラレ、立ッテ不レ中セレ門ニ、行クニ不レ履マレ閾ヲ、過グレバレ位ヲ、色勃如タル也、足躩如タル也、其ノ言フコト似タリ二不ルレ足ラ者ニ一、摂ゲテレ斉ヲ升レバレ堂ニ、鞠躬如タル也、屏ケテレ気ヲ、似タリ二不ルレ息セ者ニ一、出デテ降レバ二一等ヲ一、逞チ二顔色ヲ一、怡々如タル也、没シテレ階ヲ趨レバ翼如タル也、復レバ二其ノ位ニ一、踧踖如タル也（公門に入るに鞠躬如《きっきゅうじょ》たるなり。容《い》れられざるがごとし。立って門に中《ちゅう》せず。行くに閾《しきみ》を履《ふ》まず。位《くらい》を過ぐれば、色、勃如《ぼつじょ》たるなり、足、躩如《かくじょ》たるなり。その言うこと、足らざる者に似たり。斉《もすそ》を摂《かか》げて堂に升《のぼ》れば、鞠躬如たるなり。気を屏《しりぞ》けて息《いき》せざる者に似たり。出《い》でて一等を降《くだ》れば、顔色を逞《はな》ち、怡々如《いいじょ》たるなり。階を没して趨《はし》れば、翼如《よくじょ》たるなり。その位に復《かえ》れば、踧踖如《しゅくせきじょ》たるなり）」の中《なか》に遺憾なく説いておられる。また、享礼《きょうれい》、聘招《へいしょう》、衣服、起臥についても諄々《じゅんじゅん》〔丁寧に繰り返し教えいましめる〕と説かれ、食物の段に至って、「食ハ不レ厭ハ精ケヲ、膾ハ不レ厭ハ細キヲ、食ノ饐レテ而餲シ、魚ノ餒レテ而肉ノ敗レタルハ不レ食ハ、色ノ悪キハ不レ食ハ、臭ノ悪シキハ不レ食ハ、失ヘルハ飪ノ不レ食ハ、不ルハ時ナラ不レ食ハ、割不レバ正シカラ不レ食ハ、不レバ得二其ノ醤一ヲ、不レ食ハ（食は精《しら》けを厭《いと》わず。膾《なます》は細きを厭わず。食《し》の饐《くさ》れて餲《かっ》し。魚《うお》の餒《くさ》れて肉の敗《やぶ》れたるは食《くら》わず、色の悪しきは食《く》らわず、臭《しゅう》の悪しきは食らわず、飪《じん》の失えるは食らわず。時ならざるは食らわず。割《きりめ》正しからざれば食らわず。その醤《しょう》を得ざれば食らわず）」云々と言っておられる。これらはごく卑近な例だが、道徳や倫理はこれら卑近の裡《うち》に籠《こも》っておるのであろうと思う。

箸の上げ下ろしの注意ができれば、次に心掛くべきは自分を知るということである。世の中には随分自分の力を過信して非望を起こす人もあるが、あまり進むことばかり知って、分を守ることを知らぬと、とんだ間違いを惹《ひ》き起こすことがある。私は蟹《かに》は甲羅に似せて穴を掘るという主義で、渋沢の分を守るということを心掛けておる。これでも今から十年ばかり前に、ぜひ大蔵大臣になってくれだの、また日本銀行の総裁になってくれだのという交渉を受けたこともあるが、自分は明治六年に感ずる所があって、実業界に穴を掘って這入ったのであるから、今さらその穴を這い出すこともできないと思って固く辞してしまった。孔子は、「もって進むべくんば進み、もって止まるべくんば止まり、もって退くべくんば退く」と言っておられるが、実際人はその出処進退が大切である。しかしながら分に安んずるからといって、進取の気象を忘れてしまっては何にもならぬ。業《ぎょう》もし成らずんば死すとも還らずとか、大功は細瑾《さいきん》〔少しのきず」を顧みずとか、男子ひとたび意を決す、すべからく乾坤一擲《けんこんいってき》の快挙を試むべしなどいうが、その間にも必ずおのれが分を忘れてはならぬ。孔子は「心の欲する所に従って矩《のり》を踰《こ》えず」といわれたが、つまり、分に安んじて進むのがよかろうと思う。

次に青年の最も注意すべきことは、喜怒哀楽である。特に青年のみならず、およそ人間が処世の道を誤るのは、主として七情〔七種の感情〕の発作宜しきを得ざるがためで、孔子も「関雎《かんしょ》は楽んで淫《いん》せず、哀《かなし》んで傷《やぶ》らず」といって、深く喜怒哀楽の調節の必要なることを述べておられる。私どもも酒を飲めば遊びもしたが、淫せず傷らずということを常に限度としていた。これを要するに、私の主義は誠意誠心、何事も誠をもって律すると言うより外、何物もないのである。

好調な時、不調な時の心得

およそ人の禍《わざわい》は多くは得意時代に萌《きざ》すもので、得意の時は誰しも調子に乗るという傾向があるから、禍害はこの欠陥に喰《く》い入るのである。されば人の世に処するにはこの点に注意し、得意時代だからとて気を緩《ゆる》さず、失意の時だからとて落胆せず、情操をもって道理を踏み通すように、心掛けて出ることが肝要である。それとともに考えねばならぬことは、大事と小事とについてである。失意時代から小事もなお、よく必《こころ》するものであるが、多くの人の得意時代における思慮は全くそれと反し、「なにこれしきのこと」といったように、小事に対してはことに軽侮的《けいぶてき》の態度をとりがちである。しかしながら、得意時代と失意時代とにかかわらず、常に大事と小事とについての心掛けを緻密《ちみつ》にせぬと、思わざる過失に陥りやすいことを忘れてはならぬ。

誰でも目前に大事を控えた場合には、これを如何にして処置すべきかと、精神を注いで周密に思案するけれども、小事に対するとこれに反し、頭から馬鹿にして不注意の内にこれをやり過ごしてしまうのが世間の常態である。ただし箸《はし》の上げ下ろしにも心を労するほど小事に拘泥《こうでい》するは、限りある精神を徒労するというもので、何もそれほど心を用うる必要の無いこともある。また大事だからとて、さまで心配せずとも済まされることもある。ゆえに事の大小といったとて、表面から観察してただちに決する訳にはゆかぬ。小事かえって大事となり、大事案外小事となる場合もあるから、大小にかかわらず、その性質をよく考慮して、しかる後に、相当の処置に出るように心掛くるのがよいのである。

しからば、大事に処するには如何にすれば宜《よ》いかというに、まず事に当たって、よくこれを処理することができようかということを考えてみなければならぬ。けれどもそれとて人々の思慮によるので、ある人は自己の損得は第二に置き、専らその事について最善の方法を考える。またある人は自己の得失を先にして考える。あるいは何物をも犠牲として、その事の成就を一念に思う者もあれば、これと反対に自家を主とし、社会のごときはむしろ眼中に置かぬ打算もあろう。けだし人は銘々その面貌《めんぼう》の変わっておるごとく、心も異なっているものであるから、一様に言う訳には行かぬが、もし余にどう考えるかと問われれば、次のごとく答える。すなわち、事柄に対し如何にせば道理に契《かな》うかをまず考え、しかしてその道理に契ったやり方をすれば国家社会の利益となるかを考え、さらにかくすれば自己の為にもなるかと考える。そう考えてみた時、もしそれが自己のためにはならぬが、道理にも契い、国家社会をも利益するということなら、余は断然自己を捨てて、道理のある所に従うつもりである。

かく事に対して是非得失、道理不道理を考査探求して、しかる後に手を下すのが、事を処理するにおいて宜しきを得た方法であろうと思う。しかし考えるという点からみれば、いずれにしても精細に思慮しなくてはならぬ。一見してこれは道理に契うから従うがよいとか、これは公益に悖《もと》るから棄てるが宜いとかいうがごとき、早飲み込みはいけない。道理に合いそうに見えることとでも、非道理の点はなかろうかと、右からも左からも考えるがよい。また公益に反するように見えても、後々《のちのち》にはやはり、世の為になるものではなかろうかと、穿《うが》ち入って考え得なくてはならぬ。一言《いちげん》にして是非曲直、道理非道理と即断しても、適切でなければ折角の苦心も何にもならぬ結果となる。

小事の方になると、悪くすると熟慮せずに決定してしまうことがある。それがはなはだ宜しくない。小事というくらいであるから、目前に現れた所だけでは極めて些細《ささい》なことに見えるので、誰もこれを馬鹿にして、念を入れることを忘れるものであるが、この馬鹿にして掛かる小事も、積んでは大事となることを忘れてはならぬ。また小事にもその場限りで済むものもあるが、時としては小事が大事の端緒となり、一些事《いちさじ》と思ったことが、後日大問題を惹起《じゃっき》するに至ることがある。あるいは、些細なことから次第に悪事に進みて、ついには悪人となるようなこともある。それと反対に、小事から進んで次第に善に向かいつつ行くこともある。始めは些細な事業であると思ったことが、一歩一歩に進んで大弊害を醸《かも》すに至ることもあれば、これがため一身一家の幸福となるに至ることもある。これらはすべて小が積んで大となるのである。人の不親切とかわがままとかいうことも、小が積んで次第に大となるもので、積もり積もれば政治家は政治界に悪影響を及ぼし、実業家は実業上に不成績を来し、教育家はその子弟を誤るようになる。されば小事必ずしも小でない。世の中に大事とか小事とかいうものはない道理、大事小事の別を立ててとやかくいうのは畢竟《ひっきょう》君子の道であるまいと余は判断するのである。ゆえに大事たると小事たるとの別なく、およそ事に当たっては同一の態度、同一の思慮をもって、これを処理するようにしたいものである。

これに添えて一言しておきたいことは、人の調子に乗るは宜くないということである。「名を成すは常に窮苦の日にあり、事を敗るは多く得意の時に因す」と古人もいっておるが、この言葉は真理である。困難に処する時は丁度《ちょうど》大事に当たったと同一の覚悟をもってこれに臨むから、名を成すはそういう場合に多い。世に成功者と目せらるる人には、必ず「あの困難をよくやり遂げた」、「あの苦痛をよくやり抜いた」というようなことがある。これすなわち、心を締めて掛かったという証拠である。しかるに失敗は多く得意の日にその兆しをなしておる。人は得意時代に処しては、あたかもかの小事の前に臨んだ時のごとく、天下何事かならざらんやの概をもって、如何なることをも頭から呑《の》んで掛かるので、動《やや》もすれば目算が外れてとんでもなき失敗に落ちてしまう。それは小事から大事を醸すと同一義である。だから人は得意時代にも調子に乗るということなく、大事小事に対して同一の思慮分別をもってこれに臨むがよい。水《み》戸黄門光圀公《とこうもんみつくに》の壁書《かべがき》中に「小なる事は分別《ふんべつ》せよ、大なることに驚くべからず」とあるは、真に知言というべきである。

材有レ分而用有レ当。所レ貴善因レ時而已耳。

亢倉子

材《ざい》 分有《ぶんあ》りて用《よう》 当《あた》る有《あ》り。貴《たっと》ぶ所《ところ》は善《よ》く時に因《よ》るのみ。

この文は『亢倉子《こうそうし》』にはなく、出所未詳であるため文脈が分からない。そのため、この文のみに従って仮訳をした。

【訳】才能はそれぞれ分相応で適材適所となる。大事なのは、その時々の状況に適して応じることだ。

衆人之智、可㆓以測㆒天、兼聴独断、惟在㆓一人㆒。

説苑

衆人の智《ち》、以《もっ》て天《てん》を測《はか》るべくんも、兼聴《けんちょう》し独断《どくだん》するは、惟《こ》れ一人《いちにん》に在《あ》るのみ。

この文は『説苑《ぜいえん》』にはなく、出所未詳であるため文脈が分からない。そのため、この文のみに従って仮訳した。

【訳】一般人は知識によって天の運行や運命を推測できるが、それらの意見に耳を傾け、事を決断できるのは（天子）一人だけである。

第二章

いくつになっても勉強をすれば心は老けない

「立志と学問」

いくつになっても勉強をすれば心は老けない

『立志と学問』の章のあらすじ

老年であってもいつも勉強を続け、時代に後れないようにすれば、たとえ身体は衰弱しても精神は若々しく保てるだろう。

青年時代は失敗を恐れず、自分が正義と信じた道ならば突き進むべきだ。たとえ失敗しても、それによって多くの教訓を与えられ、さらに自信がつき、ますます猛進でき、やがて世の中の役に立つ立派な人物になるだろう。どんな仕事であっても、与えられた仕事に真面目に誠心誠意取り組めない者は、出世することはできない。

立志の際は慎重に注意して行う必要がある。そのためには、自分の長所と短所をよく分析し最も得意な所に向かって志を定めるのがよい。それと同時に志が自分の身の丈に合ったものであるか考慮することも必要である。

人の品性は円満であるのがよいが、あまりに円満になり過ぎるとかえって品がなくなってしまう。

編集部

精神が老けない予防法

かつて交換教授として米国より来朝せられたメービー博士が、任満ちて帰国せらるるに際し、赤誠《せきせい》〔まごころ〕を傾けて私に語られた種々《しゅじゅ》なる談話の中《うち》に、下《しも》のごとき標語がある。すなわちメービー氏の言うには、「私は初めて貴国に来たのであるから、すべてのものが珍しく感じた。如何にも新進の国と見受け得る所は、上級の人も下層の人も、すべて勉強しているということは、著しく眼につく、惰《なま》けている者がはなはだ少ない。しかしてその勉強が、さも希望を持ちつつ愉快に勉強するように見受けられる。希望を持つというは、どこまでも到達せしむるという敢為《かんい》〔物事をおしきってする〕の気象〔気性〕がことごとく備わっておる。ほとんどすべての人が喜びをもって、彼岸に達するという念慮を持っていられるように見受けるのは、さらに進むべき資質を持った国民と申し上げて宜《よろし》かろうと思う。それらは善い方を賞讃し上げるけれども、ただ善いことのみを申して、悪い批評を言わねば、あるいは諛言《ゆげん》〔へつらいの言葉〕を呈する嫌いがあるから、ごく腹蔵のない所を無遠慮に申すとて、私の接触したのが官辺とか会社とか、または学校などであったから、余計にそういうことが眼についたのかもしれぬけれども、とかく形式を重んずるという弊があって、事実よりは形式に重きを置くということが強く見える。亜米利加《アメリカ》は最も形式を構わぬ流儀であるから、その眼から特に際立って見えるのかもしれぬけれども、少しく形式に拘泥《こうでい》する弊害《へいがい》が強くなっておりはせぬか。一体の国民性がそれであるとすれば、これはよほど御注意せねばならぬことと思う。またどこの国でも、同じ説が一般に伝わるという訳にはいかぬ。一人《ひとり》が右といえば一人は左という。進歩党があれば保守党がある。政党でも時として相反目する者が生ずるけれども、それが欧羅巴《ヨーロッパ》あるいは亜米利加であれば、よほど淡白でかつ高尚《こうしょう》だ。しかるに日本のは、淡白でもなければ高尚でもない。悪く申すとはなはだ下品でかつ執拗《しつよう》である。何でもない事柄までもごく口穢《くちぎたな》く言い募るように見える。これは自分の見た時節の悪かったために、政治界において、ことにそういう現象が見えたのでありましょう」――しかして彼はこれを解釈して、日本は封建制度が長く継続して、小さい藩々まで相反目して、右が強くなれば左から打ち倒そうとする。左が盛んになれば右が攻撃する。これがついに習慣性となったであろうと、彼はそうまでは言いませぬけれども、元亀天正《げんきてんしょう》以来の有様がついに三百諸侯となったのだから、相凌《しの》ぎ相悪《にく》むという弊がとかくに残っておって、温和の性質が乏しいのではないが、これが段々長じて行くと、勢い党派の軋轢《あつれき》が激しくなりはしないかという意味であった。――私もこの封建制度の余弊ということは、あるいはしからんと思う。すでに近い例が、水戸などが大人物の出た藩でありながら、かえってそのために軋轢を生じて衰微した。もし藤田東湖《ふじたとうこ》、戸田銀次郎《とだぎんじろう》のごとき、あるいは会沢恒蔵《あいざわつねぞう》のごとき、またその藩主に烈公のごとき偉人が無かったならば、かばかり争いもなく衰微もせなんだであろう、と論ぜねばならぬから、私はメービー氏の説に大いに耳を傾けたのである。

それからまた、わが国民性の感情の強いということについても、あまり讃辞を呈さなかった。日本人は細事にもたちまちに激する。しかしてまた、ただちに忘れる。つまり感情が急激であって、反対にまた健忘性である。これは一等国だ大国民だと自慢なさる人柄としては、すこぶる不適当である。もう少し堪忍の心を持つように修養せねばいけますまい、という意味であった。

さらに畏《おそれ》れ多いことであるけれども、国体論にまで立ち入って、彼はその忠言を進めて、「実に日本は聞きしに勝ったる忠君の心の深きことは、亜米利加人などにはとても夢想もできない。実に羨《うらや》ましいことと敬服する。かかる国は決して他に看ることはできぬであろう。予《かね》てそう思ってはいたが、実地を目撃して真に感佩《かんぱい》〔感銘〕に堪えぬ。去りながら私として無遠慮に言わしむるならば、この有様を永久に持続するには、将来君権をしてなるべく民政に接触せしめぬようにするのが肝要ではあるまいか」と言われた。これらはわれわれがその当否を言うべきことではない。しかしこの抽象的の評言は、一概に斥《しりぞ》くべきものではなかろうと思うので、「如何にも親切のお言葉は私だけに承った」、とこう答えておいた。この他にもなお談話の廉々はあったが、最終にその滞在中の優遇を謝して、「この半年の間、真率《しんそつ》に自分の思うことを述べて、各学校で学生もしくはその他の人々に、親切にせられたことを深く喜ぶ」と言っておられた。

亜米利加の学者の一人が、日本をかく観察したからと言って、それが大いにわが国を益するものでもなかろうけれども、前にも申すごとく、公平なる外国人の批評に鑑《かんが》みてよくこれに注意し、いわゆる大国民たる襟度《きんど》〔度量〕を進めて行かねばならぬ。そういう批評によりて段々い、終に真正なる大国民となる。それと反対に困った人民だ、かかる不都合があるという批評が重なれば、人が交際せぬ相手にならぬということになるかもしれぬ。されば一人の標語がどうでも宜いといってはおられぬ。あたかも「君子の道は妄語せざるより始まる」と司馬《しば》温公《おんこう》が誡《いまし》められたごとくに、仮初にも無意識に妄語を発するようになったならば、君子として人に尊敬されるようにならぬ。してみると、一回の行為が一生の毀誉《きよ》をなすと同じように、一人の感想が一国の名声に関すると考える。メービー氏が左様に感じて帰国したということは、些細なことであるけれども、やはり小事と見ぬ方が宜かろうと思うのである。

これについて考えてみても、お互いに平素飽くまで刻苦励精《こっくれいせい》〔心身を苦しめて、はげみつとめること〕して、今日までに進んだ国運をして、どうぞ弥増《いやま》しに拡張させたいと思うが、それについて一言したいことは、近頃は青年青年といって、青年説が大変に多い。青年が大事だ、青年に注意しなければならぬというは、私も同意するが、私は自分の位置から言うと、青年も大事であるけれども、老年もまた大切であると思う。青年とばかり言って、老人はどうでも宜いと言うは、考え違いではないか。かつて他の会合の時にも言ったが、自分は文明の老人たることを希望する。果たして自分が文明の老人か野蛮の老人か、世評はどうであるか知らぬが、自分では文明の老人のつもりであるが、諸君が見たらあるいは野蛮の老人かもしれぬ。しかしよくよく考察すると、私の青年の時分に比較してみると、青年の事務につく年齢がすこぶる遅いと思う。例えば朝の日の出方がよほど遅くなっている。そうして早く老衰して引き込むと、その活動の時間が大層少なくなってしまう。試みに、一人の学生が三十歳まで学問のために時を費やすならば、少なくも七十ぐらいまでは働かねばならぬ。もし五十や五十五で老衰するとすれば、わずかに二十年か二十五年しか働く時はない。ただし非凡なる人は、百年の仕事を十年の間に為《す》るかもしれぬが、多数の人に望むには、そういう例外をもってする訳にはいかない。いわんや社会の事物が益々複雑して来る場合においてをや。ただし各種の学芸技術が追々《おいおい》進化して来るから、幸いに博士方の新発明で、年取っても一向に衰弱せぬとか、あるいは若い間にも満足なる智恵を持つというような馬車より自働車、自働車より飛行機で世界を狭くするように、人間の活動を今日よりも大いに強めて、生まれ児がただちに用立つ人となって、そうして死ぬまで活動するという工夫がつけば、これは何よりである。どうぞ田中舘《たなかだて》先生などにその御発明を願いたいものである。それまでの間は、年寄りがやはり充分に働くことを心掛ける外なかろうと思うのである。しかして文明の老人たるには、身体《からだ》は縦《たと》い衰弱するとしても、精神が衰弱せぬようにしたい。精神を衰弱せぬようにするには、学問による外はない。常に学問を進めて時代に後《おく》れぬ人であったならば、私はいつまでも精神に老衰ということはなかろうと思う。このゆえに、私は単に肉塊の存在たるは人としてはなはだ嫌うので、身体の世にある限りは、どうぞ精神をも存在せしめたいと思うのである。

いまを大事に

徳川時代の末路でも、因襲《いんしゅう》のしからしむる所、一般の商工業者に対する教育と武士教育とは、全く区別されておったのである。しかして武士は皆、修身斉家《しゅうしんせいか》〔心がけ、おこないを正し、家庭を円満に築くこと〕を本《もと》として、ただ自己一身を修めるのみではなく、他をも治めるという主義で、すべて経世済民《けいせいさいみん》〔世を治め、民の苦しみを救うこと〕を主眼としておった。農工の教育は、他人を治め国家をどうするかというような考えを持たせる教育ではなく、至って卑近な教育であった。当時の人は、武士的教育を受ける人はまことに少ないので、すべて教育はいわゆる寺子屋式のもので、寺の和尚さんか、または富豪の老人などが教育してくれたものである。農工商はほとんど国内だけのもので、海外などにはごうも関係がなかったものであるから、農工商の人には低級な教育で足りたのである。しかして主《おも》なる商品は幕府及び藩が運送、販売等の機軸《きじく》を握っておったので、農工商民の関係する所は実に狭いものであった。当時のいわゆる平民は、一種の道具であった。はなはだしいのは武士は無礼打、切捨御免という惨酷な野蛮極まる行為を平気でやっておったものである。

この有様が追々、嘉永安政《かえいあんせい》頃には、自然に一般の空気に変遷を起こして、経世済民の学問を受けた武士は、尊王攘夷《そんのうじょうい》を唱えて遂に維新の大改革をなしたのである。

私は維新後、間もなく大蔵省の役人となったが、この当時は日本には物質的、科学的教育は、ほとんど無いといってもよいくらいであった。武士的教育には、種々《しゅじゅ》高尚なものがあったが、農工商にはほとんど学問はなかった。のみならず、普通の教育のことを論じても低級で、多くは政治教育という風で、海外交通が開けても、それに対する智識《ちしき》というものが無かったのである。如何に国を富まそうと思っても、それに対する智識などはさらにない。一つ橋の高等商業学校は明治七年にできたものであるが、いくたびか廃校せられんとしたのである。これはすなわち当時の人が、商人などに高い智識などは要らないと思っておったためである。私などは海外に交通するには、どうしても科学的智識が必要であるということを、声を嗄《か》らして叫んだが、幸いにも追々その機運が起こって、明治十七、八年にはこうした傾向が盛んになって間もなく、才学倶《とも》に備わった人が輩出するに至ったのである。それから以後、今日まで僅か三、四十年の短い年月に、日本も外国には劣らないくらい物質的文明が進歩したが、その間にまた大なる弊害を生じたのである。徳川三百年間を太平ならしめた武断政治も、弊害を他に及ぼしたことは明らかであるが、またこの時代に教育された武士の中《なか》には、高尚遠大な性行の人も少なくはなかったのであるが、今日の人にはそれがない。富は積み重なっても、哀しいかな武士道とか、あるいは仁義道徳というものが、地を払っておるといってよいと思う。すなわち、精神教育が全く衰えて来ると思うのである。

われわれも明治六年頃から、物質的文明に微弱ながらも全力を注ぎ、今日では幸いにも有力な実業家を全国到る処に見るようになり、国の富も非常に増したけれども、いずくんぞ知らん、人格は維新前よりは退歩したと思う。否、退歩どころではない。消滅せぬかと心配しておるのである。ゆえに物質的文明が進んだ結果は、精神の進歩を害したと思うのである。

私は常に精神の向上を富とともに進めることが必要であると信じておる。人はこの点から考えて強い信仰を持たねばならぬ。私は農家に生まれたから教育も低かったが、幸いにも漢学を修めることができたので、これより一種の信仰を得たのである。私は極楽も地獄も心に掛けない。ただ現在において正しいことを行なったならば、人として立派なものであると信じているのである。

「大正維新」の覚悟

維新ということは、湯《とう》の盤の銘にいう「まことに日に新たなり、日に日に新たにして、また日に新たなり」という意味であるから、溌剌《はつらつ》たる気力を発揮するときは、自然に生まれたる新気力を生じ、進鋭の活動ができるのである。大正維新《たいしょういしん》というも畢竟《ひっきょう》この意味で、大いに覚悟を定めて、上下《しょうか》一致の活動を現したいものであるが、一般が保守退嬰《ほしゅたいえい》〔新しい事を進んでする意気込みのない〕の風《ふう》に傾いておる際であるから、一層の奮励努力を要するので、これを明治維新の人物の活動に比較して大いに猛省せねばならぬ。明治維新以来の事業中には、失敗に帰したものも有ったが、多数の事業は非常なる元気と精力とをもって、駸々《しんしん》〔物事が速く進むさま〕として発展し来ったので、他に種々《しゅじゅ》な原因があったにしろ、元気と精力の偉大なるものである。

青年時代は血気時代であるから、その血気を善用して後日の幸福の基《もとい》となることであれば、飽くまでこれを発揮して、とかく保守に流れ、因循《いんじゅん》〔古い習慣を改めない〕に陥りやすい老人をして、危険を感ぜしむるくらいに活動して貰《もら》いたいのである。青年時代に正義のため失敗を恐れておるようでは、到底見込みのない者で、自分が正義と信ずる限りは、あくまで進取的に剛健なる行為を取って貫いたい。正義の観念をもって進み、岩をも徹《とお》す鉄石心《てっせきしん》を傾倒すれば、ならざることとなし、という意気込みで進まねばならぬ。この志さえあれば、如何なる困難をも突破し得るので、たとえ失敗することがあっても、それは自己の注意の足らぬので、衷心ごうも疚《やま》しい所がなければ、かえって多大の教訓を与えられ、一層剛健なる志を養い、倍々《ますます》自信を生じ、勇気を生じて猛進することができ、次第に壮年に進むにつれて有為《ゆうい》なる人物となり、個人としても将《は》た国家の一柱石《ちゅうせき》としても信頼し得る人物となるのである。

他日国家を双肩に荷って立つべき青年においては、この際大いに覚悟をなして、将来は日に月に激甚となるべき競争場裡に飛び込まねばならぬ。今日の状態で経過すれば、国家の前途に対し、大いに憂うべき結果を生ぜぬとも限らぬのであることを思い、後来《こうらい》、悔ゆるがごとき愚をせぬように望むのである。明治維新の頃、万事創造の時代とも言うべき不秩序を極めた時よりは、今日の状態は著しく発達してその面影を一変し、社会百般の秩序も整備し、学問も普及して、事をなすに便宜も多いのであるから、周到なる細心と大胆なる行動とをもって活力を発揮したならば、大事業を経営するに極めて愉快を感ずるであろう。ただ、かかる秩序立ち、一般に教育が普及した時代ゆえ、普通より少しぐらい進歩し、僅かに卓越した意気込みをもって事に当たっては、とても大勢を動かすことはできない。多少教育の弊害も生じやすい事情もあるのであるから、大勇猛心を発揮して活気を縦横に溢《あふ》れしめ、区々〔まちまち〕たる情弊《じょうへい》を打破して、向上の道を猛進せねばならぬ。

豊臣秀吉の勉強力

乱世の豪傑が礼に嫺《なら》わず、とかく家道の斉《ととの》わぬ例は、単に明治維新の際における今日のいわゆる元老ばかりではない。いずれの時代においても、乱世には皆そうしたものである。私なども家道が斉ってると口はばったく申し上げて誇り得ぬ一人《いちにん》であるがかの稀世《きせい》の英雄豊太閤《えいゆうほうたいこう》などが、やはり礼にならわず、家道の斉わなかった随一人である。もとより賞《ほ》むべきではないが、乱世に生い立ったものには、どうもこんなことも致し方のない次第で、あまり酷には責むべきでもなかろうと思う。しかし豊太閤にもし最も大きな短所があったとすれば、それは家道の斉《ととの》わなかったことと、機略があっても、経略が無かったこととである。もしそれ豊太閤の長所はといえば、申すまでもなく、その勉強、その勇気、その機智、その気概である。

かく列挙した秀吉《ひでよし》の長所の中《なか》でも、長所中の長所とも目すべきものは、その勉強である。私は秀吉のこの勉強に衷心より敬服し、青年子弟諸君にも、ぜひ秀吉のこの勉強を学んで貰いたく思うのである。事の成るは成るの日に成るに非ずして、その由来する所や必ず遠く、秀吉が稀世の英雄に仕上がったのは、一にその勉強にある。

秀吉が木下藤吉《きのしたとうきち》と称して信長《のぶなが》に仕え、草履取《ぞうりとり》をしておった頃、冬になれば藤吉の持ってた草履は、常にこれを懐中《かいちゅう》に入れて暖めておいたので、いつでも温かったというが、こんな細なことにまで亘《わた》る注意はよほどの勉強でないと、到底行き届かぬものである。また信長が朝早く外出でもしようとする時に、まだ供揃いの衆が揃う時刻でなくっても、藤吉ばかりはいつでも信長の声に応じて御供をするのが例であったと伝えられておるが、これなぞも秀吉の非凡なる勉強家たりしを語るものである。

天正十年、織田信長が明智光秀《あけちみつひで》に弑《しい》せられた時に、秀吉は備中《びっちゅう》にあって毛利輝元《もうりてるもと》を攻めておったのであるが、変を聞くやただちに毛利氏と和し、弓銃《ゆみつつ》各五百、旗三十と一隊の騎士とを輝元の手許《てもと》より借り受け、兵を率いて中国より引き返し、京都を去る僅かに数里の山崎《やまざき》で光秀の軍と戦い、ついにこれを破って光秀を誅《ちゅう》し、その首を本能寺《ほんのうじ》に梟《さら》すまでに、秀吉の費やした日数は、信長が本能寺に弑せられてより僅かに十三日、ただ今の言葉で申せば二週間以内のことである。鉄道も無く車も無い。交通の不便この上なきその頃の世の中に、京都に事変のあったのが、一旦《いったん》中国に伝えられた上で和議を纏《まと》め、兵器から兵卒まで借り入れて京都へ引き返すまでに、事変後、僅かに二週間を出でなかったというのは、全く秀吉が尋常ならぬ勉強家であった証拠である。勉強がなければ如何に機智があっても、如何に主君の仇を報ずる熱心があっても、かくまで万事を手早く運んで行けるものではない。備中《びっちゅう》から摂津《せっつ》の尼《あま》ケ崎《さき》まで、昼夜兼行で進んで来たのであるというが、定めしそうであったろうと思う。

翌天正十一年がすぐ賤《しず》ケ岳《たけ》の戦争になって、柴田勝家《しばたかついえ》を滅ぼし、遂に天下を一統して、天正の十三年に秀吉も目出度く関白の位を拝するようになったのであるが、秀吉がかく天下を一統するまでに要した時間は、本能寺の変あって以来、僅かに満三年である。秀吉には、もとより天稟《てんぴん》〔生まれつきの才能〕の勝れた他に異なるところもあったに相違ないが、秀吉の勉強が全くこれをしからしめたものである。

これより先、秀吉が信長に仕えてから間もなく、清洲《きよす》の城壁を僅かに二日間に修築して信長を驚かしたということも伝えられておるが、これとても一概に稗史《はいし》小説〔伝奇小説〕の無稽譚《むけいだん》〔でたらめな話〕として観るべきでない。秀吉ほどの勉強をもってすれば、これぐらいのことは必ずできたと思う。

自ら箸をとれ

青年のうちには、大いに仕事したいが頼みに行く人がないとか、援《ひい》てくれる人がないとか、見てくれる人がないとか嘆《かこ》つ者がある。なるほど如何なる俊傑でも、その才気胆略《さいきたんりゃく》を見出す先輩なり世間なりがなかったなら、その手腕を施すによしないことだ。そこで有力な先輩に知己を持つとか、親類に有力な人があるとかいう青年は、その器量を認められる機会が多いから、比較的僥倖《ぎょうこう》かもしれぬけれども、それは普通以下の人の話で、もしその人に手腕があり、優れたる頭脳があれば、たとい早くから有力な知己親類がなくても、世間が閑却《かんきゃく》〔打ち捨てておく〕してはいない。由来現今の世の中には人が多い。官途にも会社にもないし銀行にも、すこぶる人が余ってるくらいだ。しかし先輩がこれならといって安心して任せられる人物は少ない。だから、どこでも優良なる人物なら、いくらでも欲しがっている。かくお膳立《ぜんだ》てをして待ってるのだが、これを食べるか否かは箸《はし》を取る人の如何にあるので、御馳走《ごちそう》の献立をした上に、それを養ってやるほど先輩や世の中というものは暇でない。かの木下藤吉郎《きのしたとうきちろう》は匹夫《ひっぷ》から起こって、関白という大きな御馳走を食べた。けれど彼は信長に養って貰ったのではない。自分で箸を取って食べたのである。何か一と仕事しようとする者は、自分で箸を取らなければ駄目である。

誰が仕事を与えるにしても、経験のない若い人に、初めから重い仕事を授けるものではない。藤吉郎の大人物をもってしても、初めて信長に仕えた時は、草履取というつまらぬ仕事をさせられた。乃公《おれ》は高等の教育を受けたのに、小僧同様に算盤を弾かせたり、帳面をつけさせたりするのは馬鹿馬鹿しい。先輩なんていうものは人物経済を知らぬものだなどと、不平をいう人もあるが、これはすこぶる尤《もっと》もでない。なるほど一廉《ひとかど》の人物につまらぬ仕事をさせるのは、人物経済上からみてすこぶる不利益の話だが、先輩がこの不利益をあえてする意思には、そこに大なる理由がある。決して馬鹿にした仕向けではない。その理由は暫《しばら》く先輩の意中に任せて、青年はただその与えられた仕事を専念にやって往《ゆ》かなければならぬ。

その与えられた仕事に不平を鳴らして、往《い》ってしまう人は勿論《もちろん》駄目だが、つまらぬ仕事だと軽蔑《けいべつ》して、力を入れぬ人もまた駄目だ。およそどんな些細《ささい》な仕事でも、それは大きな仕事の一小部分で、これが満足にできなければ、ついに結末がつかぬことになる。時計の小さい針や、小さい輪が怠けて働かなかったら、大きな針が止まらなければならぬように、何百万円の銀行でも、厘銭《りんせん》の計算が違うと、その日の帳尻《ちょうじり》がつかぬものだ。若い中《うち》には気が大きくて、小さいことを見ると、何のこれしきなと軽蔑する癖があるが、それがその時限りで済むものならまだしも、後日の大問題を惹起することがないとも限られぬ。よし後日の大問題にならぬまでも、小事を粗末にするような粗大な人では、所詮《しょせん》大事を成功させることはできない。水戸の光圀公が壁書の中《うち》に「小なることは分別せよ、大なることは驚くべからず」と認《したた》めておかれたが、独り商業といわず軍略といわず、何事にもこの考えでなくてはならぬ。

古語に「千里の道も跬歩《きほ》〔一歩進むこと〕よりす」といってある。たとい自分はモット大きなことをする人間だと自信していても、その大きなことは片々《へんぺん》たる小さなことの集積したものであるから、どんな場合をも軽蔑することなく、勤勉に忠実に誠意を籠《こ》めてその一事を完全にし遂げようとしなければならぬ。秀吉が信長から重用された経験も正にこれであった。草履取の仕事を大切に勤め、一部の兵を托された時は、一部将の任を完全にしていたから、そこに信長が感心して、ついに破格の抜擢《ばってき》を受け、柴田や丹羽と肩を並べる身分になったのである。ゆえに受付なり帳付なり、与えられた仕事にその時の全生命をかけて真面目にやり得ぬ者は、いわゆる功名利達の運を開くことはできない。

人生の方針を立てる

生まれながらの聖人なら知らぬこと、われわれ凡人は志を立てるに当たっても、とかく迷いやすいのが常である。あるいは眼前社会の風潮に動かされ、あるいは一時周囲の事情に制せられて、自分の本領でもない方面へ、うかうかと乗り出す者が多いようであるけれども、これでは真に志を立てた者とはいわれない。ことに今日のごとく、世の中が秩序立って来ては、ひとたび立てた志を中途から他に転ずるなどのことがあっては非常の不利益が伴うから、立志の当初最も慎重に意を用うるの必要がある。その工夫としてはまず自己の頭脳を冷静にし、しかる後、自分の長所とするところ、短所とするところを精細に比較考察し、その最も長ずる所に向って志を定めるがよい。またそれと同時に、自分の境遇がその志を遂ぐることを許すや否やを深く考慮することも必要で、例えば、身体も強壮、頭脳も明晰《めいせき》であるから、学問で一生を送りたいとの志を立てても、これに資力が伴わなければ、思うようにやり遂げることは困難であるというようなこともあるから、これならばいずれから見ても、一生を貫いてやることができるという、確かな見込みの立った所で、初めてその方針を確定するがよい。しかるにさほどまでの熟慮考察を経ずして、一寸《ちょっと》した世間の景気に乗じ、うかと志を立てて駆け出すような者もよくあるけれども、これでは到底末の遂げられるものではないと思う。

すでに根幹となるべき志が立ったならば、今度はその枝葉となるべき小さな立志について、日々工夫することが必要である。何人でも時々事物に接して起こる希望があろうが、それに対しどうかして、その希望を遂げたいという観念を抱くのも一種の立志で、余がいわゆる小さな立志とは、すなわちそれである。一例を挙げて説明すれば、某氏はある行いによって世間から尊敬されるようになったが、自分もどうかしてああいう風になりたいとの希望を起こすがごとき、これもまた一つの小立志である。しからば、この小立志に対しては如何なる工夫を廻らすべきかというに、まずその要件は、どこまでも一生を通じての大なる立志に悖《もと》らぬ範囲において、工夫することが肝要である。また小なる立志はその性質上、常に変動遷移するものであるから、この変動や遷移によって、大なる立志を動かすことのないようにするだけの用意が必要である。つまり大なる立志と小さい立志と矛盾するようなことがあってはならぬ。この両者は常に調和し一致するを要するものである。

以上述ぶる所は、主として立志の工夫であるが、古人は如何に立志をしたものであるか。参考として、孔子の立志について研究してみよう。

自分が平素処世上の規矩《きく》としておる論語を通じて孔子の立志を窺《うかが》うに、「十有五にして学に志し、三十にして立ち、四十にして惑わず、五十にして天命を知る云々」とある所より推測すれば、孔子は十五歳の時すでに、志を立てられたものと思われる。しかしながらその「学に志す」といわれたのは、学問をもって一生を過ごすつもりであるという志を固く定めたものかどうか、これは、やや疑問とする所で、ただこれから大いに学問しなければならぬというくらいに考えたものではなかろうか。さらに進んで「三十にして立つ」といわれたのは、この時すでに、世に立って行けるだけの人物となり、修身斉家治国平天下の技量《ぎりょう》ありと自信する境地に達せられたのであろう。なお「四十にして惑わず」とあるより想像すれば、ひとたび立てた志を持ちて世に処するに方《あた》り、外界の刺激《しげき》ぐらいでは決してその志は動かされぬという境域に入って、どこまでも自信ある行動が執れるようになったというのであろうから、ここに到って立志が漸《ようや》く実を結び、かつ固まってしまったということができるだろう。してみれば孔子の立志は、十五歳から三十歳の間にあったように思われる。学に志すといわれた頃は、まだ幾分志が動揺していたらしいが、三十歳に至って、やや決心のほどが見え、四十歳に及んで初めて立志が完成されたようである。

これを要するに、立志は人生という建築の骨子で、小立志はその修飾であるから、最初にそれらの組み合わせを確《しか》と考えてかからなければ、後日に至って折角の建築が半途で毀《こわ》れるようなことにならぬとも限らぬ。かくのごとく立志は、人生にとって大切の出発点であるから、何人も軽々に看過することはできぬのである。立志の要はよくおのれを知り、身のほどを考え、それに応じて適当なる方針を決定する以外にないのである。誰もよくそのほどを計って進むように心掛くるならば、人生の行路において間違いの起こるはずは万々ないことと信ずる。

角を立てて生きる

私も絶対に争いをせぬ人間であるかのように解せらるる人も、世間に少なからぬように見受けるが、私はもちろん、好んで他人と争うことこそせざれ、全く争いをせぬというのではない。いやしくも正しい道を飽くまで進んで行こうとすれば、絶対に争いを避けることはできぬものである。絶対に争いを避けて世の中を渡ろうとすれば、善が悪に勝たれるようなことになり、正義が行なわれぬようになってしまう。私は不肖ながら、正しい道に立ってなお悪と争わず、これに道を譲るほどに、いわゆる円満な腑甲斐《ふがい》のない人間でないつもりである。人間には如何《いか》に円くとも、どこかに角が無ければならぬもので、古歌にもあるごとく、あまり円いとかえって転びやすいことになる。

私は世間で覧《み》らるるほどに、決していわゆる円満の人間ではない。一見いわゆる円満のようでも、実際はどこかに、いわゆる円満でない所があろうと思う。若い時分には、もとよりそうであったが、七十の坂を越した今日といえども、私の信ずる所を動かしこれを覆《くつがえ》そうとする者が現るれば、私は断々乎《だんだんこ》としてその人と争うことを辞せぬのである。私が信じて自ら正しいとする所は、如何なる場合においても、決して他に譲ることをせぬ。ここが私のいわゆる円満でない所だと思う。人には老いたると若いとの別なく、誰にでもこれだけの不円満な所が是非あって欲しいものである。然《しか》らざれば、人の一生も全く生き甲斐のない無意味なものになってしまう。如何に人の品性は円満に発達せねばならぬものであるからとて、あまりに円満になり過ぎると、「過ぎたるはなお及ばざるがごとし」と、論語の先進篇にも孔夫子が説かれている通りで、人として全く品位のないものになる。

私が絶対にいわゆる円満な人間でない、相応に角もあり、円満ならざるははなはだ不円満な所もある人物たることを証明するに足る……証明という語を用いるも少し異様だが……実際を一寸談《ちょつとはな》してみようかと思う。私はもちろん、少壮の頃より腕力に訴えて他人と争うごときことをした覚えはない。しかし若い時分には今日と違って、容貌《ようす》などにもよほど強情らしい所もあったもので、したがって他人の眼からは、今日よりも容易に争いをしそうに見えたものかもしれぬ。もっとも私の争いは、若い時分から、すべて議論の上、権利の上での争いで腕力に流れた経験はいまだかつて一度もない。

明治四年私がちょうど二十三歳で大蔵省に奉職し、総務局長を勤めていた頃であったが、大蔵省の出納制度に一大改革を施し、改正法なるものを布《し》いて、西洋式の簿記法を採用し伝票によって金銭を出納することにした。ところが、当時の出納局長であった人が……その姓名は且《しば》らく預かり置くが……この改正法に反対の意見を持っていたのである。伝票制度の実施に当たって偶々《たまたま》過失のあることを私が発見したので、当事者に対してこれを責めてやると、元来私が発案実施した改正法に反対の意見を持っていた出納局長という男が、傲岸《ごうがん》な権幕《けんまく》で、一日私の執務していた総務局長室に押しかけて来たのである。

その出納局長が怒気を含んだ権幕で、私に詰め寄るのを見て、私は静かにその男のいわんとする所を聴きとるつもりでいると、その男は伝票制度の実施にあたって手違いをしたことなどについては、一言《いちごん》の謝罪もせず、しきりに私が改正法を布《し》いて欧州式の簿記法を採用したことについてのみ、かれこれと不平を並べるのであった。「一体貴公が亜米利加に心酔して、一から十までかの国の真似ばかりしたがり、改正法なんかというものを発案し、簿記法によって出納を行なわせようとするから、こんな過失ができるのである。責任は過失をした当事者よりも、改正法を発案した貴公の方にある。簿記法などを採用してくれさえせねば、われらもこんな過失をして、貴公などに責め付けられずに済んだのである」などと言語道断《ごんごどうだん》の暴言を恣《ほしいまま》にし、いささかたりとも自分らの非を省みる様な模様がないので、私もその非理屈にはやや驚いたが、なお憤らず、「出納の正確を期せんとするには、ぜひとも欧州式簿記により、伝票を使用する必要ある」ことを諄々《じゅんじゅん》と説いて聞かせたのである。しかしその出納局長なる男は、どうも私の言に耳をかさぬのみか、二言三言《ふたことみこと》言い争った末、満面はあたかも朱を注げるごとく紅くなって、ただちに拳固《げんこ》を振り上げ、私を目蒐《めが》けて打って掛かって来たのである。

その男は小背《こぜい》の私に比べれば、身長《せい》の高い方であったが、怒気心頭に発し、足がふらついていた上に、あまり強そうにも見えず、私はとにかく、青年時代において相当に武芸も仕込まれ、身を鍛えておったことでもあるから、あながち膂力《りょりょく》〔腕力〕が無いという訳でもなかった。かりそめにも暴行に訴えて無礼をしたら、一ト捻《ひね》りに捻ってやるのは何でもないことだとは思ったが、その男が椅子から立ち上がって、拳《こぶし》を握り腕をあげ、阿修羅《あしゅら》のごとくなって猛り狂い私に詰めかけて来るのを見るや、私もすぐ椅子を離れてヒラリ身を換《か》わし、全く神色自若《しんしょくじじゃく》〔精神と顔色が平常と少しも変わらない〕として、二、三歩ばかり椅子を前に控えて後部《しりえ》に退き、その男が拳の持って行き所に困り、マゴマゴして隙を生じたのを見て取るや、隙《すか》さず泰然たる態度で、「此所は御役所でござるぞ、なんと心得召さる、車夫馬丁《しゃふばてい》の真似をすることは許しませんぞ、御慎みなさい」と一喝したものだから、その出納局長もハッと悪いことをした、田夫野人《でんぷやじん》の真似をしたということに気がついたものか、折角握り挙げた拳を引っ込めて、そのままスゴスゴと私のおった総務局長室を出て行ってしまったのである。

その後、その男の進退に関し種々《いろいろ》と申し出る者もあり、また官庁内で上官に対し暴力を揮《ふる》わんとしたは怪《け》しからん、などと騒ぎ立てる者があったが、私は当人さえ非を覚《さと》り悔悟したなら、依然在職させておくつもりの所が、当の私より省中の者が憤慨して、右の事情を詳細太政官《だじょうかん》に内申に及んだので、太政官でも打放《うっちゃ》っておく訳に行かず、その男を免職せらるるに至ったのは、私が今なお、はなはだ気の毒に思うのである。

社会で学問は役にたつのか

学問と社会とは、さほど大なる相違のあるものではないが、学生時代の予想があまりに過大であるから、面倒なる活社会の状態を実見して、意外の感を催すものである。今日の社会は昔とは異なりて、種々《いろいろ》複雑となっておるから、学問においても多くの科目に分かれて政治、経済、法律、文学、または農とか商とか工とかいうがごとく区別され、しかもその各分科の中《うち》においても、工科の中《なか》に電気、蒸気、造船、建築、採鉱、冶金などの各分科があり、比較的単純に見える文学でも、哲学とか歴史とか種々《いろいろ》に分かれて、教育に従事するもの、小説を作るもの、各々《おのおの》その希望に従ってははなはだ複雑多岐である。ゆえに実際の社会において各自の活動する筋道も、学校にありし時、机上において見たごとく分明でないから、ともすれば迷いやすく誤りがちになる。学生は常にこれらの点に注意して、大体に眼をつけ大局を誤らずして、自己の立脚地を見定めねばならぬ。すなわち自己の立場と他人の立場とを、相対的に見ることを忘れてはならぬ。

元来人情の通弊として、とかくに功を急ぎ大局を忘れて、勢い事物に拘泥《こうでい》し、僅《わず》かな成功に満足するかと思えば、さほどでもない失敗に落胆する者が多い。学校卒業生が社会の実務を軽視し、実際上の問題を誤解するもの、多くはこのためである。ぜひともこの誤れる考えは改めねばならぬが、その参考として、学問と社会との関係を考察すべき例を挙げると、あたかも地図を見る時と実地を歩行する時とのごときものである。地図を披《ひら》いて眼を注げば、世界もただ一目《いちもく》の下《もと》にある。一国一郷は指顧《しこ》〔近距離のたとえ〕の間にあるごとくに見える。参謀《さんぼう》本部の製図は随分詳密なもので、小川小丘《おがわしょうきゅう》から土地の高低傾斜までも明らかに分かるようにできておるが、それでも実際と比較してみると、予想外のことが多い。それを深く考慮せず、充分に熟知したつもりで、いよいよ実地に踏み出してみると、茫漠《ぼうばく》として大いに迷う。山は高く谷は深し、森林は連なり、河は広く流るるという間に、道を尋ねて進むと、高岳《こうがく》に出会い、何ほど登っても頂上に達し得ぬ。あるいは、大河に遮《さえぎ》られて途方に暮れることもあろうし、道路が迂回して容易に進まれぬこともある。あるいは深い谷に入って、いつ出ることができるかと思うこともある。到る処に困難なる場所を発見する。もしこの際、充分の信念がなく、大局を観るの明《めい》がないなら、失望落胆して勇気は出でず、自暴自棄に陥って、野山の差別なく狂い廻るごときこととなって、ついには不幸なる終わりを見るであろう。

　この一例は、学問と社会との関係の上に応用して考えてみると、ただちに了解し得ることと思うが、とにかく、社会の事物の複雑なることを、前もって充分に会得して、如何に用意していても、実際には意外なことが多いものであるから、学生は平常一層の注意を払って研究しておかねばならぬのである。

勇猛心を養う方法

活力旺盛となって、心身溌剌《はつらつ》となれば、自然に大活動を生ずる。大活動をなすについてその方法を誤れば、はなはだしい過失を生ずる人となる。そこで平生注意を払って、如何に猛進すべきかを考えておかねばならぬ。猛進する力が正義の観念をもって鼓舞《こぶ》されると、非常に勢いを助長するものであるが、その正義を断行する勇気は如何にして養うかと言えば、平生より注意して、まず肉体上の鍛錬をせねばならぬ。すなわち武術の練磨、下腹部の鍛錬は自然身体を健康にするとともに、著しく精神を陶冶《とうや》〔育成〕し、心身の一致したる行動に熟し、自信を生じ、自《おの》ずから勇猛心を向上せしむるものである。下腹部の鍛錬は、今日腹式呼吸法とか、静座法とか、息心調和法とか称して、盛んに流行しておるが、すべて人の常として脳へ充血しやすく、自然、神経過敏となって、物事に動じやすくなるものであるが、下腹部に力を籠《こ》める習慣を生ずれば、心寛く体胖《たいゆた》かなる人となりて、沈着の風を生じ、勇気ある人となるのである。ゆえに古来の武術家の性格が一般に沈着にして、しかも敏活であるのは、武術の試合が下腹部を鍛錬するものであるとともに、一方全力を傾倒して活動する習慣より、自在に一身を動かすようになったからであると思う。

勇気の修養には、肉体上の修養とともに、内省的の修養に注意せねばならぬ。読書の上において、古来勇者の言行に私淑《ししゅく》して感化を受くるもよし、また長上の感化を受け、説話を聴いて、深く身に体し行なう習慣を養成し、一歩一歩剛健なる精神を向上せしめ、正義に関する趣味と自信とを養って、欣《よろこ》び望んで義に進むまでに到れば、勇気は自ずから生じて来るであろう。ただ注意すべきことは、くれぐれも青年時代の血気に逸《はや》り、前後の分別を誤って血気を悪用し、勇気を誤り用いて暴慢なる行動を執るようなことがあってはならぬ。品性の劣等なるものは勇気にあらずして、自然野卑狂暴となり、かえって社会に害毒を流し、ついには一身を滅亡するに到るものであるから、この点はよくよく注意し、平生の修養を怠ってはならぬ。

要するに、わが国今日の状態は、姑息《こそく》なる考えをもって、従来の事業を謹直に継承して足りとすべき時代ではない。まだ創設の時代であって、先進国の発展に企及し、さらに凌駕《りょうが》せねばならぬのであるから、一般に一大覚悟をもって、万難を排し勇往猛進すべき時である。それには不断心身の健全なる発達を促し、溌剌たる活動をなしえる活力を旺盛ならし得る心掛けを忘れてはならぬ。青年に対してことにこの点を望んで止まぬ次第である。

「一生涯歩む道」はどう決めるのか

「余は十七歳の時、武士になりたいとの志を立てた」、と言うのは、その頃の実業家は一途に百姓町人と卑下されて、世の中からはほとんど人間以下の取り扱いを受け、いわゆる歯牙《しが》にも掛けられぬという有様であった。しかして、家柄というものが無闇《むやみ》に重んぜられ、武門に生まれさえすれば智能のない人間でも、社会の上位を占めて恣《ほしいまま》に権勢を張ることができたのであるが、余はそもそも、これがはなはだ癪《しゃく》に障《さわ》り、同じく人間と生まれ出た甲斐《かい》には、何が何でも武士にならなくては駄目であると考えた。その頃、余は少しく漢学を修めていたのであったが、『日本外史』など読むにつけ、政権が朝廷から武門に移った経路を審《つまび》らかにするようになってからは、そこに慷慨《こうがい》〔社会の不義や不正を憤って嘆くこと〕の気というような分子も生じて、百姓町人として終わるのが如何にも情なく感ぜられ、いよいよ武士になろうという念を一層強めた。しかしてその目的も、武士になってみたいというくらいの単純のものではなかった。武士となると同時に、当時の政体をどうにか動かすことはできないものであろうか。今日の言葉を借りていえば、政治家として国政に参与してみたいという大望を抱いたのであったが、そもそもこれが郷里を離れて四方を流浪するという間違いを仕出来《しでか》した原因であった。かくて後年《こうねん》大蔵省に出仕するまでの十数年というものは、余が今日の位置から見れば、ほとんど無意味に空費したようなものであったから、今このことを追憶するだに、なお痛恨に堪えぬ次第である。

自白すれば、余の志は青年期において、しばしば動いた。最後に実業界に身を立てようと志したのが漸く明治四、五年の頃のことで、今日より追想すれば、この時が余にとって真の立志であったと思う。元来自己の性質才能から考えてみても、政界に身を投じようなどとは、むしろ短所に向かって突進するようなものだと、この時、漸く気がついたのであったが、それと同時に感じたことは、欧米諸邦が当時のごとき隆昌を致したのは、全く商工業の発達している所以である。日本も現状のままを維持するだけでは、いつの世か彼らと比肩《ひけん》し得るの時代が来よう。国家のために商工業の発達を図りたい、という考えが起こって、ここに初めて実業界の人になろうとの決心がついたのであった。しかしてこの時の立志が、後の四十余年を一貫して変ぜずに来たのであるから、余にとっての真の立志はこの時であったのだ。

顧《おも》うにそれ以前の立志は、自分の才能に不相応な、身のほどを知らぬ立志であったから、しばしば変動を余儀なくされたに相違ない。それと同時にその後の立志が、四十余年を通じて不変のものであった所から見れば、これこそ真に自分の素質にも協《かな》い、才能にも応じた立志であったことが窺《うかが》い知られるのである。しかしながら、もし自分におのれを知るの明があって、十五、六歳の頃から本当の志が立ち、初めから商工業に向かって行っていたならば、後年、実業界に踏み込んだ三十歳頃までには、十四、五年の長日月《ちょうじつげつ》があったのであるから、その間には商工業に関する素養も充分に積むことができたに相違なかろう。仮にそうであったとすれば、あるいは実業界における現在の渋沢以上の渋沢を見出されるようになったかもしれないけれども、惜しいかな、青年時代の客気〔物事にはやる心〕に誤られて、肝腎《かんじん》の修養期を全く方角違いの仕事に徒費してしまった。これにつけても将《まさ》に志を立てんとする青年は、宜しく前車の覆轍《ふくてつ》をもって後車の戒めとするが宜いと思う。

窮則独善㆓其身㆒、達則兼善㆓天下㆒。

孟子

窮《きゅう》すれば則《すなわ》ち独《ひと》り其《そ》の身《み》を善《よ》くし、達《たっ》すれば則《すなわ》ち兼《か》ねて天下《てんか》を善《よ》くす。

【訳】困窮のときはただ自分のありかたを善くし、栄達したなら自分だけでなくて世人のありかたも善くする。

第三章

常識人として、よい習慣を身につける

「常識と習慣」

常識人として、よい習慣を身につける

『常識と習慣』の章のあらすじ

「知、情、意（知恵、情愛、意志）」の三つがバランスよく調合され大きく発達して初めて常識となる。

幼少の頃から青年期を通じては、非常に習慣のつきやすい時である。そのため、良い習慣を身につけるにはこの時期が肝心である。

「偉い人」はたとえ欠点が多くても、他にそれを補うだけの超絶したところがある人である。

欠点のない人とは、知、情、意の三つが十分に備わった、つまり「常識の人」である。私はもちろん、偉い人が出現することを希望しているが、社会には常識の人が多くいることをのぞんでいる。人が完全に役に立ち、公にも私にも、必要にしていわゆる真才真知というのは、多くは常識の発達にあるといってもよいのではないのである。

編集部

常識とはなにか

およそ人として世に処するに際し、常識はいずれの地位にも必要で、また、いずれの場合にも欠けてはならぬことである。しからば、常識とは如何《いか》なるものであろうか。余は次のごとく解釈する。

すなわち、事に当たりて奇矯《ききょう》に馳《は》せず、頑固に陥らず、是非善悪を見別け、利害得失を識別し、言語挙動すべて中庸に適うものがそれである。これを学理的に解釈すれば、「智《ち》、情、意」の三者が各々権衡《けんこう》〔つりあい〕を保ち、平等に発達したものが完全の常識だろうと考える。さらに換言すれば、普通一般の人情に通じ、よく通俗の事理を解し、適宜の処置を取り得る能力が、すなわちそれである。人間の心を解剖して、「智、情、意」の三つに分解したものは、心理学者の唱導に基づく所であるが、何人といえども、この三者の調和が不必要と認めるものは無かろうと思う。智恵と情愛と意志との三者があってこそ、人間社会の活動もでき、物に接触して効能を現してゆけるものである。ゆえに、常識の根本原則たる「智、情、意」の三者について少しく述べてみようと思う。

さて、「智」は人にとって如何なる働きをするものであろうか。人として智恵が充分に進んでおらねば、物を識別する能力に不足を来すのであるが、この物の善悪是非の識別ができぬ人や、利害得失の鑑定に欠けた人であるとすれば、その人に如何ほど学識があっても、善いことを善いと認めたり、利あることを利ありと見分けをして、それにつくわけに行かぬから、そういう人の学問は宝の持ち腐れに終わってしまう。ここを思えば智恵が如何に人生に大切であるかが知らるるであろう。ところが、かの宋《そう》の大儒程朱《たいじゅていしゅ》のごときは痛くこの智を嫌った。それは智の弊として、ややもすれば術数に陥り、欺瞞詐偽《ぎまんさぎ》の生ずる場合がある。また、功利を主とすれば智恵の働きが多くなり、仁義道徳の方面には遠くなるとの理由でこれを疎外した。それがため折角多方面に活用せしむべき学問が死物になり、ただおのれ一身をさえ修めて悪事が無ければ宜《よ》いということになってしまった。これは大なる誤思謬見《ごしびゅうけん》で、仮に一身だけ悪事が無いから宜《い》いと手を束《つか》ねている人のみとなったら、どんなものであろうか。そういう人は世に処し、社会に立ってなんらの貢献する所もない。それでは人生の目的が那辺《なへん》［どのへん］に存するかを知るに苦しまねばならぬ。とはいえ、もとより悪行があってはもちろんいかぬけれども、人はすべて悪事に陥らずに、多くの世務《せいむ》を果たすようでなければ、真の人間とはいわれぬのである。もし智の働きに強い検束《けんそく》を加えたら、その結果はどうであろう。悪事を働かぬことにはなりもしようが、人心が次第に消極的に傾き、真に善事のためにも活動する者が少なくなってしまわねば宜いがと、はなはだ心配に堪えぬ訳である。朱子は、いわゆる「虚霊不昧《きょれいふまい》」とか「寂然不動《じゃくねんふどう》」とかいうような説を主張して、仁義忠孝を説き、智は詐術《さじゅつ》に奔《はし》るものであるといって、絶対にこれを嫌ったから、それがために孔孟の教えは偏狭に陥り、儒教の大精神を世人に誤解されるようになった点が、少なくないと思う。智は実に人心にとって欠くべからざる大切の一要件である。ゆえに余は、智は決して軽視すべからざるものとしている。

智の尊ぶべきものなることは、実に前述のごとくであるが、しかし智ばかりで活動ができるかというに、決してそういうものでない。そこに「情」というものを巧みに案排しなければ、智の能力をして、充分に発揮せしむることができないのである。例を挙げて説明すれば、徒《いたずら》に智ばかり勝って情愛の薄い人間は、どんなものであろうか。自己の利益を図らんとするためには、他人を突き飛ばしても、蹴倒《けたお》しても一向頓着《とんちゃく》しない。由来智恵が充分に働く人は、何事に対しても一見してその原因結果の理を明らかに知ることができ、事物の見透かしがつくのであるが、かかる人物にして、もし情愛が無かったら堪《たま》ったものでない。その見透かした終局までの事理を害用し、自己本位をもってどこまでもやり通す。この場合、他人の迷惑や難儀なぞが如何に来ようとも、何とも思わぬほど極端になってしまう。そこの不権衡を調和してゆくものが、すなわち情である。情は一つの緩和剤で、何事もこの一味《いちみ》の調合によって平均を保ち、人生のことにすべて円満なる解決を告げてゆくのである。仮に、人間界から情の分子を除却したら、どういうことになろうか。何もかも極端から極端に走り、ついには如何ともすべからざる結果に逢着《ほうちゃく》しなければなるまい。このゆえに人間にとっては「情」は欠くべからざる一機能である。しかしながら情の欠点は、最も感動の早いものであるから、悪くすると動きやすいようになる。人の喜怒哀楽愛悪慾の七情によりて生ずる事柄は、変化の強いもので、心の他の部面においてこれを制裁するものが無ければ、感情に走り過ぐるの弊が起こる。ここにおいてか初めて「意志」なるものの必要が生じて来るのである。

動きやすい情を控制するものは、鞏固《きょうこ》〔強固〕なる意志より外はない。しかり、意は精神作用中の本源である。鞏固なる意志があれば、人生においては最も強味ある者となる。けれども、徒に意志ばかり強くて、これに他の情も智も伴わなければ、ただ頑固者とか強情者とかいう人物となり、不理屈《ふりくつ》に自信ばかり強くて、自己の主張が間違っていても、それを矯正しようとはせず、どこ迄も我《が》を押し通すようになる。もちろん、こういう風の人も、ある意味からみれば、尊ぶべき点がないでもないが、それでは一般社会に処すべき資格において欠けている、いわば精神的の片輪で完全の人とは言われない。意志の鞏固なるが上に聡明《そうめい》なる智恵を加味し、これを調節するに情愛をもってし、この三者を適度に調合したものを大きく発達せしめて行ったのが、初めて完全なる常識となるのである。現代の人はよく口癖のように、意志を強く持てというが、意志ばかり強くてもやはり困り者で、俗にいう「猪武者」のような者になっては、如何に意志が強くても、社会にあまり有用の人物とはいえないのである。

口は「禍福の門」

余は平素多弁の方で、よく種々《いろいろ》の場合に口を出し、あるいは演説なぞも処嫌わず、頼まれればやるので、知らず識《し》らず言い過ぎることなぞあって、人からしばしば揚げ足を取られたり、笑われたりすることがある。しかし、如何に揚げ足を取られようが、笑われようが、余はひとたび口にして言う以上は、必ず心にもないことは言わぬという主義である。したがって、自分自身では妄語《もうご》したとは思っておらない。あるいは世人には、妄語と聞こえる場合がないでもなかろうが、少なくとも自分は、確信のある所を口にしたつもりでいる。口舌《こうぜつ》は禍《わざわい》の門であるだろうが、ただ禍の門であるということを恐れて一切口を閉じたら、その結果はどうであろう。有要な場合に有要な言《げん》を吐くのは、できるだけ意思の通ずるように言語を用いなければ、折角のことも有邪無邪中《うやむやちゅう》に葬られねばならぬことになる。それでは禍の方は防げるとしても、福の方は如何にして招くべきか、口舌の利用によって福も来るものではないか。もとより多弁は感心せぬが、無言もまた珍重すべきものではない。唖《おし》はこの世の中において、如何なる用を弁じ得るか。

　余のごときは多弁の為に禍もあるが、これによってまた福も来るのである。例えば、沈黙していては解らぬのであるけれども、一寸《ちょっと》口を開いたために、人の困難な場合を救ってやることができたとか、あるいはよく喋《しゃべ》ることが好きだから、何かのことにあの人を頼んで口を利《き》いて貰《もら》ったら宜しかろうと頼まれて、物事の調停をしてやったとか、あるいは口舌のあるために、種々《しゅじゅ》の仕事を見出すことができたとかいうように、すべて口舌が無かったら、それらの福は来るものではないと思う。して見れば、これらは誠に口舌より得る利益である。口は禍の門であるとともに、福の門でもある。芭蕉の句に「ものいへば唇《くちびる》寒し秋の風」というのがある。これも要するに、口は禍の門ということを文学化したものであろうけれども、こういう具合に禍の方ばかり見ては消極的になり過ぎる。極端に解釈すれば、ものを言うことができないことになる。それではあまり範囲が狭過ぎるのである。

口舌は実に禍の起こる門でもあるが、また福祉の生ずる門でもある。ゆえに福祉の来るためには、多弁あえて悪いとは言われぬが、禍の起こる所に向かっては言語を慎まねばならぬ。片《へん》言隻語《げんせきご》〔ちょっとした言葉〕といえども、決してこれを妄《みだ》りにせず、禍福の分かるる所を考えてするということは、何人にとっても忘れてはならぬ心得であろうと思う。

嫌いな人の美点を知れ

余は、ややもすれば世人より誤解されて、渋沢は清濁併せ呑《の》む主義であるとか、善悪の差別を構わぬ男であるとか評される。先頃もある者が来て、真向から余に詰問《きつもん》し、「足下《そっか》は日頃論語をもって処世上の根本義とせられ、また論語主義をもって自ら行なわれつつあるにもかかわらず、足下が世話される人の中《なか》には、全く足下の主義と反し、むしろ非論語主義の者もあり、社会より指弾《しだん》さるる人物をも、足下は平然としてこれを近づけ、虚然として世評に関せざるがごとき態度をとらるるが、かくのごときは足下が高潔《こうけつ》なる人格を傷つくるものではあるまいか。

その真意が聞きたい」とのことであった。

なるほどそう言われてみると、この評もあるいはしからんと、自ら思い当たることがないでもない。しかしながら余は、別に自己主義とする所があって、およそ世事《せじ》に処するに方《あた》っては、一身を立つると同時に社会のことに勤め、能《あた》う限り善事を殖《ふ》やし、世の進歩を図りたいとの意念を抱持《ほうじ》している。したがって、単に自己の富とか、地位とか、子孫の繁栄とかいうものは第二に置き、専ら国家社会のために尽くさんことを主意とするものである。されば、人のために謀《はか》って善をなすことに心掛け、すなわち人の能を助けて、それを適所に用いたいとの念慮が多いのである。この心掛けが、そもそも世人から誤解を招くに至った所以《ゆえん》ではあるまいか。

余が実業界の人となって以来、接触する人も年々その数《すう》を増し、しかしてそれらの人々が余の行なう所に見倣《みなら》いて、各々長ずる所によりて事業を精励すれば、たといその人自身は、自己の利益のみを図るの目的に出づるとしても、従事する業務が正しくありさえすれば、その結果は国家社会のためになるから、余は常にこれに同情し、その目的を達しさせてやりたいと思っている。これは単に直接利益を計る商工業者に対しての場合のみならず、文筆に携わる人に対しても、やはり同一主義の下《もと》に接して来た。例えば、新聞雑誌等に従事している者が来て、余に説を請う時にも、余が説を掲載して幾分なりともその価値を高め得るものとすれば、自説はたとい、価《あたい》あるものと思っても、請う人の真実心より出たものならば、これを斥《しりぞ》けない。それらの人々の希望を容《い》れてやるのは、独り希望する人の為のみならず、社会の利益の一部分ともなろうかと考えるので、非常に多忙の時間を割《さ》いてその要求に応ずる次第である。自己の懐抱《かいほう》する主義がこうであるから、面会を求めて来る人には、必ず会って談話する。知人としからざるとの別なく、自分に差し支えなければ、必ず面会して先方の注意と希望を聞くことにしている。それであるから、来訪者の希望が道徳に協《かな》っていることと思う場合ならば、相手の何人たるを問わず、其の人の希望を叶《かな》えてやる。

しかるに、余がこの門戸開放主義につけ込んで、非理を要求して来る人があって困る。例えば、見ず知らずの人から生活上の経費を貸してくれと申し込まれたり、あるいは親が身代《しんだい》不《ふ》如意《にょい》のため、自分は中途から学資を絶たれて困るから、今後何年間、学資の補助を仰ぎたいとか、またはかくかくの新発明をしたから、この事業を成立させるまで助勢を乞《こ》うとか、はなはだしきに至っては、これこれの商売を始めたいから、資金を入れてくれとか、ほとんど、この種の手紙が月々何十通となく舞い込んで来る。余はその表面に自己の宛名がある以上、必ずそれを読むの義務があると思うので、そういう手紙のくる毎《ごと》に、屹度《きっと》目を通すことにしている。また自ら予《よ》が家に来たり、この種の希望を述べる者もあるので、余はそれらの人々にも面会するが、しかし、これらの希望や要求というものには道理のないのが多いから、手紙の方はことごとく自身では断りきれぬけれども、特に出向いて来た人に対しては、その非理なる所以を説いて、断るようにしている。余がこの行為を他人から見たならば、何もそういう手紙を一々見たり、そういう人にことごとく会う必要はないというであろう。けれども、もしそれらに対して面会を謝絶したり、手紙を見なかったりすることは、余が平素の主義に反する行為となる。それゆえ、自ずから雑務が多くなって寸暇もなくなるゆえ、困るとは知りながらも、主義のために余計な手数をもかける訳である。

しかして、それらの人の言って来た事柄でも、または知己から頼まれたことでも、道理に協っておることであれば、余はその人のため、二つには国家社会のために、自力の及ぶ程度において力を貸してやる。つまり道理ある所には、自ら進んで世話をしてやる気にもなるのであるが、そういうことも後日になってみると、あの人は善くなかった、あの事柄は見違えたということがないではない。しかし、悪人必ずしも悪に終わるものでなく、善人必ずしも善を遂げるものとも限らぬから、悪人を悪人として憎まず、できるものならその人を善に導いてやりたいと考え、最初より悪人たることを知りつつ、世話してやることもある。

習慣は感染し伝播する

由来習慣とは、人の平生における所作が重なりて、一つの固有性となるものであるから、それが自ずから心にも働きにも影響を及ぼし、悪いことの習慣を多く持つものは悪人となり、良いことの習慣を多くつけている人は、善人となると言ったように、ついにはその人の人格にも関係して来るものである。ゆえに何人《なにびと》も平素心して良習慣を養うことは、人として世に処する上に大切なことであろう。

また習慣は、ただ一人《ひとり》の身体にのみ付随しているものでなく、他人に感染するもので、ややもすれば人は他人の習慣を模倣したがる。この他に広まらんとする力は、単に善事の習慣ばかりでなく、悪事の習慣も同様であるから、大いに警戒を要する次第である。言語動作のごときは、甲《こう》の習慣が乙《おつ》に伝わり、乙の習慣が丙《へい》に伝わるような例は、決して珍しくない。著しい例証を挙ぐれば、近来新聞紙上に折々新文字《しんもんじ》が見える。一日甲の新聞にその文字が登載されたかと思うと、それがたちまち乙丙丁《てい》の新聞に伝載され、ついには社会一般の言語として、誰しも怪しまぬことになる。かの「ハイカラ」とか「成金《なりきん》」とかいう言葉は、すなわちその一例である。婦女子の言葉などもやはり左様で、近頃の女学生が頻《しき》りに「よくッてよ」とか「そうだわ」とかいう類の言語を用いるのも、ある種の習慣が伝播《でんぱ》したものといって差し支えない。また昔《せき》日《じつ》は無かった「実業」という文字のごときも、今日は最早《もはや》習慣となり、実業といえばただちに、商工業のことを思わせるようになって来た。かの「壮士《そうし》」という文字なども、字面から見れば壮年の人でなければならぬはずであるのに、今日では老人を指しても壮士といい、誰一人それを怪しむものなきに至っている。もって習慣が、如何《いか》に感染性と伝播力とを持っているかを察知するに足るであろう。しかして、この事実より推測する時は、一人の習慣は終に天下の習慣となりかねまじき勢いであるから、習慣に対しては深い注意を払うとともに、また自重して貰わねばならぬのである。

ことに習慣は、少年時代が大切であろうと思う。記憶の方からいっても、少年時代の若い頭脳《あたま》に記憶したことは、老後に至っても多く頭脳の中《なか》に明確に存して居る。余のごときも、如何なる時のことをよく記憶しているかといえば、やはり少年時代のことで、経書《けいしょ》でも歴史でも、少年の時に読んだことを最もよく覚えている。昨今《さっこん》いくら読んでも、その方は読む先から皆忘れてしまう。そういう訳であるから、習慣も少年時代が最も大切で、一度習慣となったなら、それは固有性となって終生変わることはないのみならず、幼少の頃から青年期を通じては、非常に習慣のつきやすい時である。それゆえに、この時期を外さず良習慣をつけ、それをして個性とするようにしたいものである。余は青年時代に家出して天下を流浪し、比較的放縦《ほうじゅう》な生活をしたことが習慣となって、後年まで悪習慣が直らなくて困ったが、日々悪い習慣を直したいとの一念から、大部分はこれを矯正することができたつもりである。悪いと知りつつ改められぬのは、つまり克己心《こっきしん》の足らぬのである。余の経験によれば、習慣は老人になっても、やはり重んぜねばならぬと考える。それは青年時代の悪習慣も、老後の今日に至って努力すれば、改められるものであるから、今日のごとく日に新たなる世に処しては、なおさらこの心をもって自重して行かねばならぬのである。

とかく習慣は、不用意の間に出来上がるものであるから、大事に際しては、それを改めることができるのである。例えば、朝寝をする習慣の人が、常時はどうしても早起きができないけれども、戦争とか火事とかいう場合に当たりては、如何に寝坊でも、必ず早起きができるということから観ても、そう思われるのである。しからば何ゆえにそうなるかというに、習慣は些《さ》細《さい》のことであるとして軽蔑《けいべつ》しやすいもので、日常それが、わがままに伴っているからである。されば男女となく老若となく、心を留めて良習慣を養うようにしなければならぬのである。

偉い人と欠点のない人

史乗《しじょう》〔歴史〕などに見ゆる所の英雄豪傑には、とかく智情意《ちじょうい》の三者の権衡を失した者が多いようである。すなわち意志が非常に強かったけれども、智識が足りなかったとか、意志と智慧《ちえ》とは揃っていたが、情愛に乏しかったとかいうがごとき性格は、彼らの間にいくらもあった。かくのごときものは、如何に英雄でも豪傑でも、常識的の人とはいわれない。なるほど、一面から見れば非常に偉い点がある。超凡的な所がある。普通一般人の企及すべからざる点があるには相違ないが、偉き人と完《まった》き人とは大いに違う。偉い人は人間の具有すべき一切の性格にたとい欠陥があるとしても、その欠陥を補って余りあるだけ他に超絶した点のある人で、完全なる人に比すれば、いわば変態である。それに反して完き人は、智情意の三者が円満に具足した者、すなわち常識の人である。余はもちろん、偉い人の輩出を希望するのであるけれども、社会の多数人に対する希望としては、むしろ完き人の世に隈《くま》なく充たんことを欲する。つまり、常識の人の多からんことを要望する次第である。偉い人の用途は無限とはいえぬが、完き人ならいくらでも必要な世の中である。社会の諸設備が、今日のごとく整頓《せいとん》し発達している際には、常識に富んだ人がたくさんいて働けば、それでなんらの欠乏も不足もない訳で、偉い人の必要は、ある特殊の場合を除いては、これを認むることが出来ない。

およそ人の青年期ほど思想が一定せず、奇を好んで突飛な行動に出でんとする時代は少なかろう。それも年を経るにしたがい、次第に着実になって行くものだが、青年時代には多くの人の心は浮動している。しかるに常識というものは、その性質が極めて平凡なものであるから、奇矯を好み突飛を好む青年時代に、この平凡な常識を修養せよというは、彼らの好奇心と相反する所があろう。偉い人になれと言わるれば、進んでこれに賛成するが、完き人となれといわるれば、その多くはこれを苦痛に感ずるのが、彼らの通有性である。しかしながら、政治の理想的に行なわるるも国民の常識に俟《ま》ち、産業の発達進歩も実業家に負う所が多いとすれば、否《いや》でも常識の修養に熱中しなければならぬではないか。況《いわ》んや社会の実際に徴するに、政治界でも、実業界でも、深奥《しんおう》なる学識というよりは、むしろ健全なる常識ある人によって支配されているを見れば、常識の偉大なることは言うまでもないのである。

親切という不親切

世間には、冷酷無情にしていささかも誠意なく、その行動の常に奇矯不真面目なものが、かえって社会の信用を受け、成功の栄冠を戴きおるに、これに反して至極真面目にして誠意も篤《あつ》く、いわゆる忠恕の道に契《かな》ったものが、かえって世に疎んぜられ落伍者《らくごしゃ》となる場合がいくらもある。天道は果たして是か非か、この矛盾を研究するは、誠に興味ある問題である。

惟《おも》うに人の行為の善悪は、その志と所作と相俟《あいま》って較量《こうりょう》せねばなるまい。志が如何に真面目で忠恕の道に契っていても、その所作が遅鈍《ちどん》であるとか、放僻邪侈《ほうへきじゃし》〔勝手気ままで、したい放題の悪い行為をする〕では何にもならぬ。志においては、飽くまで人の為になれかしと思って居ても、その所作が人の害となるようでは善行といわれぬ。むかしの小学読本《どくほん》に、『親切のかえって不親切になりし話』と題して、雛が孵化《ふか》せんとして卵の殻から離れずに困っておるのを見て、親切な子どもが殻を剥《む》いてやったところが、かえって死んでしまったという話があるが、孟子にもこれと同じような例が、たくさんあったように記憶する。文句は一々覚えていないが、人のためを計るといっても、その室《しつ》に闖入《ちんにゅう》してその戸を破る、これをしも忍ぶかといったような意味や、それから梁《りょう》の恵王《けいおう》が政事を問うた時に、「庖《くりや》に肥肉《ひにく》あり、厩《うまや》に肥馬《ひば》あり、民《たみ》に飢色《きしょく》あり、野《や》に餓莩《がひょう》あり、これ獣を率いて人を食《は》ましむるもの也」といって、刃《やいば》をもって人を殺すも、政事をもって人を殺すも、同じだと断定している。それから告子と不動心説を論じた所に、「心に得ずとも気に求むること勿《なか》れとは可なれども、言《こと》に得ずも心に求むること勿れとは不可なり。それ志は気の帥《すい》なり。気は体の充てるなり。それ志は至れり、気は次ぐ。ゆえに曰く、その志を持してその気を暴《そこ》なうことなかれ」とある。これは、志はすなわち心の本《もと》で、気は心の所作となって現れる末である。志は善で忠恕の道に契っていても、出来心といってふと志に適わぬことをすることが往々ある。だからその本心を持して、出来心たる気を暴なわぬよう、すなわち所作に間違いのないように、不動心術の修養が肝要である。孟子自身は浩然《こうぜん》之《の》気《き》〔豊かで大らかな気持ち〕を養ってこの修養に資したが、凡人はとかく所作に間違いを来《きた》しやすい。孟子はその例として、「宋人有閔其苗之不長而揠之者、芒芒然帰、謂其人曰、今日病矣、予助苗長矣、其子趨而往視之、苗則槁矣云々（宋人《そうひと》、その苗の長ぜざるをうれえて、これを揠《ぬ》く者あり。芒芒然《ぼうぼうぜん》と帰り、その人に謂《い》いていわく、今日病る、われ苗を助けて長ずと。その子趨《はし》りて往《ゆ》きて、これを視《み》れば、苗すなわち槁《か》る云々《うんぬん》）」と、大いに告子《こくし》を罵倒《ばとう》している。苗を長ぜしめるには水の加減、肥料の加減、草を芟除《せんじょ》〔刈り除く〕することによらなければならぬのに、これを引き抜いて長ぜしめようとするのは、如何にも乱暴である。孟子の不動心術の可否はとにかく、世間往々苗を助けて長ぜしむるの行為のあることは、争われぬ事実である。苗を長ぜしめたいというその志は誠に善であるが、これを抜くという所作が悪である。この意味を拡充して考えると、志が如何に善良で忠恕の道に適っていても、その所作がこれに伴わなければ、世の信用を受けることができぬ訳である。

これに反して、志が多少曲がっていても、その所作が機敏で忠実で、人の信用を得るに足るものがあれば、その人は成功する。行為の本《もと》である志が曲がっていても、所作が正しいという理窟《りくつ》は、厳格に言えば有ろうはずはないが、聖人も欺くに道をもってすれば与《くみ》しやすきがごとく、実社会においても人の心の善悪よりは、その所作の善悪に重きを措《お》くがゆえに、それと同時に心の善悪よりも行為の善悪の方が判別しやすきがゆえに、どうしても所作の敏活にして善なる者の方が信用されやすい。例えば、将軍吉宗《よしむね》公が巡視された時、親孝行の者が老母を背負いて拝観に出でて褒美《ほうび》を貰った。ところが、平素不良の一無頼漢《ぶらいかん》がこれを聞いて、それでは俺も一つ褒美を貰ってやろうと、他人の老婆を借りて背負って拝観に出かけた。吉宗公がこれに褒美を下さると、側役人から彼は褒美を貰わんための偽《にせ》孝行であると故障を申し立てた。すると吉宗公は、イヤ真似は結構であると篤く労《いた》わられたということである。また孟子の言《げん》に「西子《せいし》も不潔を蒙《こうむ》らば、すなわち人皆鼻を掩《おお》うてこれを過ぐ」というのがある。如何に傾国《けいこく》の美人といえども、汚穢《おわい》を蒙っていては、誰とて側へ寄る人はなかろう。それと同時に、内心如《にょ》夜叉《やしゃ》〔夜叉のように心の恐ろしいこと〕でも嫋々《じょうじょう》婀娜《あだ》〔なよなよと色っぽくなまめかしい〕としておれば、知らず識らず迷うのが人情である。だから志の善悪よりは、所作の善悪が人の眼につきやすい。したがって、巧言令色《こうげんれいしょく》が世に時めき、諫言《かんげん》は耳に逆《さから》い、ともすれば忠恕の志ある真面目な人が貶黜《へんちゅつ》〔官位をおとしてしりぞけること〕せられて天道是か非かの嘆声を洩《も》らすに引きかえ、わるがしこい人前の上手な人が比較的成功し信用さるる場合のある所以《ゆえん》である。

何を「真才」「真智」というのか

およそ人の世に立つについて、最も肝要なるものは、智慧《ちえ》を増して行かねばならぬ。すべて一身の発達、国家の公益を図るにも、智識というものが無ければ進んで行くことはできぬけれども、しかしそれ以上に人は人格というものを養って行かなくてはならぬ。いわゆる人格の修養、これは極めて大切なことだろうと思う。ただし人格という定義は、如何《いか》に論壇せらるるか知らないが、稀には少しは非常識というべき英雄豪傑に人格崇高な人があるから、果たして人格と常識が必ず一致するものであろうかどうか、人が完全に役に立ち、公にも私にも、必要にしていわゆる真才真智《しんさいしんち》というのは、多くは常識の発達にあるといっても誤りないと思うのである。

しかしてその常識の発達については、第一に必要なるは、おのれの境遇に注意するにある。ゆえに、これを文字にて示そうものなら、「人は自己の境遇によく注意をせねばならぬ」ということになろうと思う。この文字はあるいは適当でないかもしらぬが——私は西洋の格言などはあまり知らぬから、常に東洋の経書についてのみ例を引くが、論語に自己の境遇について注意を篤くすることを教えた例が、あるいは大きい場合、あるいは小さい場合に数多く見える。ゆえに大聖人の孔子でも、やはり自己の境遇に適することを勉めた。また他に対してもその境遇に不適当なる時は、必ずそれに賛同を与えぬ。一例を言えば孔子が「道が行なわれぬから桴《いかだ》に乗って海に浮かぼう。吾に従うものはそれ由《ゆう》か」と子路《しろ》を促した。子路、これを聞いて喜ぶ。これは孔子がチョッと意地の悪いようなことで、自分が問いを掛けたのだから、子路が喜んだろう。自分も等しく喜びそうなものであるが、子路の喜ぶ程合いが、自己の境遇をよく知悉《ちしつ》〔細かく知ること〕しなかったものと見えて、「由《ゆう》や勇を好む我に過ぎたり、材を取る所なし」と、かえって反対に戒めた。桴に乗って海に浮かぼうと言われた時に、子路が喜んだのであるが、もし子路がよくわが境遇を顧み知ったならば、「サァそうでもございましょうけれども、それについては海に浮かぶだけの材は、どうしたら宜しゅうございましょう」と答えたら、孔子が初めてわが意を得たりとして、それならば朝鮮《ちょうせん》へ行こうとか、日本へ行こうとか言われたかもしれぬ。またある時、孔子が二、三の弟子《ていし》に志を言えと促した時に、最初に子路が意見を述べた。もし自己をして国を治めしむるならば、たちまちの間に一国を治平たらしむることができると、卒爾《そつじ》〔にわかに〕として答えた。すると孔子は笑った。続《つい》で銘々志を陳《の》べて、最後に曾点《そてん》という人が瑟《しつ》を鼓していたのを孔子が汝も何か言わぬかと促した。しかるに曾点は、私の考えは他の人と違いますと答えたら、孔子は違っても宜いから言えと求めた時に、曾点は、「莫《ぼ》春《しゅん》には春《しゅん》服《ぷく》すでになり、冠者《かんじゃ》五、六人、童子六、七人、沂《な》に浴《よく》し舞雩《ぶう》に風し、詠《えい》じてしかして帰らん」と言った。そこで孔子は喟然《きぜん》〔ため息をつくさま〕として歎じて曰く、「吾は点に与《くみ》せん」と。弟子が去った後に曾晳《そうせき》という人が孔子に尋ねて、「何ゆえに最初子路の答えをお笑いになったか」。

孔子曰《いわ》く、「国を治むるに礼をもってす。その言譲らず、このゆえにこれを哂《わら》う」と、「一国を治むるには第一に礼義を重んぜねばならぬ。しかるに自身が勇にいさむからでもあろうが、卒爾にかくすれば宜しゅうござると答えたるによって、その言譲らず。ゆえにこれを哂《わら》う」と言われた。蓋《けだ》し子路がわが位地を分別せぬ所を哂われたように見える。しかしながら、ある時は孔子は極めて自負したような言葉もある。例えば、桓魋《かんたい》が孔子を殺そうとした時に、門人が恐怖したら、「天徳を予《われ》に生ず、桓魋それ予を如何《いかん》」と、すなわち、境遇に安んじて平気でいられた。またある時孔子が宋《そう》に往《い》って、帰途に大勢から囲まれ、ほとんど危害を受《う》けそうになった。この時にも門人が憂えたら、孔子がいわれるに、「天の将《まさ》に斯文《しぶん》を喪《ほろぼ》さんとするや、後死《こうし》の者斯文《しぶん》に与《あず》かるを得ざるなり、天の斯文を喪さざるや、宋人それ予を如何」といって、泰然として一身の危害を少しも憂えなかった。またある場合には、「大廟に入っては、事ごとに問う」。ある人これを怪しみて、「鄹人《すうひと》の子は礼を知ってるというが、大廟に入るとすべてのことを煩《うるさ》いほど尋ねる。あれでは礼を知ってるのではなかろう」と言ったら、孔子は答えて曰く、「これ礼なり」。それがすなわち礼を知ってるのだといわれた。まことに自身の境遇位地をよく知って、道理正しく活用するのが、すなわち孔子の大聖人となり得る唯一の修養法であったようにみえる。してみると孔子の如き人でも、場合によって細事たりとも常に注意を怠らぬ。それがすなわち、聖人に成り得る所以である。ゆえにお互いに皆、孔子のごとき大聖人になるということは不可能かしらぬけれども、わが境遇位地をこれ誤らぬだけのことができるならば、少なくとも通常人以上になり得ることは難くないだろうと思う。しかるに世間はこの反対に走るもので、チョッと調子が宜いと、すぐにわが境遇を忘れて分量不相応の考えも出す。またある困難のことに遭遇すると、わが位地を失して打ち萎《しお》れてしまう。すなわち、幸いに驕《おご》り災いに悲しむのが、凡庸人《ぼんようじん》の常である。

動機と結果

私は志の曲がった軽薄才子は嫌いである。如何に所作が巧みでも、誠意のない人は与《とも》に伍するを懌《よろこ》ばないが、しかし神ならぬ身には人の志まで見抜くということは容易でないから、自然、志の良否《よしあし》はとにかく、所作の巧みな人間に利用されぬとも限らぬのである。かの陽明《ようめい》説の如きは、知行合一《ちこうごういつ》とか良知良能《りょうちりょうのう》とかいって、志に思うことがそれ自身行為に現れるのであるから、志が善ならば行為も善、行為が悪ならば、志も悪でなければならぬが、私ども素人《しろうと》考えでは、志が善でも所作が悪になることもあり、また所作が善でも志が悪なこともあるように思われる。私は西洋の倫理学や、哲学というようなことは、少しも知らぬ。ただ四書《ししょ》や宋儒《そうじゅ》の学説によって、多少性論や処世の道を研究しただけであるが、私の如上の意見に対して、期せずしてパウルゼンの倫理説と合一するというものがある。その人の言うには、英国のミュアヘッドという倫理学者は、動機さえ善ならば、結果は悪でもいいという。いわゆる動機説で、その例として、クロムウェルが英国の危機を救わんがために、暗愚《あんぐ》の君を弑《しい》し、自ら皇帝の位に上《のぼ》ったのは、倫理上悪でないといっているが、今日最も真理として歓迎せらるるパウルゼンの説では、動機と結果、すなわち志と所作の分量性質を仔細に較量してみなければならぬという。例えば、均しく国のためという戦《いくさ》の中《なか》にも、領土拡張の戦もあれば、国家存亡上、止むを得ぬ戦もある。主権者としては、均しく国家国民のために計ったとはいえ、必ずしも領土拡張の必要もないのに、その開戦の時機を誤ったとすれば、その主権者の行為は悪であるけれども、その無謀の開戦も時宜に適して連戦連勝、大いに国を富まし民を啓《ひら》くの基をなしたという場合には、その行為は善と言わねばならぬ。前例のクロムウェルの場合にも、幸いに英国の危機を救い得たから善いが、もし志ばかり熱烈であっても、最後に国を危うくするような結果を招いたとすればやはり悪行為と判断されねばならぬ。

私はパウルゼンの説が果たして真理かどうかは解らぬが、単に志が善ならば、その所作も善だというミュアヘッドの説よりも、その志と所作とを較量した上に、善悪を定めるという説の方が確かなように思われる。

私が常に客を引見《いんけん》して、質問に応《こた》えることを自分の義務としているだけ、丁寧《ていねい》にすると、また頼まれたから止むを得ぬと厭々《いやいや》ながらするのでは、同一の事柄でも、その志が非常に異なる。これと同時に、同一の志でも、その時と所によって大いに事柄を異《こと》にすることもある。つまり、土地に肥瘠《ひせき》〔肥えていることとやせていること〕あり時候に寒暖あるごとく、吾人《ごじん》の思想感情も異なっているから、同一の志をもって向かっても、対者《あいて》によってその結果を異にするのである。だから、人の行為の善悪を判断するには、よくその志と所作の分量性質を参酌《さんしゃく》〔比べて参考にする〕して考えねばならぬのである。

人生は努力にある

予は本年（大正二年）、最早七十四歳の老人である。それゆえ数年来、なるべく雑務を避ける方針を取っているが、ただし全然閑散の身となることが出来ず、まだ自分の立てた銀行だけは依然、その世話をしているという次第で、老いてもやはり活動しておるのである。すべて人は、老年となく青年となく、勉強の心を失ってしまえば、その人は到底進歩発達するものではない。同時にそれらの不勉強なる国民によって営まるる国家は、到底繁栄発達するものではない。予は平生、自ら勉強家のつもりでいるが、実際一日といえども職務を怠るということをせぬ。毎朝七時少し前に起床して、来訪者に面会するように努めている。如何に多数でも時間の許す限り、たいていは面会することにしている。

予の如き七十歳以上の老境に入っても、なおかつ、かくのごとく怠ることをせぬのであるから、若い人々は大いに勉強して貰わねばならぬ。怠惰はどこまでも怠惰に終わるものであって、決して怠惰から好結果が生まれることは断じてない。すなわち、座っていれば立ち働くより楽なようであるが、久しきに亘《わた》ると膝《ひざ》が痛んで来る。それで寝転ぶと楽であろうと思うが、これも久しきに亘ると腰が痛み出す。怠惰の結果はやはり怠惰で、それが益々はなはだしくなるくらいが落ちである。ゆえに、人は良き習慣を造らねばならぬ。すなわち、勤務努力の習慣を得るようにせねばならぬ。

世人はよく智力を進めねばならぬとか、時勢を解せねばならぬとかいうが、なるほどこれは必要なことで、時を知り事を撰《えら》む上には、智力を進めること、すなわち、学問を修むる必要がある。とは言うものの、智力如何に充分ではあっても、これを働かさねば何の役にも立たない。そこで、これを働かせるということは、すなわち勉強してこれを行なうことであって、この勉強が伴わぬと、百千の智もなんら活用をなさぬ。しかしてその勉強も、ただ一時の勉強では充分でない。終身勉強して、初めて満足するものである。およそ勉強心の強い国ほど、国力が発展している。これに反して、怠惰国ほどその国は衰弱している。現にわが隣国支那などは、いわゆる不勉強の好適例であるゆえに、一人《いちにん》勉強して一郷その美風に薫じ、一郷勉強して一国その美風に化し、一国勉強して天下靡然《てんかびぜん》〔なびくさま〕としてこれに倣うというように、各自はただに一人のためのみでなく、一郷一国ないし天下のために、充分勉強の心掛けが大切である。

人の世に成功するの要素として、智の必要なること。すなわち学問の必要なることはもちろんであるが、それのみをもって、ただちに成功し得るものと思うは大《だい》なる誤解である。論語に、「子路曰く、民人あり、社稷《しゃしょく》〔国家〕あり。なんぞ必ずしも書を読みて、しかる後《のち》に学ぶとせん」

とある。これは、孔子の門人の子路の言である。すると孔子は、「このゆえに夫《か》の佞者《ねいしゃ》〔心よこしまにへつらう人〕を悪《にく》む」と応えられた。この意は、「口ばかりで、事実行なわれなくては駄目である」ということである。予はこの子路の言を善しと思っている。されば、机上の読書のみを学問と思うのははなはだ不可のことである。

要するに、事は平生にある。これを例すると、医師と病人との関係のごときものである。平常衛生のことに注意を怠っていて、イザ病気という時に、医家の門に駈けつけるというようなもので、医者は病人を治すが職務であるから、何時《なんどき》でも治してくれると思っては、大違いである。医家は必ず平常の衛生を勧めるに相違ない。ゆえに予はすべての人に、不断の勉強を望むと同時に、事物に対する平生の注意を怠らぬように心掛くることを説きたいと思うのである。

「正」につき「邪」から遠ざかるには

およそ事物に対し「かくせよ」「かくするな」というがごとき正邪曲直《せいじゃきょくちょく》の明瞭《めいりょう》なる者は、ただちに常識的判断を下し得るが、場合によってはそれも出来かねることがある。例えば、道理を楯にして言葉巧みに勧められでもすると、思わず知らず、平生自己の主義主張とする所よりも、反対の方向に踏み入らざるを得ないようになって行くものである。かくのごとき、無意識の中《うち》に自己の本心を滅却されてしまうことになるのであるが、左様の場合に際会しても、頭《ず》脳《のう》を冷静にしてどこまでも自己を忘れぬよう注意することが、意志の鍛錬の要務である。もし、そういう場合に遭遇したなら、先方の言葉に対し、常識に訴えて自問自答してみるが宜い。その結果、先方の言葉に従えば、一時は利益に向かい得らるるが、後日に不利益が起こって来るとか、あるいはこの事柄に対してこう処断すれば、目前は不利でも将来のためになるとか、明瞭に意識されるものである。もし目前の出来事に対し、かくのごとき自省ができたらば、自己の本心に立ち帰るはすこぶる容易なることで、したがって、正につき邪に遠ざかることができる。余はかくのごとき手段方法が、すなわち意志の鍛錬であると思うのである。

一口に意志の鍛錬というものの、それには善悪の二者がある。例えば、石川五右衛門《いしかわごえもん》のごときは、悪い意志の鍛錬を経たもので、悪事にかけてはすこぶる意志の鞏固《きょうこ》な男であったといって差し支えない。けれども、意志の鍛錬が人生に必要だからとて、何も悪い意志を鍛錬するの必要はないので、自分もまたそれについて説を立てる訳ではないが、常識的判断を誤った鍛錬の仕方をやれば、悪くすると石川五右衛門を出さぬとも限らない。それゆえ、意志鍛錬の目標は、まず常識に問うてしかる後、事を行なうが肝要である。こうして鍛錬した心をもって事に臨み人に接するならば、処世上過誤なきものといって宜しかろうと思う。

かく論じ来れば、意志の鍛錬には常識が必要であるということになって来るが、常識の養成については別に詳説してあるから、ここには省くとしても、やはりその根本は孝悌忠信《こうていちゅうしん》の思想に拠らなければならぬ。忠と孝とこの二者より組み立てたる意志をもって、何事も順序よく進ませるようにし、また何事によらず、沈思黙考《ちんしもっこう》して決断するならば、意志の鍛錬において間然〔欠点を批判すること〕する所はないと信ずる。しかしながら、事件は沈思黙考の余地ある場合にのみ起こるものでない。唐突に湧起したり、さなくとも人と接した場合などに、その場で何とか応答の辞を吐かねばならぬことが、いくらもある。そういう機会にはあまり熟慮している時間がないから、即座に機宜《きぎ》を得た答えをしなければならぬが、平素、鍛錬を怠った者には、その場に適当な決定をすることが一寸《ちょっと》できにくい。したがって、勢い本心に反したような結末を見なければならぬ。ゆえに、何事も平素においてよく鍛錬を重ねるならば、遂にはそれがその人の習慣性となりて、何事に対しても動ずる色なきを得るに至るであろう。

子曰《しいわ》く、徳《とく》の脩《おさ》めざる、学《がく》の講《こう》ぜざる、義《ぎ》を聞《き》きて徙《うつ》る能わざる、不善《ふぜん》を改《あらた》むる能《あた》わざる、是《こ》れ吾《われ》の憂《うれ》えなり。　論語

【訳】孔子がおっしゃることには、道徳が十分身につかないこと、学問が進まないこと、道義を学んでも実践できないこと、善からぬことを改めることができないこと、これらが私の悩みである。

第四章

正しくお金儲けをして正しく使う

「仁義と富貴」

正しくお金儲けをして正しく使う

『仁義と富貴』の章のあらすじ

本物のお金儲けは仁義道徳に基づいていなければならない。そうでないと、決して長続きはしない。

孔子は、道理にかなった方法で手に入れた金でなければ、かえって貧乏であるほうが良いが、もし正しい道理を踏んで得た金ならば、構わないと言っている。孔子はお金儲けを否定している訳ではない。

富を多く得ている人ほど、社会から多くの支援を受けている訳だから、この恩恵に報いるために、得た富を貧しい人々の救済事業に充てることは当然の義務であるし、できる限り社会のために助力しなければならない。

お金は正しく儲け正しく使うべきだ。正しく使うとは、決して無駄遣いをするのではなく正当に支出することを意味する。お金を大切にすることはいいことであるが、貯め込んでしまってはまた意味がない。

編集部

正しいお金の利殖法

実業というものは、如何《いか》に考えて宜《よ》いものか。もちろん世の中の商売、工業が利殖を図るものに相違ない。もし商工業にして物を増殖するの効能がなかったならば、すなわち商工業は無意味になる。商工業は何たる公益もないものになる。去りながら、その利殖を図るものも、もしことごとくおのれさえ利すれば、他はどうでも宜かろうということをもって、利殖を図って行ったならば、その事物は如何に相なるか、むずかしいことをいうようであるけれども、もし果たして前陳の如き有様であったならば、かの孟子の言う「なんぞ必ずしも利を曰わん、また仁義あるのみ」云々、「上下交《こもご》も利を征《と》りて饜《あ》かず、国危うし」云々、「いやしくも義を後にして利を先にすることをせば、奪わずんば饜《あ》かず」となるのである。それゆえに、真正の利殖は仁義道徳に基づかなければ、決して永続するものでないと私は考える。かく言えば、とかく利殖を薄うして人欲《じんよく》を去るとか、普通外に立つというような考えに、悪くすると走るのである。その思いやりを強く、世の中の得を思うことは宜しいが、おのれ自身の利欲によって働くは俗である。仁義道徳に欠けると、世の中の仕事というものは、段々衰微してしまうのである。

学者めいたことを言うようであるが、支那の学問に、ことに千年ばかり昔になるが、宋時代の学者が最も今のような経路を経ている。仁義道徳ということを唱えるにつきては、かかる順序から、かく進歩するものであるという考えを打ち棄てて、すべて空理空論に走るから、利慾を去ったら宜しいが、その極《きょく》その人も衰え、したがって国も衰弱に陥った。その末はついに元《げん》に攻められ、さらに禍乱《からん》が続いて、とうとう元という夷《えびす》に一統されてしまったのは、宋末の慈惨である。ただ、とかくは空理空論なる仁義というものは、国の元気を阻喪《そそう》し、物の生産力を薄くし、遂にその極、国を滅亡する。ゆえに仁義道徳も悪くすると、亡国になるということを考えなければならぬ。されば利殖を主義とするか、おのれさえ利すれば宜しい、人は構わぬという方の主義に基づいてやって行くか、今いう隣国のある一部分、元の当時の有様はそれである。人は構わぬ、おのれさえ宜ければ良《い》い、国家は構わぬ、自己さえ宜ければ良い。その極、国家は如何なる権利を失い、如何なる名声を落とすとも、個人の発達を考えて国家を顧みる人は、ほとんど稀《まれ》だという有様である。宋の時代には、前述の道徳仁義について国を亡ぼしたし、今日はまた、利己主義において身を危ううすると、いわねばならぬのである。これは独り、わが隣国ばかりではない。他の国々も皆、同一であって、つまり利を図るということと、仁義道徳たる所の道理を重んずるということは、並び立って相異ならん程度において、初めて国家は健全に発達し、個人は各々その宜しきを得て、富んで行くというものになるのである。

試みに例えば石油であるとか、もしくは製粉であるとか、あるいは人造肥料であるというような業務について考えてみても、もし利益を進めるという観念がなくて、なりゆき次第でどうでも宜いというような風にやったならば、決して事業が発達するものではない。富の増進するものでないことは、明らかである。仮に、もしその仕事が自己の利害に関係せず、人毎に儲《もう》かってもおのれの仕合せにならぬ、損しても不仕合せにならぬということであったならば、その事業は完全に進まぬけれども、おのれの仕事であれば、この物を進めたい。この仕事を発達せしむるということは、争うべからざる事実である。されば、もしそういう観念から他のことを凌《しの》いで、あるいは世の中の大勢を知らず、あるいは事情を察せずに、われさえ善ければ宜いということであったならば、如何になるか。必ずともにその不幸を蒙《こうむ》って、おのれ一人《ひとり》を利そうと思った、そのおのれもまた、不幸を蒙るということになるのである。ことに、ごく昔の事物の進歩せぬ時代は、あるいは「マグレ」幸いということがあったけれども、世の進むにしたがって、すべての事物がどうしても、規則的にやって行かなければならぬ時代において、おのれ自身さえ都合が宜《い》いと言うならば、例えば鉄道の改札場を通ろうというように、狭い場所をおのれさえ先へ通ろうと、皆思ったならば、誰も通ることができぬ有様になって、ともに困難に陥る。近い例をいうと、おのれをのみという考えが、おのれ自身の利をも進めることが出来ぬというは、この一事に徴しても分かるだろうと思うのである。ここにおいて、私が常に希望する所は、物を進めたい、増したいという欲望というものは、常に人間の心に持たねばならぬ。しかしてその欲望は、道理によって活動するようにしたい。この道理というのは、仁義徳、相並んで行く道理である。その道理と欲望とは相密着して行かなければ、この道理も前にいう、支那の衰徴に陥ったような風に走らないとはいえない。また、後にいう欲望は如何に進んで行っても、道理に違背《いはい》する以上は、いつまでも奪わずんば饜かずという不幸をみるに至るであろうと思うのである。

よい金の使い方をする

金《かね》は尊《たっと》いものであるとか、または貴《たっと》ばねばならぬものであるとかいうことに関しては、古来、随分多くの格言もあり、俚諺《りげん》もある。ある人の詩に、「世人交わりを結ぶに黄金《おうごん》をもってす。黄金多からざれば交わり深からず」とある一句などは、黄金は友情という形而上《けいじじょう》の精神までも支配するの力あるものとも取れる。精神を尊んで物質を卑しめる東洋古来の風習では、黄金によって友情をまで左右されるのは、人情の堕落、思いやられてははなはだ寒心《かんしん》〔心配などで肝をひやす〕の至りであるが、しかしこういうことが、われわれの日常よく出会う問題である。例えば、親睦会《しんぼくかい》などいうと必ず相集まって飲食する。これは飲食も友愛の情を幇助《ほうじょ》するからである。また久し振りに来訪してくれる友人に、酒食を供することもできないようでは、締交《ていこう》の端緒《いとぐち》も開きがたい。しかして、これらのことには皆黄金が関係する。

俚諺《りげん》に、「銭ほど阿弥陀《あみだ》は光る」と言って、十銭投げれば十銭だけ光る、二十銭投げれば二十銭だけ光ると計算している。また「地獄の沙汰《さた》も金次第」というに至りては、すこぶる評し得て皮肉の感がないでもないが、またもって金の効能の如何に大きいものであるかを表したものと見ることができる。一例を挙げると、東京停車場へ往《い》って汽車の切符を買うとすると、如何なる富豪でも、赤切符を買えば三等にしか乗れない。また如何に貧乏《ひんじん》でも一等切符を買えば一等に乗れる。これは、全く金の効能である。とにかく、金にはある偉大なる力あることを拒む訳にはならぬ。如何に多く財を費やしても、唐辛子を甘くすることはできないけれども、無限の砂糖をもってその辛味を消すことはできる。また平生、苦り切ってやかましく言っている人でも、金のためにはすぐ甘くなるのは世間普通のことで、政治界などによく見る例である。

かく論じ来れば、金は実に威力あるものなれども、しかしながら、金はもとより無心である。善用さるると悪用されるとは、その使用者の心にあるから、金は持つべきものであるか、持つべからざるものであるかは、卒爾に断定することはできない。金はそれ自身に善悪を判別するの力はない。善人がこれを持てば、善くなる。悪人がこれを持てば、悪くなる。つまり、所有者の人格如何によって、善ともなり悪ともなる。このことに関しては余は常々人に語っているが、昭憲皇太后《しょうけんこうたいごう》の、

もつ人の心によりて宝とも
仇《あだ》ともなるは黄金《こがね》なりけり

との御歌《おんうた》は、実に感佩敬服《かんぱいけいふく》に堪えぬのである。

しかるに世間の人々は、とかくこの金を悪用したがるものである。されば古人もこれを戒めて、「小人《しょうじん》罪なし、宝を抱くこれ罪」とか、「君子財多ければその徳を損し、小人財多ければ

その過《あやま》ちを増す」などと言ってある。論語を読んでみても、「富みかつ貴きは、我において浮《ふ》雲《うん》のごとし」と言い、または「富にして求めべくんば執鞭《しつべん》の士（御者。転じて、いやしい仕事に従う者）といえども、吾またこれをなさん」と言い、大学には「徳は本《もと》なり、財は末なり」といってある。今かかる訓言を一々ここに引用したならば、ほとんど枚挙《まいきょ》に遑《いとま》なしであろうが、これは決して、金を軽視しても宜いという意味ではない。いやしくも世の中に立って完全の人たらんとするには、まず金に対する覚悟がなくてはならぬ。しかしてかかる訓言に徴しても社会における金の効力は如何に視察すべきものであるか、すこぶる考慮を要するのである。けだし、あまりこれを重んじ過ぎるのも誤りなら、また、これを軽んじ過ぎるのも宜しくない。すなわち「邦道あって貧しくかつ賤《いや》しきは恥なり、邦道なくして富みかつ貴きは恥なり」と言って、孔子も決して貧乏を奨励はなさらなかった。ただ「その道をもってせざれば、これを得るとも処《お》らざるなり」である。

お金は儲けたら社会に還元する

従来、儒者が孔子の説を誤解していた中にも、その最もはなはだしいのは富貴の観念《かんねん》、貨《か》殖《しょく》（財産をふやすこと）の思想であろう。彼らが論語から得た解釈によれば、「仁義王道」と「貨殖富貴」との二者は、氷炭相容《ひょうたんあいい》れざるものとなっておる。しからば、孔子は、「富貴の者に仁義王道の心あるものはないから、仁者《じんしゃ》となろうと心掛けるならば、富貴の念を捨てよ」という意味に説かれたかというに、論語二十篇を隈《くま》なく捜索しても、そんな意味のものは、一つも発見することはできない。否《いな》、むしろ孔子は貨殖の道に向かって説をなしておられる。しかしながら、その説き方が例の半面観的であるものだから、儒者がこれに向かって全局を解することができず、遂に誤りを世に伝えるようになってしまったのである。

例を挙ぐれば、論語の中《うち》に、「富と貴きとはこれ人の欲する所なり。その道をもってせずしてこれを得れば処らざるなり。貧と賤とはこれ人の悪《にく》む所なり。その道をもってせずして、これを得れば去らざるなり」という句がある。この言葉は、如何にも言裡《げんり》に富貴を軽んじた所があるようにも思われるが、実は、側面から説かれたもので、仔細に考えてみれば、富貴を賤しんだところは一つもない。その主旨は、富貴に淫《いん》するものを誡《いまし》められたまでで、これをもって、ただちに孔子は富貴を厭悪《えんお》したとするは、誤謬《ごびゅう》もまたはなはだしといわねばならぬ。孔子の言わんと欲する所は、道理を有《も》った富貴でなければ、むしろ貧賤の方がよいが、もし正しい道理を踏んで得たる富貴ならば、あえて差し支えないとの意である。してみれば、富貴を賤しみ貧賤を推称した所は、さらにないではないか。この句に対して、正当の解釈を下さんとならば、宜しく「道をもってせずしてこれを得れば」という所によく注意することが肝要である。

さらに一例をもってすれば、同じく論語中に「富にして求むべくんば、執鞭《しっべん》の士といえども、吾またこれをなさん。如《も》し求むべからずんば、吾が好む所に従わん」という句がある。これも普通には、富貴を賤しんだ言葉のように解釈されておるが、今正当の見地からこれを解釈すれば、句中富貴を賤しんだというようなことは、一つも見当らないのである。「富を求め得られたなら、卑しい執鞭の人となってもよい」というのは、「正道仁義を行なって富を得らるるならば」ということである。すなわち「正しい道を踏んで」という句がこの言葉の裏面に存在しておることに注意せねばならぬ。しかして下半句は、「正当の方法をもって富を得られぬならば、いつまでも富に恋々《れんれん》としておることはない。奸悪《かんあく》の手段を施してまでも富を積まんとするよりも、むしろ貧賤に甘んじて道を行なう方がよい」との意である。ゆえに、道に適せぬ富は思い切るが宜いが、必ずしも好んで貧賤におれとは言ってない。今この上下二句を約言すれば、「正当の道を踏んで得らるるならば、執鞭の士となっても宜いから富を積め、しかしながら不正当の手段を取るくらいなら、むしろ貧賤におれ」というので、やはりこの言葉の半面には「正しい方法」ということが潜んでおることを忘れてはならぬ。孔子は富を得るためには、実に執鞭の賤しきをも厭《いと》わぬ主義であった、と断言したら、恐らく世の道学先生は眼を円くして驚くかもしれないが、事実はどこまでも事実である。現に、孔子自らそれを口にされておるから、致し方ない。もっとも孔子の富は絶対的に正当の富である。もし不正当の富や、不道理の功名に対しては、いわゆる「我において浮雲のごとし」であったのだ。しかるに、儒者はこの間の区別を明瞭《めいりょう》にせずして、富貴といい功名といいさえすれば、その善悪にかかわらず、何でも悪いものとしてしまったのは、早計《そうけい》もまたはなはだしいのではないか。道を得たる富貴功名は、孔子もまた、自ら進んでこれを得んとしていたのである。

貧しさを防ぐ大事なこと

余は従来、救貧事業は人道上より、将《は》たまた経済上より、これを処理しなければならぬことと思っていたが、今日に至っては、また政治上よりもこれを施行しなければならぬこととなったと思う。余の友人は、先年欧州細民救助の方法を視察せんとして出発し、約《およ》そ一年半の日子《にっし》を費やして帰朝したが、余もこの人の出発については、多少助力した点から帰朝後同趣味の人を集めて、その席上に報告演説を依嘱《いしょく》した。その人の語る所を聞いてみると、英国のごときはこの事業完成のために、ほとんど三百年来苦心を継続して、今日わずかに整備するを得た。また「デンマルク」は英国以上に整頓《せいとん》しておるが、仏《ふつ》、独《どく》、米《べい》なぞは、今や各自各様に細民問題に力を注いで、一寸の猶予もないとのことである。しかして、海外の事情を見れば見るほど、久しい以前より自分どもが、力を注いでいた所に入れているように思われる。

この報告会のとき、自分も集会した友人に対して、意見を述べた。それは、「人道よりするも経済弱者を救うは必然のことであるが、さらに政治上より論じても、その保護を閑却〔なおざりにすること〕することはできないはずである。ただし、それも人に徒食悠遊《としょくゆうゆう》させよというのではない。なるべく直接保護を避けて、防貧《ぼうひん》の方法を講じたい。救済の方法としては、一般下級民に直接利害を及ぼす租税を軽減するがごときも、その一法たるに相違ない。しかして塩専売の解除のごときは、これが好箇《こうこ》〔ちょうどよい〕の適例である」という意味であった。この集会は、中央慈善協会において開催したのであったが、会員諸君も予の所説を諒《りょう》とされ、今日といえども、その方法等について種々《しゅじゅ》なる方面に向かい、相ともに調査を実行しつつある次第である。

如何に自ら苦心して築いた富にした所で、富はすなわち、自己一人《いちにん》の専有だと思うのは大いなる見当違いである。要するに、人はただ一人《ひとり》のみにては何事もなし得るものでない。国家社会の助けによって自らも利し、安全に生存するもできるので、もし国家社会がなかったならば、何人《なんぴと》たりとも満足にこの世に立つことは不可能であろう。これを思えば、富の度を増せば増すほど、社会の助力を受けている訳だから、この恩恵に酬ゆるに、救済事業をもってするがごときは、むしろ当然の義務で、できる限り社会のために助力しなければならぬはずと思う。「己れ立たんと欲して人を立て、己れ達せんと欲して人を達す」といえる言のごとく、自己を愛する観念が強いだけに、社会をもまた同一の度合いをもって愛しなければならぬことである。世の富豪はまず、かかる点に着眼しなくてはなるまい。

この秋に方《あた》って、畏《かしこ》くも陛下は大御心《おおみこころ》を悩まし給い、御先例になき貧窮者《ひんきゅうしゃ》御《ご》救恤《きゅうじゅつ》の御下《ごか》賜金《しきん》を仰せ出《い》ださせられた。この洪大無辺《こうだいむへん》の聖旨《せいし》に対し奉《たてまつ》りて、富豪者は申し合わせぬまでも、心中には何とかして聖恩の万分の一にだも酬い奉らなくてはならぬと苦慮するであろう。これこそ余が、三十年来一日《いちじつ》も忘るる能わざりし願意で、言わば、願望が今日漸く達せられたというもの。しかしながら、誠に長く心掛けて来たことだけに、ありがたき聖旨を承《う》くるにつけても、前途が非常に明るくなった感じがして、心中の愉快はほとんど譬《たと》えようがない。けれども、ここに懸念すべきは、その救済の方法如何についてである。それが適度に行なわるれば宜いが、乞食《こじき》が俄《にわか》に大名になったというような方法では、慈善が慈善でなく、救恤（困窮者・罹災者などを救い恵むこと）が救恤でなくなる。それからもう一つ注意したいのは、陛下の御心《みこころ》に副い奉らんがため、富豪が資金を慈善事業に投ずるにしても、出来心の慈善、見栄から来た慈善は決して宜しくないということである。そういう慈善救済事業は、得て誠実を欠くもので、その結果はかえって、悪人を造るようなことになり勝ちである。とにかく、陛下の大御心の存し給《たま》うところを思い、この際、富豪諸氏は社会に対する自己の義務を完うせられたい。これ実に畏き聖旨に副い奉るのみか。二つには、社会の秩序、国家の安寧を保持する上において、如何ばかりか貢献することが多かろう。

金に罪はない

陶淵明《とうえんめい》は、「盛年不二重ネテ来一ラ、一日難二シ再ビ晨一ナリ（盛年重ねて来らず、一日再び晨なり難し）」と題し、朱子《しゅし》は、「青年易レク老学難レシ成リ、一寸光陰不レ可レカラ軽ンズ（青年老《お》いやすく学なり難《がた》し、一寸《いっすん》の光陰軽んずべからず）」と警《いまし》めてあるごとく、ことさらに空想に耽《ふけ》り、誘惑に陥りやすき青年時代は、夢のごとくに過ぎ去って終《しま》うものである。余らが青年時代も真に早く経過して、明日ありと思っていた中《うち》に矢のごとく移り去った。今日になって後悔しても詮方《せんかた》のないことである。青年諸君は深くこの前車に注意して、余らの後悔の轍《てつ》を踏まぬようにして貰《もら》いたい。諸君の励精によりて、将来国家の運命に影響する所大なるものがあるから、従来相当の覚悟ある人も、さらにその臍《ほぞ》を固めねばならぬのである。

覚悟を新たにするについて、注意すべき点は限りないのであるが、特に注意すべきは金銭の問題である。追々と社会の組織が複雑となって来るが、昔でさえ「恒産無くして恒心を保つことはできぬ」と言われたくらいであるから、活気ある世務《せいむ》に処するほど、金銭問題に関して充分の覚悟がなくては、意外の失敗を演じ過失に陥ることがないとは限らぬ。

もちろん、金銭は貴いものではあるが、またすこぶる卑しい物である。貴い点より言えば、金銭は労力の代表となり、約束によって、たいていの物の代価は、金銭ならでは清算のできぬものである。けだしここに金銭というは、ただ金銀、貨幣、紙幣の類の通貨のみを指すのではなく、総じて代償することのできる貨財は、金銭をもって評することができるので、金銭は財産の代称であるとも言い得ると思うのである。かつて、昭憲皇太后の御歌を拝誦《はいしょう》した中《なか》に、

もつ人の心によりて宝とも
仇《あだ》ともなるは黄金《こがね》なりけり

とあったように記憶しているが、真に適切なる御評で、吾人の感佩服膺《かんぱいふくよう》〔感銘を受け忘れないこと〕

すべき名歌であると思う。しかるに、昔の支那人の書いたものに拠ると、一体に金銭を卑しむ風が盛んであるように思われる。左伝に「小人玉を抱いて罪あり」とある類から、孟子に陽虎《ようこ》の言として、「仁をなせば富まず、富めば仁ならず」とあるがごとき、その一例である。陽虎のごときは、もとより敬服すべき人物ではないが、当時にありては知言として一般から認められていたのである。さらにまた「君子財多ければその徳を損し、小人財多ければその過ちを増す」というような意味の言を漢籍の中《なか》で読んだこともある。とにかく東洋古来の風習は、一般に金銭を卑しむことははなはだしいもので、君子は近づくべからざるもの、小人には恐るべきもののとしたのであるが、畢竟貪婪《ひっきょうどんらん》飽くなき世俗の悪弊を矯《た》めんとして、終には極端に金銭を賤しむ様になったものと思われる。これらの説は、青年諸君は深く注意を払わねばならぬ。

余は平生の経験から、自己の説として、「論語と算盤とは一致すべきものである」と言っている。孔子が切実に道徳を教示せられたのも、その間、経済にも相当の注意を払ってあると思う。これは論語にも散見するが、特に大学には生財の大道を述べてある。もちろん、世に立って政《まつりごと》を行なうには、政務の要費はもちろん、一般人民の衣食住の必要から、金銭上の関係を生ずることは言うまでもないから、結局、国を治め民を済《すく》うためには道徳が必要であるから、経済と道徳とを調和せねばならぬこととなるのである。ゆえに余は、一個の実業家としても、経済と道徳との一致を勉むるために、常に論語と算盤との調和が肝要であると手軽く説明して、一般の人々が平易にその注意を怠らぬように導きつつあるのである。

昔は東洋ばかりでなく、西洋も一体に金銭を卑しむ風習が極端に行なわれたようであるが、これは経済に関することは、得失という点が先に立つものであるから、ある場合には謙譲とか清廉《せいれん》とか言う美徳を傷つけるように観えるので、常人は時としては過失に陥りやすいから、強くこれを警戒する心掛けより、かかる教えを説く人もありて、自然と一般に風習となったものであろうと思う。

かつて某新聞紙上にアリストートル〔＝アリストテレス〕の言として、「すべての商業は罪悪である」という意味の句があったと記憶しておるが、随分極端な言い方であると思ったが、なお再考すれば、すべて得失が伴うものには、人もその利欲に迷いやすく、自然、仁義の道に外れる場合が生ずるものであるから、それらの弊害を誡《いまし》むるため、斯様な過激なる言葉を用いたものかと思われる。どうしても人情の弱点として、物質上のことに眼がつきやすく、精神上のことを忘れて物質を過重《かちょう》する弊害の生ずるは、止むを得ないことであるが、思想も幼稚であり、道徳上の観念の卑しい者ほど、この弊害に陥りやすいものである。ゆえに昔は全体から観れば、智識《ちしき》も乏しく道義心も浅薄《せんぱく》にして、得失のため罪悪に陥る者が多かったのであると思われるので、ことさらに金銭を卑しむ風が高まったのであろう。

今日の社会状態は、昔よりは智識の発達が著しく進んで、思想感情の高尚な人が多くなった。さらに言い換えれば、一般の人格が高まって来ているのであるゆえに、金銭に対する念慮もよほど進んで来て、立派な手段を用いて収入を図り、善良なる方法をもって使用する人が多くなったので、金銭に対する公平なる見解をなすようになった。しかし前述のごとく人情の弱点として、利欲の念より、ややもすれば富を先にして道義を後にする弊を生じ、過重の結果、金銭万能のごとく考えて、大切なる精神上の問題を忘れて、物質の奴隷となりやすいものであるが、かくなりては、責めその人にありとは言うものの、金銭の禍を恐れてその価値を卑しく観るようになって、再びアリストートルの言を繰り返さしむるに至るであろう。

幸いにして世間一般の進歩とともに、金銭上の取扱いも改まって、利殖と道徳と離れまいとする傾向が増して来た。ことに欧米にては「真正なる富は正当なる活動によって収得せらるべき者である」との観念が着々実行されて来ておるが、わが国の青年諸君も深くこの点に注意して、金銭上の禍に陥らず、倍々《ますます》道義とともに金銭の真価を利用する様に勉められんことを望むのである。

お金が悪用された具体的な実例

概して御用商人といえば、とかく世間では何か罪悪を含みおるもののごとく、悪感情をもって迎え、あれは御用商人であるという。その語にはいやな響きを持っておる。私どもも御用商人と指さし呼ばれたらば、はなはだ心持ちが善くない。すなわち御用商人といえば、金の力をもって権勢に媚《こ》びる者、しかして廉潔実直《れんけつじっちょく》のことのみをしておられぬ性質の業体《ぎょうてい》の者だというように、一般の人に見做《みな》されているのは、はなはだ心外なことである。しかしながら海外のその道の者でも、また内地のその道の者でも、私どもの見るところでは、皆相当の資力ある人であって、よく道理を弁《わきま》えている。面目を重んじ信用を大切にする。斯様に自ら省みる底《てい》の人であれば、必ず是非善悪の判断に迷わぬ訳であるから、少々官府の人から如何《いかが》わしい申し出があったからとて、オイソレとすぐに応諾はなさないかと思われる。あるいは取扱上の面倒があるので、正当なる売買の以外に、ごく軽微ななんらかのことはあるかもしれないけれども、さきに発現した、海軍収賄《しゅうわい》事件のような大仕掛けの罪悪は、いやしくも双方悪い考えが一致しなければできぬはずである。よし一方から賄賂《わいろ》を贈ってきても、一方がこれを受けぬといえば仕方がない。また役人に不心得な者があって、婉曲《えんきょく》にあるいは露骨に贈賄を促したとて、御用商人たる実業家が、自己の良心に省みて面目信用を大切に思う者ならば、必ずそんな要請には応じないはずである。已《や》むを得ずばその取引を断っても、そんな罪悪は成立せぬようにすることができるはずである。私どもは爾《し》かあるべきものと、確《かた》く信じておる。

しかるに海軍収賄事件の事実に徴するに、軍艦であるとか、軍需品であるとか、その納入について贈賄が行なわれたというのである。また単《ひと》り「シーメンス」会社にのみその様なことがあったというのではない。およそ主《おも》なる物品の買い上げにほとんど贈賄行為が伴っているということである。海軍のみならず、陸軍にもまた、そのことが多く行なわれているということである。はなはだしきはその買い上げられた品物が、表面の価格よりは実質がすこぶる劣って、どこかに完備を欠いてる所の脆弱《ぜいじゃく》のものである、というような疑惑を蒙るは何事であるか。実に慨《なげ》かわしい次第ではないか。大学に「一人貪戻《いちにんたんれい》〔欲深く人の道に背く〕なれば、一国乱を作《な》す」という語がある。これは何も貪欲《どんよく》とか収賄とかいうことを意味してるのではないが、収賄貪欲という底の人の些細《ささい》な私曲から、延《ひ》いては天下を聳動《しょうどう》〔驚かし動かす〕するような大事に立ち至るということは、実に恐ろしいことといわねばならぬ。

以前私は、斯様な不正な贈賄をなす実業家は、海外には有りもしようが、わが日本にはあるまいと思っていたが、いやしくも海外のそれに紛らわしい者が、わが実業家中にもあるというのでは、はなはだもって遺憾に堪えない。それかあらぬかついに三井会社の人までも、その嫌疑の下《もと》に検挙されたのは、はなはだもって痛心の至りである。畢竟斯様な事件の発生するのも、仁義道徳と生産殖利を別々に考えて取り扱うからであろうと思われる。いやしくも生産殖利は、正しき道によって経営すべきものであるとの観念が、われわれお互いに実業者間の信条となっておるならば、外国の人はとにかく、日本の実業家中にはその様な不正を働く者のないことを誇り得るでもあろう。縦《よし》や相手方の人が貪欲心に駆られ、内々これこれのことをした、乃公《おれ》の労に報いろというような、顔色《がんしょく》を示したり、はなはだしきは露骨に口に出して、その様な申し出をなすような場合にも、それは正義に背く行為であるから、私にはできぬといって、キッパリ断るくらいの覚悟をもって商売をしたならば、必ずそんな誘導の起こるものではない。ここにおいて私は、益々実業家の人格を高めることの必要を痛切に感ずるのである。実業界に不正の行為が跡を絶たぬようでは、国家の安全を期することができないというまでに、深く私は憂えている。

「義理合一の信念」を持つ

社会の百事、利ある所には必ず何らかの弊害が伴うは数《すう》の免れざるもので、わが国が西洋文明を輸入して、大いにわが文化に貢献した一面においては、やはりその弊害を免ることはできない。すなわち、わが国が世界的事物を取り入れてその恩沢《おんたく》に浴し、その幸福に均霑《きんてん》〔平等に利益を得る〕したと同時に、新しき世界的害毒の流入したことは争われぬ事実で、かの幸徳一輩が懐いていた危険思想のごときは、明らかにその一つであると言い得るのである。古来わが国には、あれほどの悪逆思想はいまだかつて無かった。しかるに今日そういう思想の発生するに至った所以《ゆえん》は、わが国が世界的に立国の基礎を築いた結果で、また止むを得ざることではあるけれども、わが国にとっては最も怖るべく、最も忌むべき病毒である。したがって、われわれ国民たる者の責務として、如何にもしてこの病毒の根本的治療策を講じなくてはならぬ。惟《おも》うにこの病毒の根治法には、恐らく二様の手段があろう。一つは直接その病気の性質原因を研究し、これに適切な方剤を投ずるので、他の一方はできるだけ、身体諸機関を強壮ならしめて、たとい、病毒の侵染《しんせん》に遭うとも、たちどころに殺菌しうるだけの素質を養成しておくことである。ところで、われわれの立脚地からは、この二者いずれに就くべきかというに、元来実業に携わる者であるから、この悪思想の病源病理を研究して、その治療方法を講ずることは職分でない。むしろ、われわれの執るべき務めは、国民平生の養生の側にあると思う。国民全部をして強健なる身体機関を養わしめて、如何なる病毒に遭うとも、決して侵害されることのないように、養生を遂げしめなくてはならぬ。ゆえにこれが治療法、すなわち危険思想防遏策《きけんしそうぼうあつさく》について余が所信を披瀝《ひれき》し、もって一般世人、ことに実業家諸氏の考慮を促したいと思う。

余が平素の持論として、しばしば言う所のことであるが、従来、利用厚生と仁義道徳の結合がはなはだ不充分であったために、「仁をなせばすなわち富まず、富めばすなわち仁ならず」「利につけば仁に遠ざかり、義によれば利を失う」というように、仁と富とを全く別物に解釈してしまったのは、はなはだ不都合の次第である。この解釈の極端なる結果は、利用厚生に身を投じた者は、仁義道徳を顧みる責任はないというような所に立ち至らしめた。余はこの点について、多年痛歎措く能わざるものであったが、要するに、これ後世の学者のなせる罪で、すでに数次《しばしば》述べたるごとく、孔孟《こうもう》の訓《おし》えが「義理合一」であることは、四書を一読する者のただちに発見する所である。

後世、儒者のその意を誤り伝えられた一例を挙ぐれば、宋の大儒たる朱子が、孟子の序に、「計を用い数を用いるは、たとい功業を立て得るも、ただこれ人欲の私《わたくし》にして、聖賢の作処《さしょ》とは天地《てんち》懸絶《けんぜつ》す」と説き、貨殖功利のことを貶《けな》している。その言葉を推し進めて考えてみれば、かのアリストートルの「すべての商業は罪悪なり」といえる言葉に一致する。これを別様の意味から言えば、仁義道徳は仙人染《じ》みた人の行なうべきことであって、利用厚生に身を投ずるものは、仁義道徳を外《よそ》にしても構わぬというに帰着するのである。かくのごときは、決して孔孟教の骨髄ではなく、かの閩洛派《びんらくは》〔中国宋代の程朱の学派〕の儒者によって捏造《ねつぞう》された妄説に外《ほか》ならぬ。しかるにわが国では元和寛永《げんなかんえい》の頃より、この学説が盛んに行なわれ、学問といえば、この学説より外にはないと云うまでに至った。しかしてこの学説は、今日の社会に如何なる余弊を齎《もたら》しているのであろうか。

孔孟教の根底を誤り伝えたる結果は、利用厚生に従事する実業家の精神をして、ほとんどすべてを利己主義たらしめ、その念頭に仁義もなければ道徳もなく、はなはだしきに至っては、法網《ほうもう》を潜られるだけ潜っても、金儲《もう》けをしたいの一方にさせてしまった。したがって、今日のいわゆる実業家の多くは、自分さえ儲ければ他人や世間はどうあろうと構わないという腹で、もし社会的及び法律的の制裁が絶無としたならば、彼らは強奪すらしかねぬという、情ない状態に陥っている。もし永くこの状態を押して行くとすれば、将来貧富の懸隔は益々はなはだしくなり、社会はいよいよ浅間《あさま》しい結果に立ち至ると予想しなければならぬ。これ誠に、孔孟の訓えを誤り伝えたる学者が、数百年来跋扈《ばっこ》していた余毒である。とにかく世の中が進むに伴《つ》れて、実業界においても生存競争が益々《ますます》激しくなるは、自然の結果といってよい。しかるにこの場合に際し、もし実業家がわれ勝ちに私利私欲を計るに汲々《きゅうきゅう》として、世間はどうなろうと、自分さえ利益すれば構わぬと言っておれば、社会は益々不健全となり、嫌悪すべき危険思想は、徐々に蔓延《まんえん》するようになるに相違ない。果たして、しからば危険思想醸成の罪は、一つに実業家の双肩に負わねばならなくなる。ゆえに一般社会のためにこれを匡正《きょうせい》〔正しい状態にする〕せんとするならば、この際われわれの職分として、極力仁義道徳によって利用厚生の道を進めて行くという方針を取り、義理合一の信念を確立するように勉めなくてはならぬ。富みながら、且つ仁義を行い得る例はたくさんにある。義理合一に対する疑念は今日ただちに根本から一掃せねばならぬ。

相手を選ばず人に会う

私は老人《としより》の冷水《ひやみず》といいましょうか、将《は》た老婆心といいましょうか、この歳になっても、国家社会のためには朝夕《ちょうせき》駈け廻っております。自宅へも皆さんが種々《しゅじゅ》なことをいって見えますが、それが必ずしも善いことばかりではありません。否、寄付をしろの、資本を貸せの、学費を貸与してくれのと、随分理不尽なことを言って来る人もありますが、私はそれらの人々に、ことごとく会っています。世の中は広いから、随分賢者もおれば偉い人もいる。それをうるさい、善くない人が来るからといって、玉石混淆《ぎょくせきこんこう》して一様に断り、門戸を閉鎖してしまうようでは、単《ひと》り賢者に対して礼を失するのみならず、社会に対する義務を完全に遂行することができません。だから私は、どなたに対しても城壁を設けず、充分誠意と礼譲とをもってお目にかかる。

しかして、もし無理な注文が出れば断るし、できることは尽くして上げるようにする。昔、支那の語に、「周公《しゅうこう》三たび哺《ほ》〔口中にふくんでいる食物〕を吐き、沛公《はいこう》三たび髪を梳る《くしけず》」ということがある。すなわち周公という大政治家は、御飯を食べている時に訪問客があると、食べかけた御飯を吐き出して客を迎えて用件を聞く。客が帰るとまた御飯にかかるが、そこへ来客があるとまた御飯を吐き出して面会する。かくて一回の食事中に三度《みたび》も哺を吐いて、来客に接するというほど来客を優遇した。また沛公は漢《かん》八百年の基を開いた高祖であるが、この人も周公に私淑し、よく広く賢者に俟つという主義で、朝、髪を梳《す》いている時来客があると、髪を梳ったまま引見《いんけん》する。三度髪を梳るというのは、三度結いかけた髪を中止してまで訪客に接するという、非常に客を歓迎するの意味を現したものである。私はあえて周公、沛公の賢に比するという訳ではないが、広く賢者に俟《ま》つという意味で、どなたにでもお目に懸ることにしておる。しかるに世間往々にして、客を引見することを億劫《おっくう》がる人が多い。否、富豪だとか名士だとか言わる階級の人には、ことに来客を厭《きら》うの風がはなはだしいようであるけれども、うるさいとか億劫だとか言って引っ込んでおっては、国家社会に対して徳義上の義務を全《まっと》うすることは、できまいと思う。

私は過日、富豪の子息で大学を卒業したばかりの御人《ごじん》に面会した。これから社会に出るについて、いろいろ御注意に与《あず》かりたいということであったので、私はその時、こんな話をしては貴方《あなた》のお父さんに、渋沢は余計なことをいうと、蔭で恨まれるかもしらんがと冒頭《まえおき》して、次のような話をしました。

今時の富豪はとかく引っ込み思案ばかりして、社会のことには誠に冷淡で困るが、富豪といえど自分独りで儲かった訳ではない。言わば、社会から儲けさせて貰ったようなものである。例えば地所をたくさん所有していると、空地が多くて困るとか言っているが、その地所を借りて地代を納めるものは社会の人である。社会の人が働いて金儲けをし、事業が盛んになれば空地も塞《ふさ》がり、地代も段々高くなるから、地主もしたがって儲かる訳だ。だから自分のかく分限《ぶげん》者《しゃ》〔金持ち〕になれたのも、一つは社会の恩だということを自覚し、社会の救済だとか、公共事業だとかいうものに対し、常に率先して尽くすようにすれば、社会は倍々健全になる。それと同時に自分の資産運用も益々健実になるという訳であるが、もし富豪が社会を無視し、社会を離れて富を維持し得るがごとく考え、公共事業、社会事業のごときを捨てて顧みなかったならば、ここに富豪と社会民人との衝突が起こる。富豪怨嗟《ふごうえんさ》の声は、やがて社会主義となり「ストライキ」となり、結局大不利益を招くようにならぬとも限らぬ。だから富を造るという一面には、常に社会的恩誼《おんぎ》あるを思い、徳義上の義務として社会に尽くすことを忘れてはならぬ。

こんなことを言っては富豪から憎まれるかもしらんが、実際私どもでさえ上述の訳合《わけあ》いからできるだけ尽くしているのに、どういうものか世間の金持ちは引っ込み思案で困る。この間もある富豪に、「貴方がたがもう少し社会に口を出して下さらなくては困る」と言うと、どうも面倒臭くてと言っておられたが、単にうるさいからと言って引っ込んでおられては、私どもばかり躍起になっても、誠にうまく行かないで困ります。現に私どもがお先棒《さきぼう》になって明治神宮の外苑建設を企画しておりますが、これは代々木《よよぎ》か青山辺の明治神宮の外苑として、宏大なる公園様のものを造り、帝国中興の英主なる先帝の御遺徳を永く後昆《こうこん》〔後世の人〕に伝うべき記念図書館、もしくは各種教育的娯楽機関を造りたいというのが趣意で、約四百万円の費用を要する見込みである。かかる企ては社会教育の上から見て、誠に適切なる事業だと信ずるのであるが、さてこれだけの費用を寄せるには容易でない。こういう場合には、岩崎《いわさき》さんや三井《みつい》さんにぜひ一と奮発して貰わなければならぬが、それと同時に世の大方富豪が社会に対する徳義上の義務として、常に公共事業に尽くされんことを望むのである。

金はよく集めよく散ぜよ

金とは現に世界に通用する貨幣の通称であって、しかして諸物品の代表者なのである。貨幣が特に便利であるというのは、何物にも代わり得らるるからである。太古は物々交換であったが、今は貨幣さえあれば、どんなものでも心に任せて購《あがな》うことができる。この代表的価値のある所が貴いのである。だから貨幣の第一の要件として、貨幣その物の実価と物品の値《あたい》とが等しくなければならない。もし称呼のみ同一にして、その貨幣の実価が減少すると、反対に物価は騰貴《とうき》する。また貨幣は分割に便利である。ここに一円の湯呑《ゆの》みがある。これを二人《ににん》に分けようと思っても、分けることはできない。壊して半分にして五十銭ずつに分けることはできない。貨幣だとそれができる。一円の十分の一がほしいと思うと、十銭銀貨がある。また貨幣は物の価格を定める。もし貨幣というものがなかったなら、この茶碗《ちゃわん》と煙草盆の等級を、明確に定めることはできない。しかるに茶碗は一個十銭、煙草盆は一円というならば、すなわち茶碗は煙草盆の十分の一に当たり、貨幣あって両者の価格は定まるのである。

総じて、金は貴ばなければならぬ。これは単に青年ばかりに望むのではない。老人も壮者《そうしゃ》も男も女も、すべて人の貴ぶべきものである。前にも言ったごとく、貨幣は物の代表であるから、物と同じく貴ばなければならぬ。昔、禹王《うおう》という人は、些細な物をも粗末にしなかった。また宋の朱子は、「一食一飯まさにこれを作るのがたきを思うべし。半紙半縷来処《はんしはんるらいしょ》のやすからざるを知れ」と言ってある。一寸《いっすん》の糸屑、半紙の紙切れ、または一粒の米とても、決して粗末にしてはならないのである。それについて、ここに一つの佳話《かわ》がある。英蘭《いんぐらんど》銀行に有名なるギルバルトという人が、青年時代に目見えのため銀行に出頭して、その帰る時に、室内に落ちてありし一本の「ピン」を見付けて、ギルバルトはただちに、これを拾って襟にさした。これを見た銀行の試験役はギルバルトを呼び止め、「今、足下は室内で何かお拾いになったようですが、あれは何ですか」と聞くと、ギルバルトは臆《おく》する色もなく、「一本の『ピン』が落ちていたが、取り上げれば要用のもので、このままにしておけば危険であると思って、拾い取りました」と答えた。ここにおいて試験役は大いに感心して、さらにいろいろ質問をしてみると、まことに思慮深い有望な青年であったので、ついにこれを任用し、後年に至りて大銀行家となったということである。

要するに、金は社会の力を表彰する要具であるから、これを貴ぶのは正当であるが、必要の場合によく費消するは、もちろん善いことであるが、よく集めよく散じて社会を活発にし、したがって経済界の進歩を促すのは、有為の人の心掛くべきことであって、真に理財に長ずる人は、よく集むると同時によく散ずるようでなくてはならぬ。よく散ずるという意味は、正当に支出するのであって、すなわちこれを善用することである。良医が大手術を用いて患者の一命を救った「メス」も、狂人に持たしめると人を傷つくる道具となる。また老母の孝養に必要なる飴《あめ》も、賊徒《ぞくと》に与うれば枢《くるる》〔扉の止め木〕の開閉に音なきの盗具《とうぐ》となるゆえに、われわれは金を貴んで善用することを忘れてはならない。実に、金は貴ぶべくまた賤《いや》しむべし。これをして貴ぶべきものたらしむるのは、偏《ひとえ》に所有者の人格によるのである。しかるに、世には貴ぶということを曲解して、ただ無闇《むやみ》にこれを吝《おし》む人がある。真に注意せねばならぬことである。金に対して戒むべきは濫費《らんぴ》であると同時に、注意すべきは吝嗇《りんしょく》である。よく集むるを知りて、よく散ずることを知らねば、その極《きょく》、守銭奴《しゅせんど》となるから、今日の青年は濫費者とならざらんことを勉むると同時に、守銭奴とならぬように注意せねばならぬのである。

第五章

しっかり考えて行動すれば、過ちも少ない

「理想と迷信」

しっかり考えて行動すれば、過ちも少ない

『理想と迷信』の章のあらすじ

商業をする上で貫くべきは商業道徳であり、いいかえれば信である。これが守られていれば、日本の経済はさらに豊かになり、ビジネスマンの人格も磨かれていくに違いない。

どんな仕事であっても、ただ機械的にこなすのではなく、興味を持ち熱意を持って取り組めば、理想の通りになったり望みがかなったりする。

道徳というものは、時代にともなって生物が進化し科学が進歩することによって物事が変化するようには、変化しない不変のものである。人はそれぞれの職務を尽くすが、必ずしもそれは自分のためではなく、社会や家族のためであったりする。私はこれを客観的人生観と呼ぶ。反対に、自分のことだけを考える主観的人生観を持つ人もいる。客観的人生観を持つ人が増えれば理想的な社会に近づくに違いない。

私は仁義道徳と生産利殖は一致するものであることを知らせたい。

編集部

道理ある希望を持て

戦争して負けては困るが、ただ国力を挙げて戦争にのみ奔《はし》るということは、王道に適するものではない。今日の時局に対して、われわれは左様なことまで心配せぬでも宜《よ》い訳であるが、これから先の商工業は如何《いか》にしたら宜かろうか。平和が克復したら、その後の実業界はどうなるかというようなことについては、意想外なる変化を生じて、仲には悪いと思ったことが善くなり、善いと思ったことが悪くもなろうから、今日から臆断《おくだん》はできない。しかし人は未来のことに向かって、ぜひとも理想は持つべきものであるから、たとい、違却〔不都合なこと〕するとも一定の主義によって行なうというようなことがなければならぬ。つまり、よく思い審《つまび》らかに考えて事に当たれば、必ず過ちは少ないものである。戦争のごとき事変の勃発《ぼっぱつ》には、かつて想像したものに違却を生ずることはあるが、およそ人の世に処するには、相当の趣味と理想とをもって道理から割り出して進むのが必要であると思う。ただその間に、いわゆる商業の徳義はどうしても立て通すようにして、最も重要なるは信である。この信の一字を守ることができなかったならば、われわれ実業界の基礎は鞏固《きょうこ》ということはできないのである。約言すれば、時局の平和となった暁《あかつき》には、別してわれわれ実業に従事する者の責任が重くなるのであろうと思う。独り責任が重いのみならず、諸君が経営せらるる事業についても、これが如何になるかということを予想して、その予想から充分なる道理を考定して、これによって活動せらるるようにありたいと考える。「道理ある希望を持って活発に働く国民」という標語は、概括的な言葉であるが、先頃ある亜米利加人がわが同胞を評して、日本人の全体を観察すると、各人皆希望をもって活発に勉強する国民であると言われて、私は大いに悦《よろこ》びました。私もかく老衰しておるが、向後《こうご》益々国家の進運を希望としておる。また多数の人々の幸福を増すことを希望としておる。実業家諸君もまた同様であろうと思う。時局の有無に関わらず、いやしくも実業に従事するものはかくありたい。将来はこうしなければならぬという希望は、誰もあるに相違ない。いわんや、かかる大戦に際しては、将来どう変化するだろうかという予想は、最も慎思熟《しんしじゅく》慮《りょ》を要することと思う。その経営せらるる事業に応じて、宜しきを制して行くということは必要だろうと思うが、これを処するについて、ぜひ一つ守らなければならぬことは、前にも述べた商業道徳である。約すれば信の一字である。これが御同様、実業者に健全に行なわれていったならば、私は日本の実業界の富はさらに増大して、同時に人格も大いに進むであろうと思う。単に時局についてのみ希望する訳ではないが、かかる時機は別して変化が多いことを予想すると、お互いに負担しておる職分から考えたら、宜しきを制することができるであろうと思うのである。

仕事を趣味にする

如何なる仕事に対しても、近頃の流行語に趣味を持たねばいかぬといいますが、この趣味という語の定義がどの辺にあるか、学者でないから完全なる解釈を下すことはできないが、人が職掌《しょくしょう》を尽くすというにも、この趣味を持つということを深く希望する。趣味という字は理想とも聞こえるし、欲望《よくぼう》とも聞こえるし、あるいは好み楽しむというような意味にも聞こえる。ゆえに、この趣味という字を約《つづ》めて解釈したならば、単にその職分を表面通りに勤めて往くというのは、俗にいうお決まり通りで、ただその命令に従って、これを処して行くのである。しかし趣味を持って事物を処するというのは、わが心から持ち出して、この仕事はかくしてみたい、こうやってみたい、こうなったから、これをこうやったならば、こうなるであろうというように、種々《いろいろ》の理想欲望をそこに加えてやって行く。それが初めて趣味を持ったということ、すなわち趣味というのはその辺にあると、私は理解する。趣味の定義はどうであるか知らぬが、ぜひ人はその掌《つかさど》ることについて、すべてこの趣味を持たれたいと思う。さらに一歩進んで、人として生まれたならば、人たる趣味を持って尽くしたいと思う。果たしてこの世に一人前の趣味を持って、その趣味が真正に向上して往ったら、それこそ相応の功徳が世の中に現れ得るであろう。それまでになくとも、趣味ある行動であったならば、必ずその仕事について精神あることであろうと思う。もしそのお決まり通りの仕事に従うのであったら、生命の存在したものでなくて、ただ形の存したものとなる。ある書物の養生法に、もし老衰して生命が存在しておっても、ただ食って、寝て、その日を送るだけの人であったならば、それは生命の存在ではなくして、肉塊《にくかい》の存在である。ゆえに人は老衰して、身体は充分に利かぬでも、心をもって世に立つ者であったら、すなわちそれは、生命の存在であるという言葉があった。人間は生命の存在たり得たい。肉塊の存在たり得たくないと思う。これは私ども頽齢《たいれい》のものは、始終それを心掛けねばならぬ。まだあの人は生きておるかしらんといわれるのは、けだし肉塊の存在である。もしそういう人が多数あったならば、この日本は活き活きはせぬと思う。今日世間に名高い人で、まだ生きておるかと言われる人がたくさんある。これは、すなわち肉塊の存在である。ゆえに事業を処するにもその通り、ただその務めるだけでなく、そのことに対して趣味を持たなければいかぬ。もし趣味がないなら精神がなくなってしまう。ちょうど木偶人《もくぞう》と同様になる。かくのごとき訳であるから、何事でも自己の掌《つかさど》ることに深い趣味をもって尽くしさえすれば、自分の思う通りにすべてが行かぬまでも、心から生ずる理想、もしくは慾望のある一部に適合し得らるるものと思う。孔子の言に、「これを知る者は、これを好む者に如《し》かず。これを好む者は、これを楽しむ者に如かず」とある。けだしこれは趣味の極致と考える。自分の職掌に対しては、必ずこの熱誠がなくてはならぬのである。

道徳は変わらない

道徳というものは、他の理学化学のように、段々進化して行くものであるか。つまり道徳は文明に従って、進化すべきものであるかというのである。一寸了解《ちょっと》しにくい言葉であるが、前にも言うごとく、宗教信念をもって道徳を堅固にするが宜いか。さなくとも、論理の上から徳義心は維持できるものであるというように、追々その解釈が進化し来りはせぬか。けだし道徳という文字は、支那古代の唐虞《とうぐ》の世より、王者の道というのが、すなわち道徳の語原である。ゆえに、道徳という文字はよほど古い。

進化は生物のみではない。もしもダーヴィン氏の説に拠《よ》りて、古いものは自然に進化すべしと言わば、科学の発明、生物の進化に伴って、追々に変更するということになって、しかるべき訳ではないか。ただし進化論は、多く生物について説明したようであるけれども、研究を重ねて往ったならば、生物でなくても追々推移変更するものではないか。変わるというよりはむしろ、進み行く有様がありはせぬか。いつ頃の教えであるか知らぬが、支那で唱える二十四孝は、種々《しゅじゅ》なる孝行の例を二十四挙げてある。その中《なか》に最も笑うべきは郭巨《かくきょ》という人が、その身貧にして親を養う私財なく、ためにわが児を生き埋めにしようと思って、土を掘ったら釜《かま》が出た。その釜の中《なか》に多くの黄金《こがね》があったので、わが児を生き埋めにせずとも親を養うことができた。すなわち、孝の徳であるといっている。もし今の世の中で、親孝行のためにわが児を生き埋めにするといったならば、「馬鹿なことをする、困ったものだ」と、人が評するに相違ない。すなわち孝の一事にしても、世の進歩に伴《つ》れて人の毀誉《きよ》が異なるといっても宜いと思う。さらに一つの例をいえば、王祥《おうしょう》が親を養いたいために、鯉魚《こい》を捕うるとて、裸体《はだか》になって氷の上に寝ておったら、鯉が飛び出したということがある。これは戯作《げさく》かもしらぬが、もし事実としたならば、如何に孝道なればとて、その心の神に感通する前に身体が凍え死したならば、かえって孝道に反するであろう。

想うに二十四孝の教旨《きょうし》のごときは、仮説のものにて的例にはなりがたきも、善事ということについては、見方が世の進歩とともに、いろいろに変わるということがありませぬか。もしある物質について考えたら、すなわち電気もなく蒸気も無かった時のことを今日から回想して、ほとんど並べ較べにならぬようになる。ゆえに道徳というものも、左様にまで変化するものであれば、昔の道徳というものは、あまりに尊重すべき価値は無くなるが、しかし今日理化学が如何に進歩して、物質的の智識《ちしき》が増進して行くにもせよ、仁義とかいうものは、独り東洋人が左様に観念しておる許《ばか》りではなく、西洋でも数千年前からの学者、もしくは聖賢とも称すべき人々の所論が、あまり変化をしておらぬように見える。果たして、しからば古聖賢の説いた道徳というものは、科学の進歩によって事物の変化するごとくに、変化すべきものではなかろうと思うのである。

弱肉強食を乗り越える

強い者の申し分はいつも善くなるということは、一つの諺《ことわざ》として仏国に伝わっているけれども。漸漸《だんだん》々文明が進めば、人々道理を重んずる心も、平和を愛する情も増して来る。相争う所の惨虐《さんぎゃく》を嫌う念も、文明が進めば進むほど強くなる。換言すれば、戦争の価値は世が進むほど不廉《ふれん》〔値段が安くない〕となる。いずれの国でも、自らそこに顧みる所があって、極端なる争乱は自然に減ずるであろう。また、必ず減ずべきものと思う。明治三十七、八年頃、露西亜《ロシア》のグルームとかいう人が、『戦争と経済』という書を著作して、「戦争は世の進むほど惨虐が強くなる。費用が多くなるから、遂には無くなるであろう」という説を公にしたことがある。「かつて露西亜皇帝が、平和会議を主張されたのも、これらの人の説に拠ったものである」と、誰やらの説に見たことがある。それほどに、戦争の惨虐なものであるということが唱えらるるくらいだから、今度のごとき全欧州の大戦乱なぞは、決して起こるべきものでないように思われておったが、丁度昨年（大正三年）の七月末に日々《にちにち》各新聞紙の報導を見た頃、私は両三日旅行して、「どうなるか」という人の問いに答えて、新聞紙で一見すれば戦争が起こると信ぜられるが、先年亜米利加のジョルダン博士が「モロッコ」問題の生じた時に、米国に有名なる財政家ゼー・ビー・モルガン氏の忠言のために戦争が止んだということを、電報でいって来たと言って、―

―博士はもとより平和論者であるから、平和に重きを措《お》いたのであろうが――特に手紙を寄越《よこ》したことがある。私もその説を深く信じた訳ではなかったけれども、世の進歩の度が増すに随って、人々がよく考慮するから、戦乱は自然と減ずるという道理が起こって来る訳で、それは自然の勢いと思われると申したことであった。

しかるに、今日欧羅巴《ヨーロッパ》の戦争の有様は、細かに承知はしないが、実に惨澹《さんたん》たる有様である。ことに独逸《ドイツ》の行動のごときは、いわゆる文明なるものは、いずれにあるか分からぬというような次第である。蓋しその根源は、道徳というものが国際間に遍《あまね》く通ずることができないで、ついにここに至ったものと思う。果たしてしからば、およそ国たるものは、かかる考えをもってのみ、その国家を捍衛《かんえい》〔防ぎ守る〕して行かねばならぬものであるが、何とか国際の道徳を帰一《きいつ》せしめて、いわゆる弱肉強食ということは、国際間に通ずべからざるものと、なさしむる工夫が無いものであろうか。畢竟《ひっきょう》政治を執る人、及び国民一般の観念が、相ともに自己の勝手わがままを増長するという欲心が無かったならば、かくのごとき惨虐を生ぜしむることはなかろうけれども、一方が退歩すると、他方が遠慮なく進歩して来るようでは、この方も進まなければならぬから、勢い相争うようになり、結局戦争せねばならぬことになる。ことさらその間に人種関係もあり、国境関係もありましょうから、ある一国が他の一国に対して勢力を張るのはその意を得ない。これを止めるには平和ではいかぬというので、ついに相争うようになるのである。蓋しおのれの欲する所を人に施さないのであって、ただ我を募り欲を恣《ほしいまま》にし、強い者が無理の申し分を押し通すというのが、今日の有様である。

一体文明とは、如何なる意義のものであるか。要するに今日の世界は、まだ文明の足らないのであると思う。かく考えると、私は今日の世界に介在して、将来わが国家を如何なる風に進行すべきか。またわれわれは如何に覚悟して宜いか、已むことを得ずばその渦中に入って、弱肉強食を主張するより外の道はないか、ぜひこれに処する一定の主義を考定して、一般の国民とともに、これに拠りて行くようにしたいと思う。われわれは飽くまでも、おのれの欲せざる所は人にも施さずして、東洋流の道徳を進め、弥増《いやま》しに平和を継続して、各国の幸福を進めて行きたいと思う。少なくとも、他国にはなはだしく迷惑を与えない程度において、自国の隆興を計るという道がないものであるか。もし国民全体の希望によって、自我のみ主張することを止め、単に国内の道徳のみならず、国際間において真の王道を行なうということを思ったならば、今日の惨害を免れしめることができようと信ずる。

まず人を立てる

人はこの世に生まれた以上、必ずなんらかの目的がなくては叶《かな》わぬことだが、その目的とは果たして何事であるか。いかにして遂げ得べきか。これは人の面貌《めんぼう》の異なれるがごとく、各自意見を異にしているであろうが、恐らくは次の如く考うる人もあるであろう。それは自己の長じたる手腕にせよ、技量《ぎりょう》にせよ、それを充分に発揮して力の限りを尽くし、もって君父《くんぷ》に忠孝を致し、あるいは社会を救済しようと心掛ける。しかし、それも漠然と心で思うだけでは、何にもならぬ。やはり、なんらか形式に現してなさなければならぬので、ここにおのれの修め得たる材能に依頼して、各自の学問なり、技術なりを尽くすようにする。例えば、学者ならば学者としての本分を尽くし、宗教家ならば宗教家としての職責を完《まっと》うし、政治家もその責任を明らかにし、軍人もその任務を果たすというように、各自にその能力の有らん限りを傾けて、これに心を入れる。かくのごとき場合における、その人々の心情を察するに、むしろ自己のためというよりは、君父のため、社会のためという観念という方が勝《まさ》っている。すなわち君父や社会を主とし、自己のことをば賓《ひん》と心得ているので、余はこれをしも客観的人生観とは名づくるのである。

しかるに、前陣のようなことは全く反対に、ただただ簡単に自分一人《ひとり》のことばかり考え、社会のことや他人のことなぞ考えない者もあるであろう。しかし、この人の考えのごとく社会を観察すれば、やはりそこに理屈《りくつ》がないでもない。すなわち、自己は自己のために生まれたものである。他人のためや社会のために、自己を犠牲にすることは怪しからぬではないか。自己のために生まれた自己なら、どこまでも自己のために計るがよいとの主張から、社会に起こる諸事件に対し、でき得る限り自己に利益になるようにばかりして行く。例えば、借金は自分のために自分がしたのだから、これは当然払うべき義務があるから払う。租税も自分が生存しつつある国家の費用だから、当然に上納する。村費もまた左様であるが、この上他人を救うために、あるいは公共事業のために義捐《ぎえん》〔義援〕するというような責任は負わない。それは他人のため社会の為にはなるであろうが、自分のためにならぬからだとなし、何でも自己のために社会を経営させようとする。すなわち自己を主として、他人や社会をば賓と心得、自己の本能を満足せしめ、自我を主張するをもって能事《のうじ》〔なすべき事柄〕終れりとする。余はかくのごときものを名づけて主観的人生観とは言うのである。

余は今これら二者の中《うち》、事実において如何と考うるに、もし後者の如き主義をもって押し通すときは、国家社会は自ずから粗野となり、卑陋《ひろう》〔下品〕となり、終には救うべからざる衰退《すいたい》になりはすまいか。それに反して前者のごとき主義で拡充してゆけば、国家社会は必ず理想的のものとなってゆくに相違ない。ゆえに余は客観的に与《くみ》して、主観的をば排斥するのである。孔子の教えに、「仁者は己れ立たんと欲してまず人を立て、己れ達せんと欲してまず人を達す」といってあるが、社会のこと、人生のことは全て、こうなくてはならぬことと思う。おのれ立たんと欲してまず人を立てといい、おのれ達せんと欲してまず人を達すといえば、如何にも交換的の言葉のように聞こえて、自欲を充たそうために、まず自ら忍んで人に譲るのだというような意味にも取れるが、孔子の真意は決してそんな卑屈なものでなかったに違いない。人を立てて達せしめて、しかる後に自己が立ち達せんとするは、その働きを示したもので、君子人の行ないの順序は、かくあるべきものだと教えられたに過ぎぬのである。換言すれば、それが孔子の処世上の覚悟であるが、余もまた人生の意義は、かくあるべきはずだと思う。

賄賂を断つ方法

私どもの組織している帰一協会というのがある。帰一というのは外でもない、世界の各種の宗教的観念、信仰等は、ついに一に帰する期のないものであろうか。神といい、仏といい、耶《や》蘇《そ》といい、人間の履《ふ》むべき道理を説くものである。東洋哲学でも西洋哲学でも、自然些《さ》細《さい》な事物の差はあるけれども、その帰趣《きしゅ》は一途のように思われる。「言《こと》忠信、行ない篤敬《とくけい》なれば、蛮《ばん》貊《ばく》〔南方と北方の蛮人〕といえども行われん」といい、反対に「言忠信ならず、行ない篤敬ならざれば、州里《しゅうり》〔手近なむらざと〕といえども行われんや」といっておるのは、これは千古《せんこ》〔永遠〕の格言である。もし人に忠信を欠き、行ないが篤敬でなかったならば、親戚《しんせき》古旧たりともその人を嫌がるに違いない。西洋の道徳も、やはり同じような意味のことを説いている。ただ、西洋の流義は積極に説き、東洋の流義は幾分か消極に説いてある。例えば、孔子教では、「己の欲せざる所、人に施す勿れ」と説いてあるのに、耶蘇の方では、「己の欲する所、これを人に施せ」と、反対に説いてあるようなもので、幾分かの相違はあるけれども、悪いことをするな、善いことをせよという、言い現し方の差異《ちがい》で、一方は右から説き、一方は左から説き、しかして帰する所は一つである。斯様《かよう》に程合いのもので、深く研究を進めるならば、各々宗派を分かち、門戸を異にして、はなはだしきは相凌《しの》ぐというようなことは、実は馬鹿らしいことであろうと考える。すべてにおいて、帰一ができるか否かは判らぬけれども、ある程度の帰一を期し得るものなれば、左様あらしめたいという考えで、組織せられたのが、すなわち帰一協会である。

組織以来、最早数年を経過している。これが会員は日本人ばかりでなく、欧米人も多少はいて、しかして、ある問題についてお互いに研究し合っている。私はすなわち、仁義道徳と生産殖利ということは、一致すべきものであり、一致させたいものであることについて、自分は四十年来そのことを唱道し実践している。しかしながら道理はそうであるけれども、これに反する事実がしばしば世間に現れるのは、真に情けない次第である。

自分の説に対して平和協会のボール氏とか、井上博士、塩沢《しおざわ》博士、中島力蔵《なかじまりきぞう》博士、菊地大麓《きくちだいろくだん》男などは、全然帰一とまでは行かないにしても、必ずある程度までは帰一し得らるべきものである。世の中の物事が、時としては横道に外《そ》れるようなこともあるが、それはその事物が悪いので、そのために真理は少しも晦《くら》まされるものではない。昔はこうであったとか、こういう理論もあるとかいわれて、仁義道徳を生産殖利とは必ず一致すべきもの、また一致せなければ真正の富を造りなし、これを永久に捕捉《ほそく》することのできないものであるということは、たいていの議論が帰着しようと思うと言っておられる。もし果たしてこういう論旨が充分に徹底して、世の中に鼓吹《こすい》せられ、生産殖利は必ず仁義道徳によらねばならぬ、と言う観念が打成《だせい》されたならば、仁義道徳に欠ける行為は、自ずから止むに至るであろう。例えば、御用物品の買い上げに従う職司《しょく》の人も、賄賂《わいろ》は仁義道徳に背くと心付けば、とても賄賂を収め得るものでない。御用商人の側からいっても、仁義道徳に背戻《はいれい》〔そむきもとること〕すると思えば、賄賂を行なうことはできまい。

この関係を押し進めて政治にせよ、法律にせよ、軍事にせよ、あらゆる事柄をこの仁義道徳に一致させなければいけない。一方は仁義道徳に従って正しき商売の道を履《ふ》んでも、一方から賄賂を要請するというような片足ではいけない。世の中のことは、ほとんど車を廻すようなものので、お互いに仁義道徳を守って行かなければ、必ずどこか扞格《かんかく》〔互いに相容れぬこと〕を生ずるのであるから、一切の事柄をして仁義道徳に合致せしむるよう、相互に努めなければならぬ。この主義を充分に拡大して広く社会に行なうならば、賄賂などというような、忌《い》まわしいことは自ずから止むに至るであろう。

利殖と仁義の道は一致する

社会の事柄は、年を逐《お》って進んで来るようにも見える。また学問も内からと外からと、次第次第に新しいものを齎《もたら》して来る。社会は日に月に進歩するには相違ないが、世間のことは久しくすると、その間に弊を生じ、長は短となり、利は害となるを免れぬ。特に因襲が久しければ、溌剌の気がなくなる。ゆえに古人もいった。支那の湯《とう》の盤《ばん》の銘に、「苟《まこと》ニ日ニ新《あらた》ナリ、日ニ日ニ新ニシテ、又日ニ新ナリ」とある。何でもないことだが、日々に新たにして、また日に新たなりは面白い。すべて形式に流れると精神が乏しくなる。何でも日に新たの心掛けが肝要である。

政治界における今日の遅滞は、繁縟《はんじょく》〔こまごましくわずらわしこと〕に流れるからのことである。官吏が形式的に、事柄の真相に立ち入らずして、例えば、自分にあてがわれた仕事を機械的に処分するをもって満足している。イヤ官吏ばかりでない。民間の会社や銀行にも、この風が吹き荒《すさ》んで来つつあるように思う。一体形式的に流れるのは、新興国の元気鬱勃《うつぼつ》〔胸中に満ちた意気があふれ出ようとするさま〕たる所には少ないもので、長い間、風習がつづいた古国に多いものである。幕府の倒れたのは、その理由からであった。「滅ス二六国一ヲ者六国ナリ也、非ルレ秦ニ也（六国を滅す者六国なり、秦にあらざるなり）」といっている。幕府を滅ぼしたるは幕府の外なかった。大風が吹いても強い木は倒れぬ。

自分は宗教観念を今でも持たぬが、しかしそれかと言って、外道で守る所がないというのではない。私は儒教を信仰して、これを言行の規矩《きく》としている。「獲レバ二罪ヲ於天一ニ無シレ所ロレ祷ル（罪を天に獲れば祷《いの》るところなし）」である。私一人はそれでよいが、一般民衆はそうは行かぬ。智識《ちしき》の程度の低い者には、やはり宗教がなければならぬ。ところが今日の状態は、天下の人心帰一する所なく、宗教もまた形式となって、お茶の流派、流儀といったような憾《うら》みがある。民衆に嚮《むか》うべき所を教えぬ。これは何とかかせねばなるまい。

この状態に対して、善い施設をせねばならぬと思う。今日は迷信などが、なかなか盛んであって、そのお蔭で田を流したの、倉をなくしたのというものが多い。宗教家が本当に力を入れて起《た》たなければ、それらの勢いは益々盛んになるばかりであろう。西洋人は言う、「信念強ければ、道徳は必要なし」と。その信念を持たせねばならぬ。

商売はおのれを利することを眼目とするために、自分さえ利すればそれでよい、他人の迷惑は知らぬ存ぜぬ、という考えを持っている人がある。それゆえに、利殖と道徳とは一致せぬという人もあるが、これは間違いで、そんな古い考えは今の世に通用させてはならぬ。維新頃までは、社会の上流、士大夫《したいふ》ともいうべき人は利殖に関係しないで、人格の低いものがこれに当たるというのであった。その後、この風習は改まったが、まだ余喘《よぜん》〔ほとんど駄目になったものが、わずかにもちこたえていること〕を保っている。

孟子は、利殖と仁義道徳とは一致するものであるといった。その後の学者がこの両者を引き離してしまった。仁義をなせば富貴に遠く、富貴なれば仁義に遠ざかるものとしてしまった。町人は素《す》町人と呼びて賤《いや》しめられ、士の倶《とも》に齢《よわい》すべきものでないとせられ、商人も卑屈に流れ、儲《もう》け主義一点張りとなった。これがために経済界の進歩は幾十年、幾百年遅れたか分からぬ。今日は漸次消滅しつつあるが、まだ不足である。利殖と仁義の道とは一致するものであることを知らせたい。私は論語と十露盤《そろばん》とをもって指導しているつもりである。

ある修験者の失敗

余が十五歳の時であった。自分には一人の姉が脳を患って発狂し、二十歳という娘盛りでありながら、婦人にあるまじき暴言暴行をあえてし、狂態がはなはだ強かったので、両親も余もこれを非常に心配した。とにかく女のことであるから、他の男にその世話はさせられぬ。余は心狂える姉の後ろに付随して歩き、様々に悪口《あくこう》されながらも、心よりの心配に駆られてよく世話をしてやったので、その頃近所の人々の褒め者であった。しかるに、この心配は独り一家内の上ばかりでなく、親戚の人々も等しく憂慮してくれたが、中《なか》にも父の実家なる宗助《そうすけ》の母親は大の迷信家であったので、この病気は家に祟《たた》りのあるためであるかもしれぬから、祈祷《きとう》するが宜《よ》いと頻りに勧誘したけれども、父は迷信が大嫌いで、容易に聞き入れなかったが、その中《うち》に姉を伴れて転地保養かたがた上野《こうずけ》の室田《むろた》という所へ行かれた。この室田という所は、有名の大滝がある所で、病人をその滝に打たすれば宜いとのことであった。しかるに父の分《で》た後《あと》、母はとうとう宗助の母親に説き伏せられ、父の留守中に家にあるという祟りを払うため、遠加美講《とおかみこう》というものを招いて御祈祷することになった。余も父と同じく少年時代より迷信をひどく嫌ったので、その時極力反対したけれども、まだ十五歳の子供の悲しさ、一言《いちごん》の下《もと》に伯母《おば》なぞに叱りつけられて、余が説は通らない。さて両三人の修験者が来てその用意に掛かったが、中座《なかざ》といえる者が必要なので、その役には近い頃家《うち》に雇い入れた飯焚女《めしたきおんな》を立てることになった。そうして室内には注連《しめ》を張り、御幣《ごへい》などを立てて厳《おごそ》かに飾りつけをし、中座の女は目を隠し、御幣を持って端座《たんざ》しておる。その前で修験者はいろいろの呪文《じゅもん》を唱え、列座の講中信者などは、大勢して異口同調《いくどうちょう》に遠加美という経文体《きょうもんたい》のものを高声《こうせい》に唱えると、中座の女、初めのほどは眠っているようであったが、いつかは知らず持っておる御幣を振り立てた。この有様を見た修験者は、ただちに中座の目隠しを取って、その前に平身低頭《へいしんていとう》し、「いずれの神様が御臨降《ごりんこう》であるか、御告げを蒙《こうむ》りたい」などといい、それから「当家の病人について、なんらの祟りがありますか、何卒《どうぞ》お知らせ下さい」と願った。すると、中座の飯焚女めが如何にも真面目くさって、「この家には金神《こんじん》と井戸の神が祟る。またこの家には無縁仏があって、それが祟りをするのだ」と、さも横柄《おうへい》にいい放った。それを聞いた人々の中《なか》でも、別《べっ》して、初めに祈祷を勧誘した宗助の母親は得たり顔になって、「それ御覧、神様の御告げは確かなものだ。なるほど老人の話に、いつの頃か、この家から伊勢参宮に出立してそれきり帰宅せぬ人がある。定めし途中で病死したのであろう、ということを聞いていたが、今御告げの無縁仏の祟りというのは、果たしてこの話の人に相違あるまい。どうも神様は明らかなものだ、実にありがたい」といって喜び、そうしてこの祟りを清めるにはどうしたら宜かろうという所から、また中座に伺ってみると、「それは祠《ほこら》を建立《こんりゅう》して祀《まつ》りをするが宜い」といった。

　全体余は、最初からこのことには反対であったので、いよいよ祈祷するについては、何か疑わしき所でも有ったらばと思って、始終注目していたが、今無縁仏といったについて、「その無縁仏の出た時は、およそ何年ほど前のことでありましょうか。祠《ほこら》を建てるにも碑を建てるにも、その時代が知れなければ困ります」と言ったら、修験者は重ねて中座に伺った。すると中座は「およそ五、六十年以前である」といったので、また押し返して「五、六十年以前なら、何という年号の頃でありますか」と尋ねたら、中座は「天保《てんぽう》三年の頃である」といった。ところが、天保三年は今より二十三年前のことであるから、そこで余は修験者に向かい、「ただ今御聞きの通り、無縁仏の有無が明らかに知れるくらいの神様が、年号を知らぬという訳はないはずのことだ。こういう間違いがあるようでは、まるで信仰も何もできるものじゃない。果たして霊妙《れいみょう》に通ずる神様なら、年号ぐらいは立派に御解《おわ》かりにならねばならぬ。しかるに、この見やすき年号すらも誤るほどでは、所詮《しょせん》取るに足らぬものであろう」と詰問《きつもん》の矢を放った。宗助の母親は横合いから「その様なことを言うと神罰《しんばつ》が当たる」という一言をもって、自分の言葉を遮ったが、これは明白の道理で、誰にもよく解かった話だから、自然と満座の人々も興《きょう》を冷まして修験者の顔を見詰めた。修験者も間が悪くなったと見えて、「これは何でも野狐が来たのであろう」と言い抜けた。野狐ということなら、なおさら祠を建てるの、祀りをするのということは不用だというので、つまり何事もせずに止めることになった。それゆえ修験者は自分の顔を見て、「さてさて、悪い少年だ」といわぬばかりの顔付きで睨《にら》まえた。私は勝ち誇りたる会心《かいしん》の笑みを禁ずることができなかった。

それぎり宗助の母親はぷッつり加持祈祷《かじきとう》ということを廃《や》めてしまった。村内の人々はこのことを伝え聞いて、以来修験者の類を村には入れまい、迷信は打破すべきものぞという覚悟を有《も》つようになった。

真の文明とはなにか

文明と野蛮という文字は相対的で、如何なる現象を野蛮といい、如何なる現象を文明というか、その限界は随分むずかしいけれども、要するに比較的のものであるから、ある文明はさらに進んだ文明から見ると、やはり野蛮たるを免れないと同時に、ある野蛮はそれより一層はなはだしい野蛮に対すると、文明と言える訳になるけれども、今日これを論ずるに当たりては、ただ一つの空理にあらずして実現されておる所のものを例とするより外はない。ただし一郷、一都市についても、文化の程度を異にするけれども、まず一国を標準とするのが文明野蛮という文字に相応《ふさわ》しいと思う。私は世界各国の歴史、もしくは現状を詳細に調べておらぬから、細密なるお話はできぬけれども、英吉利《イギリス》とか仏蘭西《フランス》とか独逸とか亜米利加とかいう国々は、今日世界の文明国といって差し支えないであろう。その文明なるものは、何であるかというに、国体が明確になっていて、制度が儼然《げんぜん》と定まって、そうして、その一国をなすに必要なるすべての設備が整って、もちろん諸法律も完備し、教育制度も行き届いておる。

かくのごとく百揆《ひゃっき》〔多くのはかりごと。百政〕皆整っているからといって、いまだ文明国とは言えない。その設備の整っている上に、一国を充分に維持し活動すべき実力がなくてはならぬ。この実力ということについては兵力にも論及せねばならぬが、警察の制度も、地方自治の団体も、皆その力の一部分である。かくのごときものが充分に具備している上に、かれこれ、おのおの克《よ》くその権衡を得て、相調和し相連絡して、一方に重きを措き過ぎるとか、もしくは統一を欠くとかいうことのないのが、すなわち文明と言い得るだろう。換言すれば、一国の設備が如何によく整っていても、これを処理する人の智識能力がそれに伴わなければ、真正なる文明国とはいわれない。ただし前に述べたるごとき、完全なる設備の整っている国で、これを運用する人は不完全であるということは、まず少ない道理であるが、ある場合には表面の体裁は完全に見ゆるが、根本が堅実でない場合もあり得ることで、いわゆる優孟《ゆうもう》の衣冠《いかん》〔他人の真似をする人〕で、立派な着物もその人柄に似合わぬというようなことがないとは言われぬ。ゆえに真正の文明ということは、すべての制度文物の具備と、それから一般国民の人格と智能とによりて、初めて言い得るだろうと思う。かく観察すれば、最早《もはや》貧富ということは論ぜぬでも、文明という中《うち》には自ずから富の力が加わっておるとみて宜しいけれども、形式と実力とは必ずしも一致するものに非ずして、形式が文明であっても実力は貧弱、これははなはだ不権衡の言ではあるけれども、必ず無いとは言われない。ゆえに曰く、真正の文明は強力と富実《ふじつ》とを兼ね備うるものでなければならぬ。

さて一国の進歩はいずれに傾くかというに、古来各国の実例を観るに、多く文化の進歩が先にして、実力が後《あと》より追随するように思われる。ことに国によりては兵力がまず前駆《ぜんく》して、富《ふ》力《りょく》というものはことさらに遅れ馳せになるということは、多く見る例である。わが帝国の現状もやはり、そういう有様といわねばなるまいかと思う。その国体が万国に冠絶〔とびぬけてすぐれていること〕して、しかして百般の施設も、維新以後、補弼《ほひつ》の賢臣《けんしん》〔天子を補佐する有能な臣下〕が打ち寄って、漸次に建設せられたのであるから、まことに申し分はないと思っている。ただ、それに伴う富実の力が同じく完備しているかというと、悲しいかな、歳月なお浅しと言わねばならぬ。富実の根本たるべき実業の養成は、短日月にして満足し得るものではない。ために前に申す国体とか制度とかいうものが完備せるに比較すれば、富力はすこぶる欠如している。ただし、その富を増殖することのみに国民挙《こぞ》って努力するならば、帝国小なりといえども、種々《しゅじゅ》なる方法もあるだろうけれども、富むより先に使用せねばならぬという必要がある。文明の治《ち》具《ぐ》〔工作物を固定する道具〕を張るために、富実の力を減損するは今日の大なる憂いである。およそ国をなすは、ただ富みさえすれば宜いという訳に行かぬ。文明の治具を張るために、富力の一部を犠牲に供《きょう》するということは、止むを得ぬであろう。換言すれば、一国の体面を保つため、一国の将来の繁盛《はんせい》を図るため、陸海軍の力を張らねばならぬ。内治《ないじ》にも外交にも、種々《しゅじゅ》の国費を支出せねばならぬ。すなわち一国の治具のためには、その財源を多少減損するということは、勢い免れぬことであるけれども、それが劇《はげ》しく一方に偏すると、終に文明貧弱にならぬとはいえぬ。もしも文明貧弱に陥ったら、百般の治具は皆虚形となり、遠からずして文明は野蛮と変化する。かく考えると、文明をして真の文明たらしむるには、その内容をして富実、強力、この二者の権衡を得せしめねばならぬ。わが帝国において、今日最も患《うれ》うる所は、文明の治具を張るために、富実の根本を減損して顧みぬ弊である。これは上下一致、文武協力してその権衡を失わぬよう、勉励せねばならぬと思う。

効率よく発展するには

明治の時代は新しい事物を入れて旧《ふる》い事物を改造し、汲々《きゅうきゅう》として進歩を図った時代であった。もちろん進歩が充分なりしとは言われぬが、長い間国を鎖《とざ》して欧米の文物に接触しなんだものが、僅《わず》かに四、五十年の間に、漸次彼の長を採り、わが短を補って、ある点は彼に恥じぬまで進歩した。もちろん、これは聖代の御蔭、明治天皇の聖明による所、在朝有司の誘導もまた謝意を表さねばならぬが、また国民の精励のしからしむる所といわねばならぬ。

さて明治が大正に移った所で、往々世間では、最早創業の時代は過ぎた、これからは守成《しゅせい》〔事業をかため守る〕の時代という人があるけれども、お互いに国民は、左様に小成《しょうせい》に安んじてはならぬ。版画《はんと》は小さく人口が多く、なお追々に人口が増殖して行くのだから、そんな引っ込み思案ではおられぬ。内を整うると同時に、外に展《の》びるということを工夫しなければなるまい。耕地の面積は少ないけれども、農法を改良して耕地の効用を増すことができる。種苗《しゅびょう》を改良し、耕作法を改良し、窒素肥料、燐酸《りんさん》肥料等、優良な肥料を宛て行ない、集約的の農法を改良すれば、上田《じょうでん》五俵の所は七俵も穫れ、下田《げでん》は二倍にも収穫が倍《ま》すであろう。今までできなかった陸《おか》稲《ぼ》〔畑で栽培されるイネ〕も、人造肥料によれば、一反歩から五俵も七俵も穫れるという例もある。耕地が狭いからとて、その効用を増すことを粗略に考えてはいかぬ。また北海道、あるいは他の新領土等にも、須要《しゅよう》〔必須〕の資金労力を注入して、行き届くだけ事業を成り立たせなければならぬ。かくお互いに努めても、さて限りあるものは限りあるのだから、一面海外に向かって大和《やまと》民族発展の途《みち》を開くことを、須臾《しゅゆ》〔わずかの間〕も怠ってはならぬのである。

海外に対《むか》って発展するには、如何なる方面を択《えら》ぶべきかといえば、やはり一番利益のある所に赴くということは、自然の趨勢《すうせい》であると思う。気候もよし、地味《ちみ》も良くて、その土地がよく人を容れ、農業に商業に、すべてのことの、やりよい処を択ぶのが人情である。ここにおいて、私どもの説に憂うるのは、北米合衆国と我邦との関係である。今日のように紛議を醸しているのは、お互い実に遺憾に堪えない。惟《おも》うに、こは先方にも大なるわがままがあるに相違ない。不道理を言い張っていることは事実であるが、また事のここに至ったについては、わが国民も反省しなければならぬ点が大いにあると思う。これらのことは、現に当面の交渉問題となっておるから、詳細に立ち入って言い能《あた》わぬ事情もあるけれども、国民の期待はどこまでも果たす勇気をもって、しかして能うだけの忍耐をもって、大和民族の世界的発展の途を開き、いずれの地方でも、厭がられ嫌われる人民とならぬように心掛けることが、すなわち発展の大要素であろうと思うのである。

正しく富を増やす方法

一と揺るぎ揺るいで、ここに維新の大改革となった。治める人、治めらるる人の分界を去り、また商売人の範囲も狭い区域にあったものが、世界を股《また》にかけての大活動を試みなければならぬということになり、また日本内地だけの商売でも、主《おも》なる品物の運送、蓄積等は、従来たいてい政府の力によって行なわれておったものが、それも一切個人でしなければならぬという風に遷り変わって来た。商人からいえば、全く新天地が開かれたのである。しかして彼らもまた、相当の教育を受けねばならぬことになった。商であれ工であれ、一つの手続きを教え、あるいは地理、あるいは物品、品目に、あるいは商業の歴史に、とにかく、商売を繁昌させるについての必要な智識だけは、世界の粋《すい》を抜いて教えるという風になったけれども、それは主《しゅ》として実業教育であって、道徳教育ではなかった。むしろそういうことは措いて問題にしなかった。そこで自分の富を増そうとする人が続々と出て来る。俄分限《にわかぶげん》〔急に大金持ちになる人〕が出る、僥倖が大富《たいふ》を得た者もある。それが刺激《しげき》となり誘惑となって、誰でもそういうことを狙うようになる。かくして益々富を殖やす方にのみ相挙《こぞ》って進む。そこで富む人は、いよいよ富む。貧しい者も富を狙おうとする。仁義道徳は旧世紀の遺物として顧みない。むしろ、ほとんどその何物たるかを知らぬ。ただ智識だけをもって自家の富を増すに、汲々乎たる有様である。腐敗に傾き、混濁《こんだく》に陥《おちい》り、堕落混乱を来す。もとより怪しむに足らない。勢い廓清《かくせい》〔粛清〕を叫ばなければならぬことにもなるのである。

しからば、如何にしてその廓清を計るべきであろう。一般に正当なる利益を進める方法を忘れ、徒に利慾の餓鬼《がき》となる結果、かくのごとき道徳を滅却するような状態に陥るということは、前に言った。しかし、その行動を悪《にく》むのあまり、生産利殖の根本をも塞《ふさ》ぐというまでに立ち至るのは、はなはだ取らない。例えば、男女の品行のはなはだ猥褻《わいせつ》に流れるのを嫌って、自然の人情まで絶つということは、はなはだ不条理なことでもあるし、また行なわれがたいことでもある。ついには生々《せいせい》の理を失ってしまうことになるのである。実業界の腐敗堕落に対しても、ただこれに対して攻撃戒飭《かいちょく》〔戒めつつしませる〕を加えるという方にのみ力を尽くすのが、適当なる廓清であるか否かは、よほど注意すべき問題であって、あるいはかえって、ために国家の元気を喪《うしな》い、国家の真実の富を毀損《きそん》するようなことにならぬとも言われぬ。廓清ということは、なかなかむずかしい。旧に復《かえ》って、治める方の人のみが道義を重んじ、生産殖利に従事する人は、なるたけ制限して、ごく小さい範囲に棲息《せいそく》せしむるようにして行ったならば、その弊害を減ずることができるかもしれないが、それでは国の富の進歩は止まってしまう。そこで飽くまで富を進め、富を擁護しつつ、その間に罪悪の伴わぬ神聖な富を作ろうとするには、どうしても一つの守るべき主義を持たなければならぬ。それは、すなわち私が常に言っている所の仁義道徳である。仁義道徳と生産殖利とは、決して矛盾しない。だから、その根本の理を明らかにして、かくすればこの位置を失わぬということを、われ人ともに充分に考究して、安んじてその道を行なうことができたならば、あえて相率いて腐敗堕落に陥るということなく、国家的にも個人的にも、正しく富を増進することができると信ずる。

その方法として日常のことにつき、かかる商売にはかくかく、かかる事業にはかくかくとここに詳述はできないが、第一の根本たる道理なるものは、必ず生産と一致するものである。しかして富をなす方法手段は、第一に公益を旨《むね》とし、人を虐《しいた》げるとか人に害を与えるとか、人を欺くとかあるいは偽りなどいうことのない様にしなければならぬ。かくて各々その職に従って尽くすべきを尽くし、道理を誤らず富を増して行くことであれば、如何に発展して行っても、他《ひと》と相侵すとか相害することは起こらぬと思う。神聖なる富はかくて初めて得られ続けられるのである。各人各業がこの域に達すれば、そこで廓清は遂げられたのである。

子貢曰、貧而無レ諂、富而無レ驕、何如。子曰、可也。未レ若二貧而楽富而好レ礼者一也。子貢曰、詩云、如レ切、如レ磋、如レ琢、如レ磨。其斯之謂与。子曰、賜也、始可二与言レ詩已矣。告二諸往一而知レ来者。

論語

子貢曰《しこういわ》く、貧《ひん》にして諂《へつら》うこと無《な》く、富《と》みて驕《おご》ること無くんば、如何《いかん》、と。子曰《しいわ》く、可《か》なり。未《いま》だ貧にして楽《たの》しみ富みて礼《れい》を好む者《もの》には若《し》かざるなり、と。子貢曰く、詩（『詩経』）に云《い》う、切《せっ》するが如《ごと》く、磋《さ》するが如く、琢《たく》するが如く、磨《ま》するが如し、と。其《そ》れ斯《これ》の謂《い》いなるか、と。子曰く、賜《し》や、始《はじ》めて与《とも》に詩を言《い》う可《べ》きのみ。諸《これ》（子貢）に往《おう》を告《つ》げて、来《らい》を知《し》る者なり、と。

【訳】門人の子貢《しこう》が言った。「貧しくてもへつらわず、金持ちであっても威張らないというのは、いかがでしょうか」と。すると先生はこう答えられた。「よろしい。けれども、貧しくても道義を楽しみ、金持ちであっても礼儀を好むというのには、及ばない」と。子貢はさらにこう言った。「詩（『詩経』）に、〈（石を）切るように、磋《と》ぐ（研《と》ぐ）ように、琢《う》つ（打つ）ように、磨《す》るように、（心をみがけ）〉というのがあります。まさにこのことをおっしゃっているのでしょうか？」と。先生は子貢をお褒めになられた。「賜《し》（子貢の呼び名）。君は詩が分かっているな。君となら詩を論じあえる。話を一度聞いて、その先のことが見える力がある」と。

第六章

「人格と修養」

すぐに答えを出さない、じっくり考える

すぐに答えを出さない、じっくり考える

『人格と修養』の章のあらすじ

人間が動物と異なる所は、徳を修め、智を啓き、社会に貢献して初めてそれが人間と認められるのである。一言で言えば、万物の霊長としてふさわしい能力がある者だけが、初めて人間としての価値があると言えるのである。

修養というのは、勤勉と努力を続け、知恵と徳を得ることにある。そうして修養は、自分のためだけでなく、社会の一員として、社会や国家の繁栄に貢献することを目的としていなければならない。

もし普段から心がけている自分の信念が揺らいでしまいそうになった時は、じっくりとよく考えるのがよい。すぐに答えを出そうとせず、慎重な態度で深く考えれば、必ず物事の大事な点が見えてきて、自分の本心に立ち帰ることができる。

高尚なる人格をもって正義正道を行い、その結果として得た富や地位でなければ、「成功」とはいえない。

編集部

楽翁公（松平定信）の幼い日

楽翁公《らくおうこう》の伝は、すでに広く世間に知れ渡っていることであるから、今更《あらた》めて述ぶるまでもないのであるが、ここに述べんとするは楽翁公の御自筆で、松平家の秘書となっている『撥雲《はつうん》筆録《ひつろく》』というものによりて、いささか公の御幼少時における一端を窺《うかが》うと同時に、その御人格御精神等の非凡なる所以《ゆえん》を紹介しようと思うのである。すなわち、

六つの年に大病に罹《かか》りたり、生くべきほど心許《こころもと》なかりけれど、高島朔庵法眼《たかしまさくあんほうげん》等、多くの医師打ち集いて医《なお》しぬ。九月の頃平癒す。七つの頃にやありけん。孝経《こうきょう》を読み習い仮名なんど習いたり。八つ九つの頃、人々皆記憶もよく才もありとて褒めののしりければ、我が心ながらさもあることよと思ひしぞはかなけれ。

これは御利巧《おりこう》だ御利巧だと、皆が御世辞言うから、自分自身は利巧《りこう》なつもりでいたのが恥かしいという、懐旧の情を叙《の》べられたので、はなはだ床《ゆか》しき述懐《じゅっかい》である。

その後大学など読みならいたる頃、幾かえり教えられ侍《はべ》りても、得覚え侍らずして、さては人々の褒《ほ》めののしりけるは、諂《へつら》いに阿《おもね》るにこそ、実はいと不才にし不記憶なりけりと、九つの頃ふと覚りぬ。これを思えば幼き時褒めののしるは、いと悪しきことなるべし。十余りの頃より名を代々《よよ》に高くし、日本唐土《にほんもろこし》へも名声を鳴らさんと図りけるも、大志のよ

うなれども、いと愚かなることにぞ侍りける。

これによって見ると、十歳ぐらいの時から、海外にまで聞こえるほどの人物になりたいと思われた。実に非凡なことである。しかし御自身では、それは大志のようではあったけれども、烏滸《おこ》〔愚かなこと〕の次第であったと謙遜《けんそん》しておられるのである。

その頃より大字《だいじ》など多く写して、人の需《もと》めに応じたりけり。皆々乞い需《もと》めしも諂いの種に生い出でしことなれば、その需めに応じて書きける心いと浅かりけり。

私どもも時々字などを書かせられるが、あるいは楽翁公がここに言われたようなことがあるかもしれない。

十余り二つの頃、著述を好みて通俗の書など集め、大学の条下《じょうか》にある事々を書き集めて、人の教戒《きょうかい》の便りにせまほしく思い立ちて書きけれども、古きことも覚え侍らぬ上、通俗の書は偽り多しと聞きければ止めたり。

もう十一、二歳の頃から著述をして、人の教えになろうと思うことを書き始められたのであるが、しかし古いことは知らず、また通俗の書を参考にする。事実を失っていることがあるから、読者を誤らしめてはならぬと、思い返して止められたのである。

今思えば真西山《しんせいざん》の大学術義の旨趣に類したる大旨《たいし》なれば、蒐《あつ》め侍らざりしぞ幸いともいうべきにぞ。この頃《ほど》より歌も詠みたれど、皆腰折れの類にて覚えもし侍らず。また頼る人もなければ、自らよみて反古にのみしたり、鈴鹿山《すずかやま》の花の頃、旅人の行きかう様画《さまえが》きたる

を見て、
鈴鹿山旅路の宿は遠けれど振捨てがたき花の木《こ》の下《もと》
と詠みたるも、十余り一つの頃にありけん。

十一歳の時にすでに、こういう歌を詠まれたのは、文芸上においても天才であったように思われます。

十余り二つの時、『自教鑑《じきょうかがみ》』という書を書きたり。大塚《おおつか》氏に添削を請いたれば、そのうちの書にしては見よきなり、今もあり。清書の頃、明和《めいわ》は七つとあれども五年の頃より作りたり。父上悦《よろこ》び給いて史記を賜う。今も蔵書になしぬ。十余り一つ二つの頃より詩を作りけれど、平仄《ひょうそく》も揃いかねて人にも言いがたきなり。

雨後《うご》の詩に、

虹晴清夕気　雨歇散秋陰　（虹晴れて、夕気を清め、雨歇みて秋陰を散ず。
流水琴声響　遠山黛色深　流水、琴声響き、遠山、黛色深し）

また七夕の詩に、

七夕雲霧散　織女渡銀河　（七夕、雲霧散じて、織女、銀河を渡る。

秋風鵲橋上　今夜莫揚波　　秋風、鵲橋の上、今夜、波を揚ぐることなかれ）

とよみたるも、多くの師の添削にあいたれば、かかる言葉とはなりける。

これで見ると、楽翁公は性来《せいらい》非常に多能で、少年の時分からよほど優れた御人《ごじん》のようである。『自教鑑《じきょうかがみ》』というは公の蔵書中に出ているが、自分の身を修めるということを自ら戒めた書で、あまり長篇ではないように記憶している。私も昔、これを読んだことを覚えている。楽翁公はまた、はなはだやさしい性質の御方であったが、しかし老中田沼玄蕃頭《たぬまげんばのかみ》の政治をひどく憂えて、とてもこれでは徳川家は立ち行くことはできぬというくらいに憤慨して、ぜひこの悪政を除くには、田沼を殺す外はないから、身を捨てて田沼を刺そうということを、覚悟したということが、この書の中《うち》にも書いてある。元来、至って温和な思慮深い御人であったが、ある点にはよほど精神の鋭い所のあった方のようである。なお続いて読んで行くと、癇癖《かんぺき》の強い所があって、それを侍臣《じしん》が厳しく諫《いさ》めたことが書いてある。

明和八年、予は十余り四ツになれり。（中略）予この頃より短気にして、僅かのことにも怒りふずくみ〔腹を立てること〕、あるいは人を叱怒し、または肩はり筋いだして理をいいなんどしたり、みなみななげかしとのみいいたり。大塚孝綽《おおつかこうしゃく》ことによくいさめたり。水野為長《のためなが》常にいさめて日々のよしあしをいいたり。聞けばいと感じけれど、ふずくみの情に堪えがたきに至る。床《とこ》に索道《さくどう》のかきし太公望《たいこうぼう》の釣する画をかけて、怒りの情おこれば独りそれに打ち向かいて、その情をしづめけれども堪えかねたり。ひと日全く怒りの情なくくらしたく思いしかど、終にその頃なかりき。かくても十八歳の頃より洗いそそぎしようになりたるこそ稀有《けう》なれ。全く左右の直言ありしゆえなるべし。

これによりてみると、この御方は天才を有《も》っておられて、しかしてある点には、よほど感情の強い性質を有っておられたが、これと同時に大層精神修養に力を尽くされ、そしてついに楽翁公の楽翁公たる人格を、築き上げられたものと見えるのである。

人間の価値とはなにか

人は万物の霊長《れいちょう》であるということは、人皆自ら信じておる所である。同じく霊長であるならば、人々相互の間における、なんらの差異なかるべきはずなるに、世間多数の人を見れば、上を見るも方図〔かぎり〕がなく、下を見るも際限なしといっている。現にわれわれの交際する人々は、上王公《かみおうこう》貴人《きじん》より、下匹夫《しもひっぷ》匹婦《ひっぷ》に至るまで、その差異もまたはなはだしいのである。一郷一村に見るも、すでに大分の差があり、一県一州に見れば、その差はさらに大きく、これを一国に見れば益々懸隔して、ほとんど底止《ていし》〔やむこと〕する所なきに至るのである。人の智愚尊卑《ちぐそんぴ》において、斯様《かよう》に差等を有するとすれば、その価値を定むるもまた、容易のことではない。況《いわ》んやこれに明確なる標準を付するにおいてをやである。しかし人は、動物中の霊長としてこれを認むるならば、その間には自ずから優劣のあるべきはずである。ことに人は棺《かん》を蓋《おお》って後、論定まるという古言より見れば、どこかに標準を定め得る点があると思われる。

人を見て万人一様なりとするには一理ある。万人皆相同じからずとするのもまた論拠がある。したがって人の真価を定むるにも、この両者の論理を研究して適当の判断を下さねばならぬから、随分困難のことではあるが、その標準を立つる前に、如何《いか》なる者を人というか、まずそれを定めてからねばなるまいと思う。しかしこれが、なかなかの困難事で人と禽獣《きんじゅう》とはどこが違うかと言うような問題も、昔は簡単に説明されたであろうが、学問の進歩にしたがって、それすら益々複雑な説明を要するに至ったのである。昔、欧州のある国王が、人類天然の言語は如何なるものであるかを知りたいと思って、二人の嬰児を一室に収容し、人間の言語を少しも聞かせないようにして、なんらの教育も与えずにおき、成長の後、連れ出してみたが、二人とも少しも人間らしい言語を発することができず、ただ獣のような不明瞭《ふめいりょう》な音《おん》を発するのみであったと言う。これは事実か否かは知らないが、人間と禽獣との相違は、極めて僅少《きんしょう》に過ぎぬということは、この一話によっても解かるのである。四肢五体具足して人間の形を成しておるからとて、われわれはこれをもって、ただちに人なりと言うことはできぬのである。人の禽獣に異なる所は、徳を修め、智を啓《ひら》き、世に有益なる貢献をなし得るに至って、初めてそれが真《しん》人《じん》と認めらるるのである。一言にしてこれを覆えば、万物の霊長たる能力ある者についてのみ、初めて人たるの真価ありと言いたいのである。したがって、人の真価を極むる標準も、この意味について論ぜんとするのである。

古来歴史中の人々、何者かよく人として価値ある生活をなしたであろう。往昔《おうせき》支那の周時代にあっては、文武両王並び起《た》って殷王《いんおう》の無道《ぶどう》を誅《ちゅう》し、天下を統一して専ら徳政を施《し》かれた。しかして後世文武両王をもって道徳高き聖主と称している。してみれば文武両王のごときは、功名も富貴もともに、得られた人というべきである。しかるに文王《ぶんおう》、武王、周公、孔子と並び称せられている夫子はどうである。また聖人として崇められ、孔夫子に対して四配と言える顔回《がんかい》、曾子、子思《しし》、孟子のごときも、聖人に亜《つ》ぐものとして推称せられているに関わらず、これらの人々は終生道のために天下に遊説して、その一生を捧《ささ》げたものであるけれども、戦国の際、一小国家すら自ら有することはできなかった。されど徳においては文武に譲らずして、その名もまた高いものであったが、富貴という方面からこれを物質的に評するならば、じつに雲泥《うんでい》霄《しょう》壌《じょう》の差〔大きな差異〕ありて比較にならないのである。ゆえにもし富を標準として人の真価を論ずれば、孔子は確かに下級生である。しかし孔子自身は、果たして左様に下級生と感じたであろうか。文王、武王、周公、孔子、皆その分に満足してその生を終わったとするならば、富をもって人の真価の標準とし、孔子をもって人間の下級生なりとなすのは、適当なる評価と言い得るであろうか。これをもって人を評価するの困難を知るべきである。善くその人のもってする所を視《み》、そのよる所を観て、しかして後その人の行為が世道人心《せどうじんしん》に如何なる効果ありしかを察せざれば、これを評定することはできぬと思う。

わが国の歴史上の人物について見るも、またその感なき能わざるものがある。藤原時平《ふじわらときひら》と菅原道真、楠正成《くすのきまさしげ》と足利尊氏《あしかがたかうじ》、いずれを高価に評定し、いずれを低価とすべきか、時平も尊氏と共に富においては成功者であった。しかし今日から見れば、時平の名は道真の誠忠を顕す対象としてのみ評さるるに過ぎない。これに反して道真の名は、児童走卒《そうそつ》といえども、なおよくこれを記憶している。しからば、いずれを果たして真価ある者と目《もく》すべきであろうか。尊氏、正成二氏について見るも同様である。けだし人を評して優劣を論ずることは、世間の人の好む所であるが、よくその真相を穿《うが》つの困難は、これをもって知らるるのであるから、人の真価というものは、容易に判定さるべきものではない。真に人を評論せんとならば、その富貴功名に属する、いわゆる成敗《せいはい》〔成功することと失敗すること〕を第二に置き、よくその人の世に尽くしたる精神と効果とによって、すべきものである。

「元気」は誤解されやすい

元気とは如何なるものかというに、これを形に現して説くことは、はなはだ難しい。漢学から説けば、孟子の言う浩然之気に当たるだろうと思う。世間ではよく青年の元気というけれども、青年にばかり元気があって、老人には無くて宜《よ》いというのでない。元気は押し並べて、さらに一歩進んでは男女ともになければならぬと考える。大隈《おおくま》侯のごとき、私よりは二つもお上であるけれども、その元気は非常なるものである。孟子の浩然之気につきては、孟子が「其ノ為レルヤ気也、至大至剛、以レテ直ヲ養テ而無レシ害、則チ塞ル二于天地之間一ニ（其の気たるや、至大至剛、直をもって養いて害なし、すなわち天地の間に塞《ふさ》がる）」と、こう言っておる。この「至大至剛、以レテ直ヲ養フ」という言葉が、はなはだ面白い。世間ではよく元気がないとか、元気を出したとかいう。ことによると、大分酩酊《めいてい》して途中を大声でも出して来ると、彼は元気が宜いといい、黙っておると元気が悪いというが、しかし「ポリス」に捕まって、恐れ入るというような元気は、決して誇るべき者でない。人と争って、自分が間違っておっても強情を張り通す。これが元気が宜いと思ったら大間違いである。それは、すなわち元気を誤解したのである。また気位が高いということも元気であろう。福沢先生の頻りに唱えておった独立自尊、この自尊などもある場合には元気ともいえよう。自ら助け、自ら守り、自ら治め、自ら活きる、これらと同様な自尊なれば宜い。しかし自治だの自活だのは、相当な働きがあるから宜いが、自尊ということは誤解すると倨傲《きょごう》〔おごりたかぶること〕になる。あるいは不都合になる。すべて悪徳になって、一寸《ちょっと》道を通りかかっても、此方《こなた》は自尊だから己《おれ》は逃げないといって、自働車などに突き当たっては、とんだ間違いが起こる。かかるものは元気ではなかろうと思う。元気というものは、そういうものでない。すなわち、孟子のいわゆる至大至剛《しだいしごう》、至って大きく、至って強いもの、しかして「以レテ直ヲ養フ」、道理正しき、すなわち至誠《しせい》をもって養って、それがいつまでも継続する。ただちょっと一時酒飲み、元気で昨日あったけれども、今日は疲れてしまったと言う、そんな元気では駄目である。直《ただ》しきをもって養って餒《う》〔飢〕うる所がなければ、「則チ塞ル二于天地之間ニ一」、これこそ本統の元気であると思う。

この元気を完全に養ったならば、今の学生が軟弱《なんじゃく》だ、淫靡《いんび》だ、優柔《ゆうじゅう》だと言われるような謗《そし》りは、決して受ける気遣いはなかろうと思う。しかし今日のままでは、多少悪くすると元気を損ずる場合がないとは言われぬ。老人とても、なおしかりであるが、特に最も任務の重い現在の青年は、この元気を完全に蓄えることを、くれぐれも努めなくてはならぬ。程伊川《ていいせん》の言葉であったと思うが、「哲人見テレ機ヲ誠ニシ二之ガ思ヲ一、志士厲行致ス二之ガ為ヲ一（哲人機《き》を見てこれが思いを誠にし、志士厲行《れいこう》これが為《い》を致す）」との句がある。あるいは文字が間違ってるかもしれぬが、これは私の注意した言葉で、今も感心するが、かの明治時代の先輩は「哲人見テレ機ヲ誠ニシ二之ガ思ヲ一」ということをした人である。大正時代の青年はどうしても「志士厲行致ス二之ガ為ヲ一」という方であって、すべて巧みにこれを纏《まと》むる時代であると思う。ゆえに青年は充分元気旺盛《おうせい》にして、聖代に報答《ほうとう》するの心掛けが緊要であると思う。

二宮尊徳と西郷隆盛

井上侯が総大将を承って采配《さいはい》を振り、私や陸奥宗光《むつむねみつ》、芳川顕正《よしかわけんせい》、それから明治五年に、英国へ公債募集のため洋行するようになった、吉田清成《よしだきよなり》なぞが専ら財政改革を行うに腐心最中の、明治四年頃のことであるが、ある日の夕方、当時私の住居した神田猿楽町《かんださるがくちょう》の茅屋《あばらや》へ、西郷公《さいごう》が突然、私を訪ねて来られた。その頃西郷さんは参議というもので、廟堂ではこの上もない顕官《けんかん》である。私のごとき官の低い大蔵大丞《おおくらだいじょう》ぐらいの小身者《しょうしんもの》を訪問せられるなど、すでに非凡の人でなければできぬことで、誠に恐れ入ったものであるが、その用談向きは、相馬藩《そうま》の興国安民法についてであった。

この興国安民法と申すは、二宮尊徳《にのみやそんとく》先生が相馬藩に聘《へい》せられた時に案出して遺され、それが相馬藩繁昌の基になったという、財政やら産業やらについての方策である。井上侯始め、私らが、財政改革を行なうに当たり、この二宮先生の遺された興国安民法をも廃止しようとの議があった。

これを聴きつけた相馬藩では、藩の消長に関する由々《ゆゆ》しき一大事だというので、富田久助《とみたきゅうすけ》、志賀直道《しがなおみち》の両人をわざわざ上京せしめ、両人は西郷参議に面接し、如何に財政改革を行なわれるに当たっても、同藩の興国安民法ばかりは御廃止にならぬようにと、倶《とも》に頼み込んだものである。西郷公はその頼みを容れられたのだが、大久保さんや大隈さんに話した所で、取り上げられそうにもなく、井上侯なんか話でもしたら、井上侯はあの通りの方ゆえ、到底受け付けてくれそうに思われず、頭からガミガミ跳ね付けられるに決まってるので、私を説きさえすればあるいは、廃止にならぬように運ぶだろうとでも思われたものか。富田、志賀の両氏に対する一諾を重んじ、わざわざ一小官たるに過ぎぬ私を茅屋《ぼうおく》に訪ねて来られたのであった。

西郷公は私に向かわれ、かくかくしかじかの次第ゆえ、折角の良法を廃絶さしてしまうのも惜しいから、渋沢の取り計らいでこの法の立ち行くよう、相馬藩のために尽力してくれぬか、と言われたので、私は西郷公に向かい、「そんなら貴公は、二宮の興国安民法とはどんなものか御承知であるか」と御訊《たず》ねすると、「ソレハ一向に承知せぬ」とのこと。「どんなものかも知らずに、これを廃絶せしめぬようとの御依頼は、はなはだ持って腑《ふ》に落ちぬわけであるが、御存知なしとあらば致し方がない、私から御説明申し上げよう」と、その頃すでに、私は興国安民法について充分取り調べてあったので、詳しく申し述べることにした。

二宮先生は相馬藩に招聘《しょうへい》せらるるや、まず同藩の過去百八十年間における詳細の歳入統計を作成し、この百八十年を六十年宛《ずつ》に分けて天地人の三才とし、その中位の地に当たる六十年間の平均歳入を同藩の平年歳入と見做《みな》し、さらにまた、この百八十年を九十年宛に分けて乾坤《けんこん》の二つとし、収入の少ない方に当たる坤の九十年間の平均歳入額を標準にして、藩の歳出額を決定し、これにより一切の藩費を支弁し、もしその年の歳入が、幸いにも坤の平均歳入予算以上の自然増収となり、剰余額を生じたる場合には、これをもって荒蕪地《こうぶち》を開墾《かいこん》し、開墾して新たに得たる新田畝《しんでんほ》は、開墾の当事者に与えることにする法を定められたのである。これが相馬藩の、いわゆる興国安民法なるものであった。

西郷公は、私がかく詳細に二宮先生の興国安民法について、説明する所を聞かれて、「そんならそれは量リレ入ルヲ以テ為スレ出ルヲ（入るを量りもって出るをなす）の道にも適い、誠に結構なことであるから、廃止せぬようにしてもよいではないか」とのことであった。よって、私はここで平素自分の抱持する財政意見を言っておくべき好機会だと思ったので、如何にも仰せの通りである。二宮先生の遺された興国安民法を廃止せず、これを引き続き実行すれば、それで相馬一藩は必ず立ち行くべく、今後ともに益々繁昌するのであろうが、国家のために興国安民法を講ずるが、相馬藩における興国安民法の存廃を念とするよりも、さらに一層の急務である。西郷参議におかせられては、相馬一藩の興国安民法は、大事であるによってぜひ廃絶させぬようにしたいが、国家の興国安民法はこれを講ぜずに、そのままに致しおいても差し支えないとの御所存であるか、承りたい。いやしくも一国を双肩に荷われて、国政料理の大任に当たらるる参議の御身をもって、国家の小局部なる相馬一藩の興国安民法のためには御奔走あらせらるるが、一国の興国安民法を如何にすべきかについての御賢慮《ごけんりょ》なきは、近頃もってその意を得ぬ次第、本末顚倒《ほんまつてんとう》のはなはだしきものであると、切論いたすと、西郷公はこれに対し、別に何とも言われず、黙々として茅屋を辞し還られてしまった。とにかく、維新の豪傑のうちで、知らざるを知らずとして、ごうも虚飾の無かった人物は西郷公で、実に敬仰《けいぎょう》に堪えぬ次第である。

修養は理論ではない

修養はどこまで行《や》らねばならぬかというに、これは際限がないのである。けれども空理空論に走ることは、最も注意せねばならぬ。修養は何も理論ではないので、実際に行なうべきことであるから、どこまでも実際と密接の関係を保って進まねばならぬ。

さて、この実際と学理の調和ということは、特に述べておかねばならぬのである。要するに、理論と実際、学問と事業とが互いに並行して発達せないと、国家が真に興隆せぬのである。如何ほど一方が発達しても、他の一方がこれに伴わなければ、その国は世界の列強間に伍《ご》することはできぬと思われる。事実ばかりで満足とは言われず、また学理のみでは立つことができないので、この両者がよく調和し密着する時が、すなわち国にすれば文明富強となり、人にすれば完全なる人格ある者となるのである。

右に対する例証はたくさんあるが、これを漢学に求めてみれば、孔孟の儒教は支那において は最も尊重されて、これを経学または実学といって、かの詩人または文章家が弄《もてあそ》ぶ文学とは全く別物視してある。しかして、それを最もよく研究し発達せしめたのが、かの支那宋末の朱子《しゅし》である。けだし朱子は非常に博学で、且つ熱心にこの学を説いたのである。ところが、朱子の時分の支那の国運はどうであったかというに、丁度《ちょうど》その頃は宋朝の末で、政事も頽廃《たいはい》し、兵力も微弱にして、少しも実学の効は無かったのである。すなわち学問は非常に発達しても、政務は非常に混乱した。つまり学問と実際とが、全く隔絶していたのである。つまり本家本元の経学が宋朝に至りて、大いに振興したにも係わらず、これを採って実際に用いなかったのである。

しかるに日本においては、その空理空文の死学であった宋朝の儒教を利用したため、かえって実学の効験を発揮したのである。これを善く用いたのは徳川家康である。元亀《げんき》、天正《てんしょう》の頃は日本を二十八天下と称して、国内麻のごとくに乱れて、諸侯皆武備にのみ心を尽くしておったのである。その中《なか》にて家康は大いに達観して、到底武のみをもって治国平天下の策とすべきでないことを悟り、大いに心を文事に注いで、支那においては死学空文であった朱子の儒学を採ったのである。当初、まず藤原惺窩《ふじわらせいか》を聘《へい》し、ついで林羅山《はやしらざん》を用いて、しきりに学問を実際に応用した。すなわち理論と実際とを調和し、接近せしめたのである。現に家康が遺訓の一つとして今日まで人口に膾炙《かいしゃ》する「人の一生は重荷を負うて遠き道を行くが如し、急ぐべからず。不自由を常と思えば不足なく、心に望みおこらば困窮したる時を思い出すべし。堪忍は無事長久の基、いかりは敵と思え。勝つことばかり知りてまくる事を知らざれば、害その身に至る。おのれを責めて人をせむるな。及ばざるは過ぎたるにまされり」について考えてみるに、皆経学中に求めたものである。多くは論語中の警句中より成立している。当時、殺伐《さつばつ》の人心を慰安して、よく三百年の太平を致した所以のものは、けだし学問の活用、すなわち実際と理論とを調和して、極めて密接ならしめたるによることと思うのである。しかも家康がかくまで朱子《しゅじゅ》の儒学を採って、これらを実際に応用したけれども、元禄《げんろく》享保《きょうほう》の頃となっては、次第に種々の学派を生じ、空理を弄《もてあそ》ぶようになって来て、有名なる儒者は多かったけれども、これを実際と密着せしめたものははなはだ稀《まれ》で、わずかに、熊沢蕃山《くまざわばんざん》、野中兼山《のなかけんざん》、新井白石《あらいはくせき》、貝原益軒《かいばらえきけん》の数人にすぎない。徳川の末の微々として振るわなくなって来たのも、やはりこの調和を失した結果であろうと思うのである。

以上は往時の事例であるが、今日でも両者の調和不調和が、その事物の盛衰を示していることは、諸君のよく知られる所と思う。世界の二、三等国について見ると、明らかである。また一等国中にも、現に両者がその並行を失わんとしつつある国もあるように思われる。ひるがえって帝国は如何といえば、いまだ決して充分なる調和を得ておるということはできない。のみならず、ややともすれば離隔《りかく》せんとする傾向さえ見える。これを思えば、実に国家の将来が案じられるのである。

ゆえに、修養を主とする者は、大いにここに鑑《かんが》みるところがあって、決して奇矯に趨《はし》らず、中庸《ちゅうよう》を失せず、常に穏健なる志操《しそう》を保持して進まれんことを、衷心《ちゅうしん》より希望して止まぬのである。換言すれば、今日の修養は、力行〔努力して行う〕勤勉を主として、智徳の完全を得るのにある。すなわち、精神的方面に力を注ぐとともに、智識の発達に勉めねばならぬ。しかして修養が、単に自分一個のためのみでなく、一邑《ゆう》一郷、大にしては国運の興隆に貢献するのでなければならぬ。

毎日の心掛けが大切

総じて世の中のことは、心のままにならぬが多い。独《ひと》り形の上に表われている事物ばかりでなく、心に属することも間々《まま》そういうことがある。例えば、一度こうと心の中《なか》に堅く決心したことでも、何かふとしたことから俄《にわか》に変ずる。人から勧められて、ついにその気になるといったような事もあるが、それが必ずしも悪意の誘惑でないまでも、心の遷転《せんてん》から起こることで、かくごときは意志の弱いのであるといわねばなるまい。自ら決心して動かぬと覚悟していながら、人の言葉によりて変ずるがごときは、もとより意志の鍛錬のできているものではない。とかく平生の心掛けが大切である。平素その意中に「こうせよ」とか「こうせねばならぬ」とか、事物に対する心掛けが的確に決まっているならば、如何に他人が巧妙に言葉を操っても、うかとそれに乗せられるようなことはない訳だ。ゆえに何人も問題の起こらぬ時において、その心掛けを錬っておき、しかして事に会し物に触れた時、それを順序よく進めるが肝要である。

しかるに、とかく人心には変態を生じ勝ちのもので、常時は「かくあるべし」「かくすべし」と堅く決心していた者も、急転して知らず知らずに自ら自己の本心を誘惑し、平素の心事と全く別処に、これを誘うような結果を齎《もたら》すが如きは、常時における精神修養に欠くる所があり、意志の鍛錬が足らぬより生ずることである。かくのごときは、随分修養も積み鍛錬を経た者でも、惑わされることのないとは言われぬものだから、いわんや社会的経験の少ない青年時代などには、いやが上に注意を怠ってはならぬ。もし平生自己の主義主張としていたことが、事に当たって変化せねばならぬようなことがあるならば、宜しく再三再四熟慮するが宜《よ》い。事を急激に決せず、慎重の態度をもって、よく思い深く考えるならば、自ずから心眼《しんがん》の開くものもありて、遂に自己本心の住家《すみか》に立ち帰ることができる。この自省熟考を怠るのは、意志の鍛錬にとって、最も大敵であることを忘れてはならぬ。

以上は、自己が意志の鍛錬に関する理論でもあり、またしかく感じた所であるが、序《つい》でをもって、余が実験談をここに付加しておきたい。余は明治六年、思う所ありて官を辞して以来、商工業というものが自己の天職である。もし、いかようの変転が起こって来ても、政治界には断じて再び携わらぬと決心した。元来政治と実業とは、互いに交渉錯綜《こうしょうさくそう》せるものであるから、達識非凡《たつしきひぼん》の人であったら、この二途に立ってその中間を巧妙に歩めば、すこぶる面白いのであるが、余のごとき凡人が左様の仕方に出るときは、あるいはその歩も誤って失敗に終わることがないとも限らない。ゆえに余は初めから、自己の力量の及ばぬ所として政治界を断念し、専ら実業界に身を投じようと覚悟した訳であった。しかして当時、余がこの決心を断行するに方《あた》っても、自己の考案に待つ所の多かったことはもちろんのことで、時には知己朋友よりの助言勧告もある程度まではこれを斥《しりぞ》け、断々乎《だんだんこ》として一意実業界に向かって猛進を企てた。しかるに最初の決心がそれほど雄々《おお》しいものであったにもかかわらず、さて実地に進行してみると、なかなか思惑通りには行かないもので、じらい四十余年間、しばしば初一念《しょいちねん》を動かされようとしては危うく踏み止まり、漸くにして今日あるを得た訳である。今から回顧すれば最初の決心当時に想像したよりも、この間の苦心と変化とははるかに多かったと思われる。

もし余の意志が薄弱であって、それら幾多の変化や誘惑に遭遇した場合に、うかうかと一歩を踏み誤ったならば、今日あるいは、取り返しのつかぬ結果に到着していたかもしれぬ。例えば、過去四十年間に起こった小変動の中《うち》、その東すべきを西するようなことがあったならば、事件の大小は別として、初一念はここに挫折《ざせつ》することになる。仮に一つでも挫折されて、方向が錯綜することになれば、最早自己の決心は傷つけられたことになるので、それから先は五十歩百歩、もう何をしても構うものかという気になるのが人情だから、止め度がなくなってしまう。かの大堤も蟻の穴より崩るるの喩《たと》えのごとく、そうなっては右に行くものも、中途から引き返して左へ行くようなことになり、ついには一生を破壊《こわ》してしまわねばならぬ。しかるに予は、幸いにも左様な場合に処する毎に熟慮考察し、危うく心が動きかけたことがあっても、中途から取り返して本心に立ち戻ったので、四十余年間まず無事に過ごして来ることを得た。これによってこれを観るに、意志の鍛錬のむずかしきことは、今さら驚嘆《きょうたん》の外はないが、しかしそれらの経験から修得した教訓の価値も、また決して少ないものではないと思う。しかして得た所の教訓を約言すれば、大略次のごときものがある。すなわち一些事の微に至るまでも、これを閑却するは宜しくない。自己の意志に反することなら、事の細大を問うまでもなく、断然これを跳ね付けてしまわねばいけない。最初は些細のことと侮ってやったことが、ついにはそれが原因となって総崩れとなるような結果を生み出すものであるから、何事に対してもよく考えて行《や》らねばならぬ。

すべてその原因を究明する

乃木《のぎ》大将《たいしょう》の殉死《じゅんし》について、世間の論ずる所を観るに、ある説のごときは、殉死については多少非難なきに非ざれど、乃木大将にして始めて可なり。他人これに倣うべきに非ずと論ずるもあり。または、絶対に感歎すべき武士的行為にして、実に世の中を聳動《しょうどう》〔恐れおののかせる〕せしめたる天晴《あっぱ》れの最期《さいご》とて、限りなき崇敬の心をもって論評するもありて、ほとんど当時の新聞雑誌が、そのことについて填《うず》められたほどであるから、大将の行為は現社会に大なる影響を与えたと言い得るだろうと思う。

私の観る所も、ほぼ後者と同様なれども、乃木大将が末期《まつご》における教訓が尊いというよりは、むしろ生前の行為こそ真に崇敬すべきものありと思う。換言すれば、大正元年九月十三日までの乃木大将の行為が純潔で優秀であるから、その一死が青天《せいてん》の霹靂《へきれき》のごとく、世間に厳しい感想を与えたのである。大将の殉死が如何《いか》なる動機から起こったに致せ、ただその一死だけが、かくのごとく世間に劇《はげ》しい影響を与えたのではなかろう。ゆえに、私は前に述べた点について、少しく意見を敷衍《ふえん》してみようと思う。ただし、私は乃木大将とは親しみが厚くなかったから、その性行を審《つまび》らかに知らぬけれども、殉死後各方面の評論から観察すると、実に忠誠無二の人である。廉潔の人である。その一心は、ただ奉公の念に満たされた人である。しかして事に処して常に精神をここに集注して、いやしくもせぬ人であるということは、すべての行為において、察知し得らるるのである。

ことに軍務的行動については、何物をも犠牲にして、君のため国のために尽くすという精神に富まれたことは、現に二人の令息が日露戦役《にちろせんえき》にて前後討死《うちじに》された時にも、将軍は君国のために堅忍その情を撓《た》めて、涙一滴も人に見せなかった一事に徴しても明らかである。

全体将軍は青年の頃より、軍人としては事毎に長上《ちょうじょう》の命令に服従して、水火《すいか》の中《なか》をも辞せぬという、堅実なる服従気性を持っておられたと同時に、事の是非善悪についての議論には、いささかも権勢に屈せぬという凜乎《りんこ》〔毅然としているさま〕たる意考を持っておられたように見受けられる。それかあらぬか、ある場合に先輩の意見に忤《さから》って、休職になったなどということは、けだしその鞏固《きょうこ》の意志に原因せしものと想像される。

さらば、至って編狭《へんきょう》な過激な、ただ感情的の人かと思うと、その間に藹然《あいぜん》〔おだやかなさま〕たる君子の風ありて、あるいは諧謔《かいぎゃく》をもって、あるいは温乎《おんこ》〔おだやかなさま〕たる言動をもって、人を懐《なつ》けられ、自己が率いた兵隊などに対しても、それこそ心からその人の痛苦を恕察《じょさつ》〔相手の心中を思いやって察する〕し、またその戦死については、故郷の父母妻子に対して、深く哀情を添えておられた。

昔時《せきじ》軍人の美談として、世に伝えられている呉起《ごき》が、その部下の兵士の創《きず》の膿《うみ》を吸って癒《なお》してやった時に、その武士は大いに喜びて、この創が癒えたらば、将軍のために戦場で命を棄てねばならぬといって感じた。するとその母の言うには、人情さもあるべきことであるが、汝の兄もその通りにして終に討死したとて、歎いたという話がある。呉起が兵士の膿を吸ったのは衷心から出たのか、あるいは一つの術数でありはせぬかと、その母は疑って歎いたのではあるまいかと思う。しかるに乃木将軍に至っては、全く天真爛漫たる衷情《ちゅうじょう》から、兵士を犒《ねぎら》われたのである。単に軍隊におられる時のみしかるに非ずして、学習院に院長としておられた時にも、掬《きく》する〔事情などを汲みとって察する〕ばかりの情愛がすべての方面に現れている。さらばその平生は如何にやというと、独り武ばかりを誇りとする人に非ずして、文雅にも富まれている。

如何に忠誠の人でもただ武骨一片で、花を見ても面白くない、月を見ても感じもない、という人は困る。「強いばかりが武夫《もののふ》か」ということは、物の本《ほん》にもあり、かの薩摩守忠度《さつまのかみただのり》が、討死の際に和歌の詠草《えいそう》〔詠作した和歌や俳諧を書き付けた草稿〕を懐中せられたとか、あるいは八幡太郎義家《はちまんたろうよしいえ》が、勿来関《なこそのせき》の詠歌のごとき、一つの美談としてある。昔時の武士が、武勇と文雅とを兼ね備えたのは、実に奥床《おくゆか》しい感がする。しかるに乃木将軍は詩歌の道にも長《た》けて、しかも高尚な意味を平易の言葉で述べることが、誠に巧みであった。かの二百三高地における絶句のごとき、あるいは、また故郷に帰って故老に会うのが心苦しいという詩のごとき、または辞世の歌のごとき、いずれも真情流露《しんじょうりゅうろ》、少しも巧みを弄《ろう》せず、ごく滑らかに詠まれている。

かくのごとき奉公の念に強い所から、不幸にも先帝の崩御に際して、最早この世に生き甲斐《がい》がないと思われたのであろう。もとより将来の軍事についても、学習院の事務についても、また当時英吉利の皇族に対する接伴のことも、種々《しゅじゅ》関心のことはありしならむも、しかし軽重これに代えがたいという所から、忍びがたきを忍びて殉死と決して、さてこそそのことが発露したればこそ、将軍の心事が世間に顕われて、実に世界を聳動《しょうどう》したのである。ゆえに私は思う。ただその一命を棄てたのが偉いのではなくして、六十余歳までのすべての行動、すべての思想が偉かったということを、頌讃《しょうさん》せねばならぬ。

とかく世の中の青年は、人の結末だけを見てこれを欽羨《きんせん》〔うらやむ〕し、その結末を得る原因がどれほどであったかということに、見到らぬ弊が多くてならぬ。ある人は栄達したとか、ある人は富を得たとかいって羨望《せんぼう》するけれども、その栄達、もしくはその富を得るまでの勤勉は容易ならぬ。智識はもちろん、力行とか忍耐とか、常人の及ばざる刻苦経営の結果であるに相違ない。その智識その力行、その忍耐というものに想い到らないで、ただその結果だけを見てこれを羨望するのは、はなはだ謂《いわ》れないことである。乃木大将に対するも、ただその壮烈の一死のみを感歎して、その人格と操行とに想到せぬのは、あたかも人の富貴栄達を見て、いたずらにその結果を羨望すると同様になりはせぬか。ゆえに私は将軍に対して、殉死その物を軽視するという意味ではないけれども、かくのごとく天下を感動せしめたる所以のものは、壮烈無比《そうれつむひ》なる殉死にありといわんよりは、むしろ将軍の平生の心事、平生の行状《ぎょうじょう》が、これをしてしからしめたものなりと解釈するのである。

東照公（徳川家康）の修養

東照《とうしょう》公に驚くべきは、神道仏教儒教等に大層力を入れられたことである。これに向かって種々《しゅじゅ》の調査をなされて、その隆興を計ったことは容易でない。これも歴史家の相当の批評もありましょうが、私は特に文政を修められたについて、深く敬服する。仏教には梵舜《ぼんしゅん》という人がありますが、これはあまり立派な学者ではなかったために、東照公も感心なさらぬで、後に南《なん》光坊天海《こうぼうてんかい》によって仏教をお取り調べになり、儒教では藤原惺窩を第一に聘し、ついでその弟子の林道春《はやしどうしゅん》を御儒家として、立派にその家を立てた。かつこの儒教を尊んだことは、すこぶる重かったようであった。ことに東照公は、論語中庸をよくお読みなすったことは、歴史に明記してありますからして、諸君も御記憶でありましょうが、神君《しんくん》の遺訓と称して平仮名交じりの文章がある。すなわち、「人の一生は重荷を負うて遠き道を行くがごとし、急ぐべからず……云々」。私は斯様《かよう》によく覚えております。この遺訓は全く論語から出ております。東照公が論語をよくお読みなすった証拠であります。「士ハ不レ可三以テ不二弘毅一ナラ、任重クシテ而道遠シ、仁以テ為二己ガ任一ト、不二亦重一カラ乎、死而シテ後チ已ム、不二亦遠一カラ乎（士はもって弘毅ならざるべからず、任重くして道遠し。仁もっておのが任となす、また重からずや、死してのちやむ。また遠からずや）」。これは曾子という人の語で、論語の泰伯《たいはく》篇にあります、「人の一生は重荷を負うて遠き道を行くがごとし」と全く同意味であります。また末段の「及ばざるは過ぎたるよりまされり」は、孔子の言《ことば》から出たのです。しかして孔子は「過ぎたるはなお及ばざるがごとし」と言うたを、公は「勝れり」と強くしたのです。これらの批評はこれだけで止めますが、とにかくこの御遺訓が論語より出たということは、諸君にも明瞭《めいりょう》にお解かりでありましょう。その他にもこの道徳については、よほどお心を用いられたものと見える。元亀天正の頃はあの通り乱世が打ち続いて、世の中に文学趣味などは、ほとんど無くなり、仁義道徳の何者か分からぬという時に、誰が申し上げたともなく、夙《と》くすでに、文学を盛んにしなければならぬということについて御心を労され、しかもそれが根本的文学であって、切に仁義道徳を重んずる主義をもって、全然朱子学を用いられたように思います。爾来、追々と経学にも各派が生じて参りましたが、林家では徹頭徹尾、朱子学を主としておる。東照公のこれらの御用意は、如何なる御手際であるか。私は敬服にあまりありという外ない。さらにまた注目すべきは仏教であります。

仏教についても、よほど御注意が深く御穿鑿《ごせんさく》が届いたようであります。初め三河《みかわ》の大樹寺《だいじゅじ》に帰依《きえ》して、大樹寺の僧侶《そうりょ》と御親交があったようであります。しかして大樹寺は浄土宗《じょうどしゅう》でありまず。ついで芝《しば》の増上寺《ぞうじょうじ》の住職をも召され、駿河《するが》にお移りになってからは、金地院《こんちいん》の崇伝《すうでん》承兌《じょうだ》などを御用いになり、後には東叡山《とうえいざん》を開いたる南光坊天海、すなわち慈眼《じげん》大師号を受けた人である。この天海は実に僧侶中の英雄である。英雄と言っては少し形容に過ぎるけれども、僧侶中の傑出した人であった。ことに精力絶倫で、しかも百二十六まで生きたという人でありますから、大隈侯の予定より一年余計に生存した。東照公は深くこの天海に御帰依になって、しばしばその説をお聴きなされたように見受けられます。この頃も南光坊天海の伝記を調べつつおりますが、駿河において公は、しばしばその法談をお聴きなされた、長い年月の間にはどれほどであったか分明《ぶんみょう》［あきらか］ならぬが、天海の伝記に書いてありました所では、ある年の九十日の間に六、七十回の法談があったといってあります。たとい御隠居であっても、江戸から始終文書が往復する。京都からの往復も同様であろうから、なかなか閑散で能楽とか茶事三昧《ざんまい》に日を暮されたのではなかろう。しかし寸暇あれば、その間に法談に御出座なすったのであろうと思います。『徳川実記《とくがわじっき》』には詳しく書いてありませぬが、南光坊天海が常に顧問となって、いろいろの得話《おはなし》を申し上げたということである。

誤解された修養説に反論する

修養ということについて、私はある者より攻撃を受けたことがある。その説は、大体二つの意味に分かれていたのである。その一つは、修養は人の性の天真爛漫《らんまん》を傷つけるから宜しくないと言うので、他の一つは、修養は人を卑屈にすると言うのであった。よってこれらの異見に対して答えておいたことを、左《さ》に述べてみようと思うのである。

まず修養は、人の本然の性の発達を阻害するから宜しくないというは、修養と修飾とを取り違えて考えておるものと思う。修養とは身を修め徳を養うということにて、練習も研究も克己も忍耐もすべて意味するもので、人が次第に聖人や君子の境涯に近づくように力《つと》めるということで、それがために人性《じんせい》の自然を矯《た》める〔ここでは曲げるの意〕ということはないのである。つまり人は充分に修養したならば、一日一日と過《あやま》ちを去り、善に遷《うつ》りて聖人に近づくのである。もしも修養したために、天真爛漫を傷つけると言うならば、聖人君子は完全に発達した者でないということになる。また修養のために偽君子となり、卑屈に陥るならば、その修養は誤れる修養であって、われわれの常に言う修養ではないと思う。人は天真爛漫が善いということは、私は最も賛成する所であるが、人の七情すなわち喜怒哀楽愛悪欲の発動が、いつ如何なる場合にも差し支えないとは言われぬ。聖人君子も発して節に中《あた》るのである。ゆえに修養は人の心を卑屈にし、天真を害するものと見るは、大なる誤りであると断言するのである。

修養は人を卑屈にするというは、礼節敬虔《けいけん》などを無視するより来る妄説《もうせつ》と思う。およそ孝悌忠信、仁義道徳は日常の修養から得らるるので、決して愚昧卑屈でその域に達するものではない。大学の致知格物《ちちかくぶつ》も、王陽明《おうようめい》の致良知《ちりょうち》も、やはり修養である。修養は土人形を造るようなものではない。かえっておのれの良知を増し、おのれの霊光を発揚《はつよう》するのである。修養を積めば積むほど、その人は事に当たり、物に接して善悪が明瞭になって来るから、取捨去就《しゅしゃきょしゅう》に際して惑わず、しかもその裁決が流るるごとくなって来るのである。ゆえに修養が人を卑屈愚昧にすると言うは大なる誤解で、極言《きょくげん》すれば、修養は人の智を増すにおいて、必要だということになるのである。これをもって修養は智識を軽んぜよというのではない。ただ今日の教育は、あまりに智を得るのみに趨《はし》って、精神を練磨することに乏しいから、それを補うための修養である。修養と修学を相容《あいい》れぬごとくに思うのは、大なる誤りである。

けだし修養ということは広い意味であって、精神も智識も身体も行状も向上するように練磨することで、青年も老人も等しく修めねばならぬ。かくて息《や》むことなければ、ついには聖人の域にも達することができるのである。

以上は私が二つの反対説、すなわち修養無用論者に対して反駁《はんばく》したる大要であるが、青年諸氏もまたこの考えで、大いに修養せられんことを切望するのである。

たしかな人格養成法

現代青年にとって、最も切実に必要を感じつつあるものは、人格の修養である。維新以前までは、社会に道徳的の教育が比較的盛んな状態であったが、西洋文化の輸入するに連れて思想界に少なからざる変革を来し、今日の有様ではほとんど道徳は混沌《こんとん》時代となって、すなわち儒教は古いとして退けられたから、現時の青年にはこれが充分咀嚼《そしゃく》されておらず、といって耶蘇《やそ》教が一般の道徳律になっておる訳ではなおさらなし、明治時代の新道徳が別に成立したのでもないから、思想界は全くの動揺期で、国民はいずれに帰嚮《ききょう》〔＝帰向。心をよせる〕してよいか、ほとんど判断にさえ苦しんでおるくらいである。したがって、一般青年の間に人格の修養ということは、ほとんど閑却されておるかの感なきを得ないが、これは実に憂うべき趨向《すうこう》である。世界列強国がいずれも宗教を有して、道徳律の樹立されておるのに比し、独りわが国のみがこの有様では、大国民としてははなはだ恥ずかしい次第ではないか。試みに社会の現象を見よ。人は往々にして利己主義の極端に馳《は》せ、利のためには何事も忍んでなすの傾きがあり、今では国家を富強にせんとするよりも、むしろ自己を富裕にせんとする方が主となっておる。富むことも、もとより大切なことで、何も好んで簞食《たんしょく》瓢飲陋巷《ひょういんろうこう》〔わずかな食事と狭い場所。転じて貧乏暮し〕にあって、その楽しみを改めぬということを、最上策とするには及ばない。孔子が「賢《けん》なる哉回《かなかい》や」と、顔淵《がんえん》の清貧に安んじておるのを褒められた言葉は、要するに「不義にして富み且つ貴きは、我において浮雲のごとし」という言葉の裏面をいわれたまでで、富は必ずしも悪いと貶《おとし》めたものではない。しかしながら、ただ一身さえ富めば足るとして、さらに国家社会を眼中に置かぬというは慨すべき極《きょく》である。説は富の講釈に入ったが、何にせよ社会人心の帰向《きこう》がそういう風になったのは、概して社会一般人士の間に人格の修養が欠けておるからである。国民の帰依すべき道徳律が確立しており、人はこれに信仰を持って社会に立つという有様であるならば、人格は自ずから養成されるから、社会は滔々《とうとう》〔よどみなく流れるさま〕として、我利《がり》のみこれ図るというようなことはない訳である。ゆえに余は青年に向かって、ひたすら人格を修養せんことを勧める。青年たるものは真摯《しんし》にして率直、しかも精気内に溢《あふ》れ、活力外に揚がる底のもので、いわゆる威武《いぶ》も屈する能《あた》わざるほどの人格を養成し、他日自己を富裕にするとともに、国家の富強をも謀ることを努めねばならぬ。信仰の一定せられざる社会に処する青年は、危険がはなはだしいだけに、自己もそれだけに自重してやらねばならぬのである。

さて、人格の修養をする方法工夫は種々《いろいろ》あろう。あるいは仏教に信仰を求めるも宜しかろう。あるいは「クリスト」教に信念を得るも一方法であろうが、余は青年時代から儒道に志し、しかして孔孟の教えは余が一生を貫いての指導者であっただけに、やはり忠信孝悌の道を重んずることをもって、大なる権威ある人格養成法だと信じている。これを要するに、忠信孝悌の道を重んずるということは、全く仁をなすの基で、処世上一日も欠くべからざる要件である。すでに忠信孝悌の道に根本的修養を心掛けた以上は、さらに進んで智能啓発の工夫をしなければならぬ。智能の啓発が不充分であると、とかく世に処して用を成すに方《あた》り、完全なることは期しがたい。したがって、忠信孝悌の道を円満に成就するということもできなくなって来る。如何となれば、智能が完全なる発達を遂げておればこそ、物に応じ事に接して是非の判別ができ、利用厚生の道も立つので、ここに初めて根本的の道義観念と一致し、処世上なんらの誤謬《ごびゅう》も仕損じもなく、よく成功の人として終局を全うすることを得るからである。人生終局の目的たる成功に対しても、近時多種様にこれを論ずる人があって、目的を達するにおいては手段を選ばずなどと、成功という意義を誤解し、何をしても富を積み、地位を得られさえすれば、それが成功であると心得ている者もあるが、余はその様な説に左袒《さたん》〔味方〕することができない。高尚なる人格をもって正義正道を行い、しかる後に得た所の富、地位でなければ、完全な成功とはいわれないのである。

商業に国境はない

明治三十六年、桑港《サンフランシスコ》において学童問題というものが突発した。それから後も次第に、日米間の国交が薄くなるような傾向を生じたというのは、日本人が薄くするのではなくして、亜《ア》米《メ》利《リ》加《カ》のある方面の人が、段々に日本を嫌うという有様を生じた。さて、そういう有様を生ずると、あたかも明治三十五年に桑港の金門公園において見た所の「日本人泳ぐべからず」の事柄が段々盛んに進んで来るようになった。亜米利加に対して特殊の印象を有《も》ってる私、ことに実業界の一人として、また日本全体の実業界に対して、深く心神《しんしん》を労している身であるから、国交上に大なる憂いを抱いた。その後、桑港における日本人間に在米日本人会なるものを組織した。その会長の手島謹爾《てじまきんじ》氏が、特に渡辺金蔵《わたなべきんぞう》という人を日本に送られて、私に請求せらるるには、「カルフォルニヤ」州において、亜米利加人がとかく日本人を嫌うという感情を改善せしむるために、在米日本人会を企てたのである。ついては本国（日本）においてもその意味を理解して、大いに賛同してくれるようにということであった。私はその企図の至極機宜に適するものと思って、われわれも充分に助力するから、在米諸君も大いに力《つと》めるようにしたら宜かろうと言って、渡辺金蔵氏に私が明治三十五年に金門公園において感ぜしことを話して、会長たる手島氏を始め、その他の会員にもよく注意してくれということを伝言した。それが明治四十一年であったと思う。

その歳の秋、亜米利加から太平洋沿岸の商業会議所の議員が、多数日本へ来遊することになった。それはわが東京商業会議所、及び各地の商業会議所が同じ位置なるをもって、太平洋沿岸の商業会議所の諸君に、団体を組んで日本に旅行してくれということを勧誘したによるものであるが、一つは日米両国間の国交親善に努むるため、すべての誤解を除却したいという意味をもって成り立ったものである。そのときに日本に来遊せられたのは、桑港においてはエフ・ダブリュー・ドールマン、「シヤトル」ではジェー・ディ・ローマンあるいは「ポートランド」のオー・エム・クラーク等の人々では、私は種々《しゅじゅ》の会合において、これらの諸君に会談して、日米の関係について従来の沿革を詳述し、諸君の力で誤解を解くようにして戴きたいと希望し、また一方には日本から米国に移住してる人々については、欧米の習慣に慣れぬために公徳が修まらぬとか、あるいは風采《ふうさい》が鄙劣《ひれつ》だとか、あるいは同化しないとかいうような欠点があれば、その欠点は相ともに矯正して、勉《つと》めて直させるようにして、米国人に嫌われぬ所の人間たらしむることを心掛けるのが肝要である。今日の場合、人種とか宗教とかの相違から、日本人を嫌うということは、文明なる亜米利加人として、よもあるまいと思う。もしこれありとすれば、それは亜米利加人の誤謬である。のみならず、亜米利加の当初の趣意に悖《もと》る訳である。

わが日本を世界に紹介してくれたのは亜米利加である。日本はそれを徳として、今日まで国交の親善を務めているのに、その亜米利加が人種的の僻見《へきけん》、宗教差異の偏頗心《へんぱしん》〔かたよること〕から、日本人を嫌って差別的待遇をするというのは、亜米利加としてなすべきことでない。果たして、しからば亜米利加は、初めは正義にして後には暴戻《ぼうれい》〔あらあらしく道義にもとる〕といわねばならぬ、ということを懇々《こんこん》と述べたについて、当時来遊せられた商業会議所の諸君も、誠に道理だと言って深く喜んでくれた。

君子《くんし》は慎《つつし》みて以《もっ》て禍《わざわい》を辟《さ》け、篤《あつ》くして以《もっ》て揜《おお》われず、恭《うやうや》しくして以《もっ》て恥《はじ》に遠《とお》ざかる。

礼記

「辟」は「さける」。「揜」は「おおう」。

【訳】君子(学識・人格ともに優れた人物)たる者は、言行を慎重にすることによって災難を避け、態度に誠意を尽くすことによって仲間はずれにされることがなく、礼儀正しくすることによって侮辱されることがないようにすることだ。

之《これ》を求《もと》むるに道《みち》あり、之《これ》を得《う》るに命《めい》あり。是《こ》れ求《もと》むとも得《う》るに益《えき》なし。外《そと》に在《あ》る者《もの》を求《もと》むればなり。

孟子

【訳】〔仁義礼智や天爵〕これを求めるにはそれ相応の方法がある。また、得られるかどうかは天命があるので、求めたからといって得られるとは限らない。自分の内面に向うべきところを外に求めたりするからである。

第七章

社会の利益になる正しい競争をする

「算盤と権利」

社会の利益になる正しい競争をする

『算盤と権利』の章のあらすじ

「仁義を貫くためには、師匠にだって遠慮してはいけない」「道理が正しいならば、どこまでも自分の意見を主張してよい」といった内容から、論語には権利思想がみなぎっている。国家を富まし自己も出世しようと欲するからこそ、人々は努力するのである。その結果として貧富の差が生まれてしまうのは、自然の成り行きであって、仕方のないことである。そうはいっても、貧しい人と富める人両者の関係を円満にして労働現場の調和を気に掛けることは、一日として怠ってはいけない心掛けである。

商業においての競争上の道徳というものがあったら、善意と悪意の二種類あるように思われる。妨害的に人の利益を奪うという競争であれば、これは悪意の競争というのである。そうではなく、品物を精選して、他の利益範囲に喰い込むようなことはしない。これは善意の競争である。社会に多くの利益を与えるものでなければ、正しくまともな事業とはいえない。一個人だけが大富豪になっても、社会の多数がそのために貧困に陥るような事業であったなら、その幸福は繋がっていかない。

編集部

論語にも権利思想がある

世人はややもすれば、論語主義には権利思想が欠けている、権利思想なき者は、文明国の完全なる教えとするに足らぬと論ずるものが有るようだが、これは論ずる人の誤想謬見《ごそうびゅうけん》といわねばならぬ。なるほど、孔子教を表面から観察したなら、あるいは権利思想に欠けているように見えるかもしれぬ。基督教《キリストきょう》を精髄とせる泰西《たいせい》〔西洋〕思想《しそう》に比較すれば、必ず権利思想の観念が薄弱であるがごとく思われるであろう。しかしながら、余はかくのごとき言《げん》をなす人は、いまだもって真に孔子を解した者ではないと思う。

基督や釈迦《しゃか》は始めより宗教家として世に立った人であるに反し、孔子は宗教をもって世に臨んだ人でないように思われる。基督や釈迦とは、全然その成立を異にしたものである。ことに、孔子の在世時代における支那の風習は、何でも義務を先にし、権利を後にする傾向を帯びた時であった。かくのごとき空気の中《なか》に成長し来った孔子をもって、二千年後の今日、全く思想を異にした基督に比するは、すでに比較すべからざるものを比較するのであるから、この議論は最初よりその根本を誤ったものというべく、両者に相違を生ずることは、もとより当然の結果たらざるを得ないのである。しからば孔子教には、全然、権利思想を欠いているであろうか。以下少しく余が所見を披瀝《ひれき》して世の蒙《もう》を啓《ひら》きたいと思う。

論語主義はおのれを律する教旨であって、人はかくあれ、かくありたいというように、むしろ消極的に人道を説いたものである。しかしてこの主義を押し拡めて行けば、ついには天下に立てるようにはなるが、孔子の真意を忖度《そんたく》すれば、初めから宗教的に人を教えるために、説を立てようとは考えてなかったらしいけれども、孔子には一切教育の観念が無かったとは言われぬ。もし孔子をして政柄《せいへい》〔政権〕を握らしめたならば、善政を施き国を富まし、民を安んじ、王道を充分に押し広める意志であったろう。換言すれば、初めは一つの経世家〔政治家〕であった。その経世家として世に立つ間に、門人から種々《いろいろ》雑多のことを問われ、それについて一々答えを与えた。門人といっても各種の方面に関係を持った人の集合であるから、その質問も自ずから多様多岐に亘《わた》り、政を問われ、忠孝を問われ、文学、礼楽を問われた。この問答を集めたものが、やがて論語二十篇とはなったのである。しかして詩経を調べ、書経を註し易経を集め、春秋を作りたるなどは晩年のことで、福地桜痴居士《ふくちおうちこじ》がいえるごとく、六十八歳より以後の五年間を、わずかに布教的に学事に心を用いたらしくみえる。されば孔子は権利思想の欠けたる社会に人となり、しかも他人を導く宗教家として世に立った訳ではないから、その教えの上に権利思想が画然《かくぜん》としておらぬは、已むを得ないのである。

しかるに基督はこれに反し、全く権利思想に充実された教えを立てた。元来、猶太《ユダヤ》、埃及《エジプト》等の国風として預言者というような者の言を信じ、したがって、その種の人も多いのであったが、基督の祖先たるアバラハムより基督に至るまで、ほとんど二千年を経ている間に、モーゼとかヨハネとかいう幾多の預言者が出て、あるいは聖王が出て世を治めるとか、あるいは王様同様に、世を率いて立つ所の神が出るとか言い伝えていた。この時に方《あた》って基督は生まれたのであったが、国王は預言者の言を信じ、自己に代わって世を統《す》ぶる者に出られては大変だという所から、近所の子供を皆殺させたけれども、基督は母マリヤに連れられて他所《たしょ》へ行ったために、この難を免《のが》れた。耶蘇教は実にかくのごとき誤夢想的の時代に生まれた宗教であるから、したがって、その教旨が命令的で、また権利思想も強いのである。

しかし基督教に説く所の「愛」と論語に教うる所の「仁」とは、ほとんど一致していると思われるが、そこにも自動的と他動的との差別はある。例えば、耶蘇教の方では、「己の欲する所を人に施せ」と教えてあるが、孔子は、「己の欲せざる所を人に施す勿れ」と反対に説いているから、一見義務のみにて権利観念が無いようである。しかし両極は一致すといえる言のごとく、この二者も終局の目的はついに一致するものであろうと考える。

しかして余は、宗教として将《は》た経文としては、耶蘇の教えがよいのであろうが、人間の守る道としては孔子の教えがよいと思う。こはあるいは余が一家言《いっかげん》たるの嫌いがあるかもしれぬが、ことに孔子に対して信頼の程度を高めさせる所は、奇蹟《きせき》が一つもないという点である。基督にせよ、釈迦にせよ、奇跡がたくさんにある。耶蘇は磔《たく》せられた後三日にして蘇生したというがごときは、明らかに奇蹟ではないか。もっとも優れた人のことであるから、必ずそういうことは無いと断言もできず、それらは凡智《ぼんち》の測り知らざる所であるといわねばなるまいが、しかしこれを信ずれば迷信に陥りはすまいか。かかる事柄を一々事実と認めることになると、智は全く晦《くら》まされて、一点の水が薬品以上の効を奏《そう》し、焙烙《ほうろく》〔素焼きの平たい土鍋〕の上からの灸《きゅう》が利き目あるということも、事実として認めなくてはならなくなるから、そのよって来たる所の弊ははなはだしいものである。日本も文明国だといわれていながら、まだ白衣の寒詣《かんまい》りや、不動の豆撒《ま》きが依然として消滅せぬのは、迷信の国だという譏《そし》りを受けても仕方がない。しかるに孔子にこの忌むべき一条の皆無なのは、余の最も深く信ずる所以《ゆえん》で、またこれより真の信仰は生ずるであろうと思う。

論語にも明らかに権利思想の含まれておることは、孔子が「仁に当たっては師に譲らず」といった一句、これを証して余りあることと思う。道理正しき所に向かっては、飽くまでも自己の主張を通してよい。師は尊敬すべき人であるが、仁に対してはその師にすら譲らなくもよいとの一語中には、権利観念が躍如としているではないか。独りこの一句ばかりでなく、広く論語の各章を渉猟《しょうりょう》すれば、これに類した言葉はなおたくさんに見出すことができるのである。

商工業を日本の長所にする

私が初めて欧羅巴《ヨーロッパ》へ旅行したのは、旧幕府時代であった。慶応三年に仏蘭西に行って、約一年もおり、その他の国々も巡廻して、一と当たりの事情は知るを得たけれども、不幸にしてその時には亜米利加に旅行をしなかったが、明治三十五年（一九〇二）に初めて亜米利加へ行った。かつてその土地は踏まぬでも、十四、五歳の時から亜米利加なるものを知り、その外交の関係について特に注目し、かつ従来の国交がはなはだ適順に進んでいたので、亜米利加という音《おん》は、常に自分の耳を楽しましめるものであった。しかして、その土地を初めて見たのであるから、事々物々、実に私の心を喜ばして、ほとんどわが故郷へでも帰ったような感じを持った。最初に桑港《サンフランシスコ》へ上陸して、様々なる事物に接触して、深く興味を持っておった。ところが、ただ一つ大いに私の心を刺激したのは、金門公園の水泳場へ行った時に、その水泳場の掛札に「日本人泳ぐべからず」ということが書いてあった。これは私のごとき亜米利加に対して、愉快なる感じを持っておる身には、特に奇異の思いをなさしめた。当時、桑港におった日本の領事、上野季三郎《うえのすえさぶろう》という人に、何ゆえかかる掛札があるかと問うたら、「それは亜米利加に来ておる移住民の青年等が、公園の水泳場に行って、亜米利加の婦人が泳いでおるのを、潜行して足を引っ張る。そういう悪戯《いたずら》が多いために、右の掛札を掛けられたのである」、と説明した。その時に私は大いに驚いて、「それは日本の青年の不作法が原因をなしておる。しかしながら、かく些細《ささい》なことでも、とにかく差別的の待遇を受けるということは、日本として心苦しい話だ。こういうことが段々増長して行くと、終には両国の間に如何なる憂うべきことが生ずるかも知れぬ。さなきだに東西洋の人種間には、種族の関係、宗教の関係というものは、かくのごとく親しんでおるとも、いまだ全く融和したとは言えないように思うのに、そういうことが現れたのは、真に憂うべきことである。領事に職を奉ずる人は、充分御注意をして欲しいものだ」と言って別れたが、これが三十五年の六月の初めであった。ついで市俄古《シカゴ》、紐育《ニューヨーク》、「ボストン」、費府《フィラデルフィア》を経て華盛頓《ワシントン》に往った。ここで時の大統領ルーズヴェルト氏に謁見《えっけん》することができた。その他にもハリマン、ロックフェラー、スチルマンなどの亜米利加で有名なる人々にも面会した。初めルーズヴェルト氏に面会した時に、ル氏は頻りに日本の軍隊と美術とについて、賞讃の辞を与えられた。日本の兵は勇敢にして軍略に富み、かつ仁愛の情けに深く、節制ありて極めて廉潔である。それは北清事件《ほくしんじけん》の時に、亜米利加の軍隊が行動をともにしたによりて、日本の軍隊の善良なるを見て、敬服したということであった。また美術も欧米人が如何に羨望《せんぼう》しても、企て及ばざる一種の妙味《みょうみ》を有《も》っておると言って賞《ほ》めた。私はこの時に、「自分は銀行家であって美術家ではない。また軍人でないから軍事も知らない。しかるに閣下は私に向かって、軍事と美術だけをお賞め下すったが、次回に私が閣下にお目に掛かる時には、日本の商工業に対して御賞讃のお言葉のあるように、不肖ながら私は国民を率いて努めるつもりである」と答えた。これに対してル氏がいうには、「私は日本の商工業が劣っておるという意味をもって、他を褒めた訳ではなかった。つまり軍事と美術とが先に自分の眼についたから、日本の有力なる人に向かっては、まず日本の長所を述べるのが宜《よ》いと思ったのである。決して日本の商工業を軽蔑《けいべつ》したのではない。私の言葉が悪かったのだから、悪い感じを持って下さらぬようにして欲しい」。「イヤ決して悪い感じは持ちませぬ。閣下が日本の長所を褒めて下さったのはありがたいけれども、私は商工業が第三の日本の長所たるようになりたいと、頻りに苦心しておるのである」と言って、胸襟《きょうきん》を披《ひら》いて談話したことがある。その後亜米利加の各地において、種々の人々にも会い、いろいろの物にも接触して、誠に愉快なる旅行を了《おわ》って帰朝したのである。

資本家と労働者は協力しあう

惟《おも》うに社会問題とか労働問題等のごときは、単に法律の力ばかりをもって解決されるものではない。例えば一家族内にても、父子、兄弟、眷属《けんぞく》に至るまで各々、権利義務を主張して、一も二も法律の裁断を仰がんとすれば、人情は自ずから険悪となり、障壁はその間に築かれて、事毎に角突き合いの沙汰《さた》のみを演じ、一家の和合団欒《だんらん》はほとんど望まれぬこととなるであろう。余は富豪と貧民との関係も、またそれと等しきものがあろうと思う。かの資本家と労働者との間は、従来家族的の関係をもって成立し来ったものであったが、俄《にわか》に法を制定して、これのみをもって取り締まろうとするようにしたのは、一応もっともなる思い立ちではあろうけれども、これが実施の結果、果たして当局の理想通りに行くであろうか。多年の関係によって資本家と労働者との間に、折角結ばれた所の言うに言われぬ一種の情愛も、法を設けて両者の権利義務を明らかに主張するようになれば、勢い疎隔さるるに至りはすまいか。それでは為政者側が骨折った甲斐《かい》もなく、また目的にも反する次第であろうから、ここは一番深く研究しなければならぬ所であろうと思う。

試みに余の希望を述ぶれば、法の制定はもとよりよいが、法が制定されておるからといって、一も二もなくそれに裁断を仰ぐということは、なるべくせぬようにしたい。もしそれ富豪も貧民も王道をもって立ち、王道はすなわち人間行為の定規であるという考えをもって世に処すならば、百の法文、千の規則あるよりも遥《はる》かに勝ったことと思う。換言すれば、資本家は王道をもって労働者に対し、労働者もまた王道をもって資本家に対し、その関係しつつある事業の利害得失は、すなわち両者に共通なる所以を悟り、相互に同情をもって始終するの心掛けありてこそ、初めて真の調和を得らるるのである。果たして両者がこうなってしまえば、権利義務の観念のごときは、いたずらに両者の感情を疎隔せしむる外、ほとんどなんらの効果なきものと言って宜《よ》かろう。余が往年欧米漫遊の際、実見した独逸の「クルップ」会社のごとき、また米国「ボストン」附近の「ウォルサム」時計会社のごとき、その組織が極めて家族的であって、両者の間に和気靄然《わきあいぜん》たるを見て、すこぶる嘆称《たんしょう》を禁じ得なかった。これぞ余がいわゆる王道の円熟したるもので、こうなれば法の制定をして、幸いに空文に終わらしむるものである。果たしてかくのごとくなるを得ば、労働問題もなんら意に介するに足らぬではないか。

しかるに、社会にはこれらの点に深い注意も払わず、みだりに貧富の懸隔を強制的に引き直さんと、希《こいねが》う者がないでもないけれども、貧富の懸隔はその程度においてこそ相違はあれ、いつの世、如何なる時代にも、必ず存在しないという訳には行かぬものである。もちろん国民の全部が、ことごとく富豪になることは望ましいことではあるが、人に賢不肖の別、能不能の差があって、誰も彼も一様に富まんとするがごときは望むべからざる処、したがって富の分配平均などとは思いも寄らぬ空想である。要するに、富むものがあるから貧者《ひんしゃ》が出るというような論旨の下《もと》に、世人が挙《こぞ》って富者《ふうしゃ》を排擠《はいせい》〔排斥〕するならば、如何にして富国強兵の実を挙ぐることができようぞ。個人の富は、すなわち国家の富である。個人が富まんと欲するに非ずして、如何でか国家の富を得べき、国家を富まし自己も栄達せんと欲すればこそ、人々が、日夜勉励するのである。その結果として貧富の懸隔を生ずるものとすれば、そは自然の成り行きであって、人間社会に免るべからざる約束とみて諦《あきら》めるより外、仕方がない。とはいえ、常にその間の関係を円満ならしめ、両者の調和を図ることに意を用うることは、識者の一日も欠くべからざる覚悟である。これを自然の成り行き、人間社会の約束だからと、そのなるままに打ち棄ておくならば、遂に由々しき大事を惹起《じゃっき》するに至るは、また自然の結果である。ゆえに禍を未《み》萌《ほう》に防ぐの手段に出で、宜しく王道の振興に意を致されんことを切望する次第である。

悪い競争をしてはいけない

御互い実業者側、ことに輸出貿易に従事する諸君に向かって商業道徳というと、商業にのみ道徳があるように聞こゆるが、道徳というものは世の中の人道であるから、単に商業家にのみ望むべきものでない。商業の道徳はかくある、武士の道徳はこうである、政治家の道徳は斯様《かよう》であると、何か官服の制度見たように、線が三つあるとか四つあるとかいうごとき変わったものではない。人道であるからすべての人が守るべきもので、孔子の教えでいうならば「孝悌〔父母に孝行し兄に従うこと〕は仁をなす本《もと》」というように、初め孝悌から踏み出して、それから大きく仁義にもなり、忠恕〔自分の良心に忠実となり、他人を思いやること〕にもなる。これを総称して道徳というようになって来るのであろう。そういう広い人道的の道徳でなくして、商売上ことに輸出営業などについて注意を望むのは、競争に属する道徳である。これは特に申し合わせて、その間の約束を道徳的に堅固にしたいと、余は希望して止まぬのである。すべて物を励むには競うということが必要であって、競うから励みが生ずるのである。いわゆる競争なるものは、勉強または進歩の母というは事実であるけれども、この競争に善意と悪意との二種類があるようである。一歩進んで言うならば、毎日人よりも朝早く起き、善い工夫をなし、智恵と勉強とをもって他人に打ち克つというは、これすなわち善競争である。しかしながら他人が事を企てて世間の評判が善いから、これを真似て掠《かす》めてやろうとの考えで、側《はた》の方からこれを侵すというのであったら、それは悪競争である。簡単にはかく善悪二つに言い得るけれども、そもそも事業は百端《たん》で、したがって競争もまた限りなく分かれて来る。しかして、もしこの競争の性質が善でなかった場合は、おのれ自身には事によりて、利益ある場合もあろうけれども、多くは人を妨げるのみならず、おのれ自身にも損失を受くる。単に自他の関係のみに止まらずして、その弊害やほとんど国家にまで及ぶ。すなわち、日本の商人は困ったものだと、外国人に軽蔑されるようになって来るだろうと思う。ここに至るとその弊や実に大である。ここに御会合の方々には、かかることは断じてあるまいが、もしもありてはと、婆心《ばしん》を述ぶるのである。しかし世間押し並べてこの弊害が多いと聞いておる。ことに雑貨輸出の商売などについて、悪い意味なる競争、すなわち道徳に欠くる所ある事柄が、人を害しおのれを損じ、併せて国家の品位を悪くする。商工業者の位置を高めようと相互に努めつつ、反対に低めるということになるのである。

しからば如何なる具合に経営したら宜いかと言うならば、すべからく事実によらねば言明はできかねるが、余が思うには善意なる競争を努めて、悪意なる競争は切に避けるのである。この悪意なる競争を避けるということは、つまり相互の間に商業道徳を重んずるという強い観念をもって固まっておったならば、勉強するからとて悪意の競争にまで陥るということはなく、ある度合いにおいてこうしてはならぬという寸法は、あえて「バイブル」を読まぬでも、論語を暗《そら》んじぬでも必ず分かるであろうと思う。元来この道徳というものは、あまりむずかしく考えて、東洋道徳でいうならば、四角の文字を並べ立てると、ついに道徳がお茶の湯の儀式見たようになって、一種の唱え言葉になって、道徳を説く人と、道徳を行なう人とが別物になってしまう。これははなはだ面白くない。

全体道徳は日常にあるべきことで、チョッと時を約束して間違わぬようにするのも道徳である。人に対して譲るべきものは、相当に譲るも道徳である。またある場合には、人よりは先にして人に安心を与えてやるというのも道徳である。事に臨んでは義侠心《ぎきょうしん》〔強気をくじき弱気を助けること〕も持たなければならぬ。これも一種の道徳である。チョッと品物を売るについても、道徳はその間に含んでおる。ゆえに道徳というものは、朝に晩に始終付いておるものである。しかるに道徳を大層むずかしいものにして、隅の方に道徳を片付けておいて、さて今日からは道徳を行なうのだ、この時間が道徳の時間だというような、億劫《おっくう》なものではない。もし商工業などについての競争上の道徳というものがあったら、前来繰り返せし通り、善意競争と悪意競争、妨害的に人の利益を奪うという競争であれば、これを悪意の競争というのである。しからずして品物を精撰《せいせん》した上にも精撰して、他の利益範囲に喰《く》い込むようなことはしない。これは善意の競争である。つまりこれらの分界は、何人でも自己の良心に徴して判明し得ることと思う。

これを要するに、何業にかかわらず、自己の商売に勉強は飽くまでせねばならぬ。また注意も飽くまでせねばならぬ。進歩は飽くまでせねばならぬのであるが、それと同時に悪競争をしてはならぬということを、強く深く心に留めておかねばならぬのである。

重役にはモラルが必要

現代における事業界の傾向をみるに、まま悪徳重役なる者が出でて、多数株主より委託された資産を、あたかも自己専有のもののごとく心得、これを自儘《じまま》〔自分の思いどおりにする〕に運用して私利を営まんとする者がある。それがため、会社の内部は一つの伏魔殿《ふくまでん》〔悪事・陰謀などが陰で絶えずたくらまれている所〕と化し去り、公私の区別もなく秘密的行動が盛んに行なわれるようになって行く。真に事業界のために痛嘆すべき現象ではあるまいか。

元来、商業は政治などに比較すれば、かえって機密などということなしに経営して行かれるはずのものであろうと思う。ただ銀行においては、事業の性質として幾分秘密を守らねばならぬことがある。例えば、誰に何ほどの貸付があるとか、それに対してどういう抵当が入っているとかいうことは、徳義上これを秘密にしておかねばならぬことであろう。また一般商売上のことにても、如何に正直を主とせねばならぬとはいえ、この品物は何ほどで買い取ったものだが、今これこれに売るからいくらの利益のあるというようなことを、わざわざ世間へ触れまわす必要もあるまい。要するに、不当なることさえないならば、それが道徳上必ずしも不都合の行為となるものではあるまいと思う。しかし、これらのこと以外において、現在有るものを無いといい、無いものを有るというがごとき、純然たる嘘をつくのは断じて宜《よろ》しくない。ゆえに正直正銘の商売には、機密というようなことは、まず無いものとみて宜しかろう。しかるに社会の実際に徴すれば、会社において無くてもよいはずの秘密があったり、有るべからざる所に私事の行なわれるのは、如何なる理由であろうか。余はこれを重役にその人を得ざるの結果と、断定するに躊躇《ちゅうちょ》せぬのである。

しからばこの禍根は、重役に適任者を得さえすれば、自ずから絶滅するものであるか。適材を適所に使うということは、なかなか容易のものではなく、現在にても重役としての技倆《ぎりょう》に欠けた人で、その職にあるものが少なくない。例えば、会社の取締役もしくは監査役などの名を買わんがために、消閑〔退屈しのぎ〕の手段として名を連ねている、いわゆる虚栄的重役なるものがある。かれらの浅薄《あさはか》なる考えは厭《いと》うべきものだけれども、その希望の小さいだけに、差したる罪悪を逞《たくま》しゅうするというような心配はない。それからまた好人物だけれども、その代わり事業経営の手腕の無いものがある。そういう人が重役となっていれば、部下にいる人物の善悪を識別するの能力もなく、帳簿を査閲《さえつ》する眼識もない。ために、知らず識らずの間に部下の者に愆《あや》まられ、自分から作った罪でなくとも、ついに救うべからざる窮地に陥らねばならぬことがある。これは前者に比すると、やや罪は重いが、しかしいずれも重役として故意に悪事をなした者でないことは明らかである。しかるに、それら二人の者よりさらに一歩進んで、その会社を利用して自己の栄達を計る踏み台にしようとか、利欲を図る機関にしようとかいう考えをもって、重役となる者がある。かくのごときは、実に宥《ゆる》すべからざる罪悪であるが、それらの者の手段としては、株式の相場を釣り上げておかぬと都合が悪いと言って、実際は有りもせぬ利益を有るように見せかけ、虚偽の配当を行なったり、また事実払い込まない株金を払い込んだように装いて、株主の眼を瞞着《まんちゃく》〔ごまかす〕しようとする者なぞもあるが、これらのやり方は明らかに詐欺の行為である。しかして彼らの悪手段はいまだそれくらいにては尽きない。その極端なる者に至りては、会社の金を流用して投機をやったり、自己の事業に投じたりする者もある。これでは最早窃盗と択ぶ所がない。畢竟するにこの種の悪事も、結局その局に当たる者が、道徳の修養を欠けるよりして起こる弊害で、もしもその重役が誠心誠意事業に忠実であるならば、そんな間違いは作りたくも造れるものでない。自分は常に事業の経営に任じては、その仕事が国家に必要であって、また道理に合するようにして行きたいと心掛けて来た。たといその事業が微々たるものであろうとも、自分の利益は小額であるとしても、国家必要の事業を合理的に経営すれば、心は常に楽しんで事に任じられる。ゆえに余は論語をもって商売上の「バイブル」となし、孔子の道以外には一歩も出まいと努めて来た。それから余が事業上の見解としては、一個人に利益ある仕事よりも、多数社会を益して行くのでなければならぬと思い、多数社会に利益を与えるには、その事業が堅固に発達して繁昌して行かなくてはならぬということを常に心していた。福沢翁の言《げん》に「書物を著しても、それを多数の者が読むようなものでなくては効能が薄い。著者は常に自己のことよりも、国家社会を利するという観念をもって、筆を執らなければならぬ」という意味のことがあったと記憶している。事業界のこともまたこの理に外ならぬもので、多く社会を益することでなくては、正径〔正しい道〕な事業とは言われない。仮に一個人のみ大富豪になっても、社会の多数がために貧困に陥るような事業であったならば、どんなものであろうか。如何にその人が富を積んでも、その幸福は継続されないではないか。ゆえに、国家多数の富を致す方法でなければいかぬというのである。

志以発レ言、言以出レ信、信以立レ志、参以定レ之。　左伝

志以《こころざしもっ》て言《げん》を発《はっ》し、言以《げんもっ》て信《しん》を出《いだ》し、信以《しんもっ》て志《こころざし》を立《た》て、〔この志・言・信の〕参以《さんもっ》て之《これ》（身）を定《さだ》む。

【訳】志（想い）があってことばとなり、そのことばが信頼を生み、その信頼が守られて想いが伝わる。この三つ（志・言・信）があってはじめて身が定立するのだ。

第八章

武士道で実業をする

「実業と士道」

武士道で実業をする

『実業と士道』の章のあらすじ

武士道は、学者や武士といった立場の人だけのものではない。文明国における商工業者の立つべき道も含まれているものなのだ。

われわれは今日ここから欧米心酔の時代に別れを告げ、模倣の時代から立ち去って、自ら創造し満足するレベルに登らなければならないのだ。わが国に適するモノを作り、適さないモノを仕入れる、ただそれだけのことだ。

一日も早く道徳が、物質的な文明の進歩と肩を並べられるようにしなくてはならない。しかし、単に外国の風習ばかりを見てすぐにそれをわが国に応用しようとすれば、無理なことも出てきてしまう。その国、その社会に合うような道徳の考え方を育てるよう努力しなければならない。

欧米から入ってくる新しい文明は、みなを利益追求の科学にばかり向かわせている。悪しき風習や人々の道徳を改善せず放置するのは、国家・商業にとってよくない。商業道徳の基本信念を示し、実業家に信念の大切さを理解させる。そうして経済界の基盤を固めることが、急務の課題だ。

編集部

武士道はすなわち「実業道」である

武士道の神髄は正義、廉直《れんちょく》、義侠《ぎきょう》、敢為《かんい》〔困難に屈せずやり通す〕、礼譲等の美風を加味したもので、一言《いちげん》にしてこれを武士道と唱えるけれども、その内容に至りては、なかなか複雑した道徳である。しかして余がはなはだ遺憾に思うのは、この日本の清華たる武士道が、古来専ら士人社会のみに行なわれて、殖産功利に身を委《ゆだ》ねたる商業者間に、その気風のはなはだ乏しかった一事である。

古《いにしえ》の商工業者は、武士道に対する観念を著しく誤解し、正義、廉直、義侠、敢為、礼譲等のことを旨とせんには、商売は立ち行かぬものと考え、かの「武士は喰《く》わねど高楊枝《ようじ》」というがごとき気風は、商工業者にとっての禁物であった。惟《おも》うにこれは、時勢のしからしめた所もあったであろうけれども、士人に武士道が必要であったごとく、商工業者もまたその道が無くては叶《かな》わぬことで、商工業者に道徳は要らぬなどとはとんでもない間違いであったのである。けだし封建時代において、武士道と殖産功利の道と相背馳《あいはいち》するがごとく解せられたのは、なおかの儒者が、仁と富とは並び行なわれざるもののごとく心得たと同一の誤謬であって、両者ともに相背馳するものでないとの理由は、今日すでに世人の認容し了解された所であろうと思う。孔子のいわゆる「富と貴きとは、これ人の欲する所なり。その道をもってせずしてこれを得れば処《お》らざるなり。貧と賤《せん》とは、これ人の悪《にく》む所なり。その道をもってせずして、これを得るも去らざるなり」とは、これ誠に武士道の真髄たる正義、廉直、義侠等に適合するものではあるまいか。孔子の訓《おし》えにおいて、賢者が貧賤に処してその道を易《か》えぬというのは、あたかも武士が戦場に臨んで、敵に後ろを見せざるの覚悟と相似たるもので、また、かのその道をもってするに非ざれば、たとい富貴を得ることがあっても、安んじてこれに処らぬというのは、これまた古武士がその道をもってせざれば、一毫《いちごう》〔わずか〕も取らなかった意気と、その軌《き》を一にするものといって宜《よろ》しかろう。果たしてしからば、富貴は聖賢もまたこれを望み、貧賤は聖賢もまたこれを欲しなかったけれども、ただかの人々は、道義を本《もと》とし富貴貧賤を末としたが、古の商工業者はこれを反対にしたから、ついに富貴貧賤を本として道義を末とするようになってしまった。誤解もまたはなはだしいではないか。

想うにこの武士道は、ただに儒者とか武士とかいう側の人々においてのみ行なわるるものではなく、文明国における商工業者の、拠《よ》りてもって立つべき道も、ここに存在することと考える。かの泰西の商工業者が、互いに個人間の約束を尊重し、たとい、その間に損益はあるとしても、一度約束した以上は、必ずこれを履行して前約に背反せぬということは、徳義心の鞏固《きょうこ》なる正義廉直の観念の発動に外ならぬのである。しかるに、わが日本に於ける商工業者は、なおいまだ旧来の慣習を全く脱することが出来ず、ややもすれば道徳的観念を無視して、一時の利に趨《はし》らんとする傾向があって困る。欧米人も常に日本人がこの欠点あることを非難し、商取引において日本人に絶対の信用を置かぬのは、我邦の商工業者にとって非常な損失である。

およそ人として、その処世の本旨を忘れ、非道を行なっても、私利私欲を充たそうとすることがあったり、あるいは権勢に媚び諂《へつら》ってもその身の栄達を計らんと欲するは、これ実に人間行為の標準を無視したもので、かくのごときは決してその身、その地位を永遠に維持する所以《ゆえん》の道では無いのである。いやしくも世に処し身を立てようと志すならば、その職業の何たるを問わず、身分の如何を顧みず、始終自力を本位として、須臾《しゅゆ》も道に背かざることに意を専らにし、しかる後に自ら富み且つ栄ゆるの計を怠らざるこそ、真の人間の意義あり、価値ある生活ということができよう。今や武士道は移してもって、実業道とするがよい。日本人は飽くまで、大和魂の権化《ごんげ》たる武士道をもって立たねばならぬ。商業にまれ工業にまれ、この心をもって心とせば、戦争において日本が常に世界の優位を占めつつあるがごとく、商工業においてもまた世界に勇を競うに至らるるのである。

文明人の貧しい振る舞い

全欧の事変について、はじめ私の予想は全く外れた。すでにその観察を誤った私は、将来もまた見込み違いをするであろうと恐懼《きょうく》している。しかしながら私の観察の誤った所以は、私の予想以上に暴虐の人があったからである。いわゆる「一人貪戾《いちにんとんれい》なれば、一国乱を作《な》す」という古訓が、事実として全欧州に現れて来たからである。文明の世には有り得べからざるものとの想像が、過誤の観察となったのである。果たしてしからば、私の智《ち》の到らざりしがためでもあろうが、私はかえって文明人の貪戾〔欲が深く道理にはずれた行ないをする〕なる結果ではなかろうかと、冷笑せざるを得ないのである。

この事変の終局は如何になるであろうか。私のごとき近眼者流には、予言することはできないけれども、結局は列強並び相疲るるか、あるいは一方の威力が衰えて、その極ある条件の下に終局を見るであろうか。歴史家は、百年を経《ふ》ると地図の色が変わると言っているが、われわれはまたこれによって、商工業の勢力の移りゆく様を見ねばならぬ。将来の商工業は如何に変化するであろうか。その変化について、われわれは如何なる覚悟をもって、これに応ずべきであろうか。われわれの考慮すべき所、用意すべき点はつまりここにあるのだ。私は政治上、もしくは軍事上について述ぶることを好まぬ。またその智識をも持たぬのである。ゆえに今私の言わんと欲する所は、単に商工業に関する方面に限らるるのであるが、今後地図の変化に伴う商工業勢力範囲の変化について、適切なる準備と実行の責任とは、未来の当事者にあるのである。しかして、この未来の当事者なるものは、現時の青年を除いて外にない。青年たる者は今日よりして審思熟慮、これに対する策を講ずべきである。

いずれの国家においても、自国の商工業を発達せしめんとするには、海外にわが国産の販路を求め、人口の増殖するにおいては、領土を拡むることを講ずるのみならず、様々なる策略をもって自己の勢力の増大を図るのである。現に欧州列強が、五大州に雄飛している所以は、全くこれらの事情によるものであって、優越なる位置を占むるものは、将《とく》に優越なる国家と称せらるるのである。かの独逸皇帝、今回の行動のごとき、この点より企図せられたるものであると思われる。従来、皇帝が内地の殖産に海外の殖民に留意せらるることは容易ならざるものにて、もしも少しくその点について注意するならば、何人といえども、皇帝が何ゆえにかくまで仔細《しさい》に、心を労せられるかということを感ぜずにはおられまい。例えば、英仏に対する商工業の競争はもちろん、日露戦後、日本雑貨が各地に歓迎さるるを見れば、ただちにこれを模造する。総じて学術技芸には、能う限りの保護と便利とを与え、商工業は常に政治兵備と相連絡《れんらく》し、中央銀行のごときも力を尽くして、商工業の便宜、資金の融通を計るというように、如何に彼ら上下一致して富国に従事しているかが窺知《きち》し得られる。またその学問においても、化学、発明、技術、精妙、実に行き届くことは一通りではない。それは今回の戦乱のために、遠きわが国のごときをして、薬品染料等の欠乏に窮せしめたる事実にみるも、かの国の力が世界の隅々まで及んでいることが分かる。ゆえに自国の拡大のみを企図する貪戻心は、実に厭《いと》うべきであるが、官民一致その国の富強を務むるの努力は感服の外はないのである。

ひるがえってわが国の商工業を見るに、多くは不統一にして振るわず、ことに戦乱の影響を受け、生糸の値は下落し、綿糸綿布の販路は渋滞し、総じて取引は萎靡《いび》〔なえて衰える〕し、有価証券の価は下落し、新たなる事業は起こらざるの状態にある。しかし早晩《そうばん》これらは回復《かいふく》することも予想に難くないのであるから、この際、一時の困難は堪えがたくとも、当業者は大いに勇気を起こさねばならぬ所である。また一方にはこの事変は大いに乗ぜざるべからざる好時機と思う。今日わが実業家は、目前の不景気に畏縮《いしゅく》するようであるけれども、それははなはだ無気力の行為である。ただその着目を誤らぬようにして、戦中充分なる研究を積み、漸次実物の効果のあるように、努めて行きたいのである。ことに支那に対する商工業のごときは、境は接近しおる。人情風俗ともに欧米人に比すれば、縁故最も深いのである。しかるに、その関係においては、往々にして他列強に比して、大いに遜色《そんしょく》あるは、実に心細い極みである。吾人はすべからく進んで支那の富源を開発し、その産業を進め、その販路を拡めて、通商上の利益を増加するように心掛けねばならぬ。わが国民の今日まで支那に対する商工業経営の態度を見るに、とかく個々別々であって、その間に少しも連絡がない。独逸の政治経済機関が統一して密接な関係を保っておるのを見るにつけても、わが国民がこの歴史的においても、将《は》た人種的においても、幾多の便宜を有する国柄なるに関わらず、彼らの後《しり》えに瞠若《どうじゃく》［おどろいて目をみはる］たるようではならぬ。しかしてこの覚悟は、特にわが青年に対して最も望ましき所である。どうか今日の青年諸氏は、かかる所に注目して力を入れて貰《もら》いたいのである。

「相愛」「忠恕」の道をもって交わる

日支間は同文同種の関係あり、国の隣接せる位置よりするも、将《は》た古来よりの歴史よりいうも、また思想、風俗、趣味の共通せる点あるに徴するも、相提携せざるべからざる国柄なり。しからば奈何《いか》にして提携の実を挙ぐべきか、その方策他なし。人情を理解し、おのれの欲せざる所はこれを人に施さず。いわゆる相愛忠恕《ちゅうじょ》の道をもって相交わるにあり、すなわちその方策は論語の一章にありというべきである。

商業の真個〔まこと〕の目的が有無相通じ、自他相利するにあるごとく、殖利生産の事業も道徳と随伴して、初めて真正の目的を達するものなりとは、余の平素の持論にして、わが国が支那の事業に関係するに際しても、忠恕の念をもってこれにのぞみ、自国の利益を図るはもちろんながら、併せて支那をも利益する方法に出づるに於いては、日支間に真個提携の実を挙ぐることは、決して難いことではない。

これにつき、まず試みるべきは開拓事業であって、すなわち支那の富源を拓《ひら》き天与の宝庫を展開して、その国富を増進せしむるにある。しかしてこれが経営の方法は、両国民の共同出資による合弁事業となすが最良法である。独り開拓事業に止まらず、その他の事業においても、またその組織は日支合弁事業とするのである。かくするにおいては、日支間に緊密なる経済的連鎖を生じ、したがって、両国間に真個の提携をなし得るのである。余の関係せる中日実業会社は、この意味において、発起設立せられたるものにて、その成功を期せんとする所以もまた、ここに存するのである。

余が史籍を通じて尊敬しおる支那は、主として唐虞三代より後《おそ》きも、殷《いん》周時代であって、当時は支那の文化、最も発達し、光彩陸離たる時代である。ただし科学的智識に至りては、当時の史籍に掲げられたる天文の記事のごとき、今日の学理に合せずと言わるれども、百事を現在の支那に比較して、今日の昔時に及ばざる感あるは当然のことである。その後、西東漢《せいとうかん》、六朝《りくちょう》、唐《とう》、五代《ごだい》、宋《そう》、元、明《みん》、清《しん》に及び、いわゆる二十一史にて通覧せる所によるとも、各朝に大人物の輩出せるは言わずもがな、秦《しん》に万里の長城あり、隋《ずい》に煬帝《ようだい》の大運河あり、当時これらの大事業の目的が、那辺《なへん》に存せしかはしばらく措《お》き、その規模の宏大なる、到底今日の企て及ぶ所ではない。されば唐虞三代より殷周時代の絢爛《けんらん》たる文華を史籍によりて窺《うかが》い、これが想像を逞《たくま》しゅうして、今次《こんじ》(大正三年春)支那の地を踏み、実際につき民情を察するに及び、あたかも精緻巧妙を極めたる絵画によりて美人を想像し、実物につき親しくこれを見るに方《あた》り、初めてその想像に及ばざるの恨みを懐くと等しく、初め想像の高かりしだけ失望の度も深く、逆《ぎゃく》施倒行《しとうこう》とも言うべきか。余をして儒教の本場たる支那の到る処にて、しばしば論語を講ずるの奇観をさえ呈せしめたのである。

なかんずく、余の感を惹《ひ》きしは、支那においては上流社会あり、下層社会あるにかかわらず、その中間における国家の中堅をなす中流社会の存在せざることと、識見人格ともに卓越せる人物が少ないという訳ではないけれども、国民全体として観察するときは、個人主義利己主義が発達して、国家的の観念に乏しく、真個国家を憂うるの心に欠けたることにて、一国中に中流社会の存せざると、国民全般に国家的観念に乏しきとは、支那現今の大欠点なりというべきである。

自然の抵抗を征服せよ

世界文明の進歩に伴い、人智をもって天然の抵抗を征服し、海にも陸にも種々《しゅじゅ》交通の便利を加えて、その距離を短縮することは実に驚くばかりである。往昔、支那においては天円地方と称して、われわれの住むこの大地を方形のものと思惟《しい》せしのみならず、自国以外にはほとんど他国の存在を認めなかったのである。わが国とても当初はかかる偏狭なる見解によって、誘導啓発せられたのであるから、たまたま日本以外の国といえば、ただちに唐天竺《からてんじく》を連想《れんそう》するのみであって、さらに世界の何物たるを知らなかったのである。されば五大州の存在などいうことに至りては、夢想だも及ばなかったのである。現に余の幼時に聞ける童話中にも、その左右の翼を拡げるときは、長さ三千里にも達するという大鵬でさえも、なおかつ世界の涯際《はて》を見ることができないのであると説いたほどであった。

さて、そのごとく世界は広大無辺のものなれば、とてもわれわれの人智では、容易にこれを究むることのできるものでないとしていたのである。しかるに文明の進歩とともに、交通機関が発達して来たために、地球の面積は漸次に減縮せられ、最近の半世紀間においては、ほとんど隔世の感がある。顧みれば一八六七年、那波翁《ナポレオン》第三世が在位の時に当たり、仏国巴里《パリー》に世界大博覧会の開かるるに際し、わが徳川幕府よりは、将軍の親弟徳川民部大輔《しんていとくがわみんぶたいふ》を特命使節として差遣せられ、余は随行員の一人として渡欧したのであるが、当時一行の者は横浜より仏国郵船に乗り、印度洋《いんどよう》及び紅海《こうかい》を経て蘇士《スエズ》の地峡に到りしに、仏国人レセップ氏の経営に係る同所開鑿《かいさく》の一大工事は、すでに着手せられていたけれども、いまだ成就しなかったがため、一行は船を棄てて地峡に上がり、鉄道によりて埃及《エジプト》を横断し、「カイロー」を経て「アレキサンドリヤ」に出で、再び乗船して地中海を航し、横浜出帆以来五十五日にして、初めて仏国の「マルセーユ」に到着したのであった。かくて翌年の冬期に帰朝する時にそこを過ぎたが、なお運河の工事は竣成《しゅんせい》〔できあがる〕の運びに至らなかった。

その後(一八六九年十一月)該運河が開通して、諸国の艦船が通航を許さるるや、欧亜の交通に一生面を開き、両者間の貿易に、航海に、軍事に、外交に一大変革を来したのである。

これと同時に各国艦船は、じらい益々その形態を大にして、その速力を加えたから大西洋は言《げん》を俟《ま》たず、太平洋の面積もまた漸く減縮せられたことさえあるに、さらに進んで西伯利亜《シベリヤ》横断鉄道が竣工したので、欧亜の交通、東西の連絡上に一新紀元を開き、四海比隣の実が漸くにして挙がらんとしておる。

しかるにここに遺憾なりしは、米大陸がその半腹に帯のごとき一地峡の存するにより、地勢はために蜿蜒《えんえん》長蛇《ちょうだ》のごとく南北に走りて、いたずらに大西太平両海洋の連絡を遮断することであった。しかして、この障壁を除却することについては、レセップ氏以下いずれも多大の辛酸を嘗《な》められたのであるけれども、不幸にして比々失敗し去ったのであった。しかし、そのままに終わることはあるまいと思っておると、わが東隣友邦《とうりんゆうほう》の雄大なる経営によりて、ついに巴奈馬《パナマ》地峡開鑿の一大工事が竣成し、南北の水はすなわち相通じ、東西の半球は全く比隣と化し去らんとしつつある。東洋の諺に命長ければ恥多しというけれども、晩近《ばんきん》〔ちかごろ〕五十年間における世界交通の発達と、海運の面積の減縮とは、かくのごとく顕著なるものがあって、前後ほとんど別乾坤《けんこん》〔天地〕の観《かん》あるのを思えば、身、昭代《しょうだい》に生まれたる余慶として、長寿のむしろ幸福なりしを喜ぶのである。

適するものをつくり適さないものを仕入れる

度々識者が力説する通り、わが国民の思想には忌《い》むべき弊習がある。それはすなわち外国品偏重の悪風である。外国品だからとて別段排斥する必要がないように、これを偏重するのあまり、内地品を卑下する理由もないはずである。しかるに舶来品といえばすべて優秀なものばかりとの観念が、深く国民の上下に普及しておるのは、誠に慨嘆に堪えない。もっとも日本の文明は最近の発達で、しかも欧米諸国からの移殖に負う所がすこぶる多いために、かつては欧化主義の流行に苦しみ、今もなおその余弊として、この舶来品愛重の勢いをなしておることと思われるけれども、維新以来早くも半世紀になろうとする今日、かつまた東洋の盟主、世界の一等国をもって任じておる今日の日本国たるもの、いつまで欧米心酔の夢を見ておるのであろう。いつまで自国軽蔑《けいべつ》の不見識をあえてするつもりであろう。実に意気地のない話である。外国の「レッテル」が貼ってあるから、この石鹸《せっけん》は宜《よ》いぞと威《おど》かされたり、外国品だからこの「ウイスキー」を飲まなければ、時勢後《おく》れの人間に見られると怖れるようで、それで独立国の権威と大国民の襟度〔度量〕が、どうして保たれて行かれよう。私は実に、国民の大自覚を望むのである。われわれは今日ただ今心酔の時代と袂別《べいべつ》〔たもとをわかって別れる〕せねばならぬ。模倣の時代から去って、自発自得の域に入らねばならぬ。

有無相通《うむそうつう》〔互いにあるもののないものを融通し合うこと〕は経済の原則とはいうものの、私はいたずらに排外思想を鼓吹するものではない。物に一得一失は、ややもすれば伴うもので、先年戊申《ぼしん》詔書《しょうしょ》を降《くだ》された時も、これを極端非理な消極主義に穿《は》き違えた人々が多く、当路者が御大旨の徹底に悩まされたことがある。この国産奨励の宣伝をも、極端な消極主義、排外主義と取られては、独り発起人等の迷惑なるのみならず、ひいては国家の大損失を招くおそれがある。有無相通ずとは、数千年前から道破された経済上の原則で、この大原則に反して経済の発展は企図せられるはずがない。一県にして佐渡《さど》からは金《きん》を産し、越後からは米を産する。一国にすれば、台湾《たいわん》からは砂糖が出るし、関東地方からは生糸が出る。さらに国際間に拡大してみると、亜米利加の小麦、印度の綿花の如く、それぞれ地勢によってその産物を異にするのであるから、われわれはかの小麦粉を食し、かの綿花を購《あがな》い、そして我は生糸、綿糸を売って行くべきである。この点は特に注意して、わが国に適する物を作り、適せない物を仕入れることを過らぬようにせねばならぬ。

次に、われわれは奨励会の事業を選択しておく必要がある。奨励はその声ばかりでも効益は少ないが、折角、会組織にしたのであるから、ぜひ目的を貫徹するために実際の事業に着手し、範《はん》を天下に示すべきである。目下の所では会報を発行する以外、具体的に決定したものはないが、規則書にもある通り、今後は国産の調査研究、共進会の開催、講和会の開催、商品陳列場の完備、一般の質疑応答、輸出奨励策等を実施して行くのである。特に研究所の設立、産業上の注意、市場または製品の紹介、試験分析、証明の依頼に応ずることなどは、裨益《ひえき》〔役に立つこと〕する所、大なるものがあろうと思う。しかして事業の成否は、一つに係って各人の双肩にあるのだから、お互いにこの会の発展と利用とに力を注がねばならぬ。

最後に当局者に一言しておきたいことは、奨励は大いにこれを努めねばならぬが、不自然不相応の奨励を行なえば、終に無理ができる。親切なやり方も、かえって不親切な結果となり、保護したつもりが、干渉束縛となる。ことに商品の試験及び紹介をする際には、私利私情を離れて一つに邦家《ほうか》のためを念《おも》い、公平と親切とを忘れざらんことを切望しておく。さらにまた、日本品使用の機運が動いたのを奇貨として、詰まらぬ物を粗製濫造《そせいらんぞう》し、忠良なる国民を欺瞞《ぎまん》し、一時の私腹を肥やさんと試むる商売人もあろう。かくのごときもまた、国産の発達を阻害すること尠少《せんしょう》〔少し〕でないから、相警《あいいまし》めてかかる不逞漢《ふていかん》の輩出を防がねばならぬのである。

人や時間の無駄遣いをしない

われわれが始終——ことに私などは、それについて恥じ入って、諸君にも始終迷惑をかけるが、この物の切り盛りのつかぬために、無駄な時間を費やす。これがどうも事物の進むほど、注意せねばならぬことと思う。したがって、これが極端に行くと、能率が大変に悪くなる。能率の悪いということは、職工か何かにある語ですが、職工ばかりではない。通常の事務を処する人でも、チャンと時の決まりが充分付いて、この時間にこれだけの事をするということを、遅滞なく完全に遂げて行くことができると、いわば人を多分に使わぬでも、仕事はたくさんにできて来る。すなわち能率が宜《よ》くなる。事務においても、なおしかりと思う。自身にそう思うが、さらば日本の諸君が、私ばかりが悪くて他の方はまことにその権衡を得て、一日何時間働く、その働く時間は仕事に従事をしておる分量が、まことに完全に、時計の刻むがごとくやれ得るかというと、決してそうでない。あるいは、使わぬでも宜い人を大いに使い、一度で済むことを三度も人を走らせたり、そうして用は左までもでない。費府《フィラデルフィア》でワナメーカーが私を接待してくれた、その時間の遣い方などを見て、ああ感心なものだ、なるほど、こうやるとまことに少ない時間にチャンと多くのことができて、その日の仕事が完全に届くと思って、すこぶる敬服したのである。すでにテーラーという人が、こういう手数を省くことについて大いに説をなして、ある雑誌に池田藤四郎《いけだとうしろう》という人がこれを書いてある。能率を増進するという論であるが、私は初め工場の職工か何かについて言ったものとばかり思っていた所がそうでない。もう日々お互いの間に始終ある。ワナメーカーが私を待遇した有様を見ると、何も別に変わったことでもないが、丁度「ピッツブルグ〔＝ピッツバーグ〕」の汽車が五時四十分に費府に着く、着いたならば自働車を出しておく、六時までに私の店に来られるから、「ホテル」に寄らずにすぐ来てくれ、こういう案内であった。そこで指図通り費府に着くと宿にも寄らず、すぐ自働車で行くと、六時二分か三分に着いた。先生は店に待っておって、ただちに私を案内して、まず店の有様を一通り見せた。まことに目を驚かすような大きな店で、入口には大きな両国の国旗を建て、立派な華電灯《はなでんとう》を盛んに点じて、しかもその日に来た多数の客がまだ帰らずに待っておったから、何か大きな劇場の「ハネ」にでも出会ったような塩梅《あんばい》に群集をなしている。そこを主人が案内して連れて歩く。まず下の方の陳列場をズッと通りながら観て、それから「エレベーター」で二階へ上ると、まず第一に見せたのは料理場、すっかり掃除して綺麗《きれい》になっていたが、これは上等の客の仕出しをする所、その次は普通の客の仕出しをする所、「コック」の有様はこうである。その次には秘密室といって、何か店のことについて秘密な協議をする所であるが、四、五千人の会議ができるというほどの広さである。それから教育をする場所、店の人にごく当用の教育を与える所、これらの諸所を見せた時間が、やがて一時間ぐらい。それが済んで七時頃に私が「ホテル」に帰る時に、ワナメーカーが「明朝は八時四十五分にお前を訪ねる。それなら朝餐《あさめし》は済むだろう」。――「済みます」。丁度翌朝の八時四十五分にキチンと来た。「これから大分長い話をして、正午頃まで話をして宜《よ》いか」、「宜《よろ》しい」というからして、しきりに日曜学校に力を入れた理由は斯様《かよう》である、一体お前の出身はどういう人であるというようなことから、段々談話が込み入って、ついそのために一時間も彼は余計、予期したよりも長き話をしたかと思う。「昼餐になるから私は帰る。二時に来るから、それまでに支度をして待っててくれ」。それからまた二時にキチンと来て、今度は日曜学校の会堂に案内される。その会堂は当人の建てたものか否かは知らないが、なかなか立派な会堂で、総体では二千人も入るという。大勢の会員がいる。いつもこの通りで、「別に貴方《あなた》が来たから多くの人を集めたのではない」といっていた。牧師が聖書を講演し、それから讃美歌がある。それが終わるとワナメーカーが、私を紹介的の演説をした。それから私にも、日曜学校について感じたことを言えということで、私も演説をした。さらに、それに向かってワナメーカーが――この時には私も少し弱りました――「ぜひ孔子教を止めて基督《キリスト》教に宗旨変えをせよ」と直接談判を大勢の前で迫られた。これには私も返答に苦しんだ。それが終わると、すぐ隣の婦人の聖書研究会に行って演説し、次いで一、二丁隔った所の労働的種類の人が集まって、聖書を研究する所に行き、彼は「東洋からこういう老人が来たから、ぜひ握手したら宜かろう」といったので、四百人もいた残らずに、しかも向こうは労働者であるから、強く握られるので手が痛くなるくらいであった。やがて五時半頃になった。六時に立って田舎へ行かねばならぬ約束があるので、一緒に旅宿の前まで来て別れる時に、「ぜひもう一遍会いたいが、何とか途は無かろうか」という話、――「紐育《ニューヨーク》にはいつ行く」。「三十日に行って来月四日まで滞在している」。「しからば私は二日に紐育に行く用事がある。その時もう一遍会おう」。「何時か」。「午後の三時には立ってこの地に帰らねばならぬ」。「しからば二時から三時までの間に、紐育の貴方の店に行こう」と約束し、二日の二時半、三時少し前ぐらい、少し遅くなってやり損なっては大いに困ると思い、大急ぎで行くと、すぐさま「お前よく来てくれた。これで満足だ」。「私も満足である」。「実はお前に御《ご》馳走《ちそう》はできぬから、書物を進《あ》げたい」といって、リンコルン〔＝リンカーン〕の伝記、ゼネラル・グランドの伝記その他のものを与え、かつ簡単に両氏の崇高なる人格を語り、自分もグランド将軍歓迎委員長であったことなどを語り合いて別れたが、その切り盛りに一つも無駄がない。話もまた適切である。私は実に敬服した。時間を無駄に使わぬこと、かくごとくなれば、例の能率が如何にも増進するであろう。別に物を拵《こしら》える訳ではないが、つまり、われわれが時間を空費してるのは、丁度物を製作する場合に手を空しくしてると同じことであるから、これはお互いに注意して人間を無駄に使わぬはもちろんのこと、われ自身をどうぞ無駄に使わぬように心掛けたいと思う。

なぜ商道徳は衰えたのか

世人ややもすれば、維新以後における商業道徳は、文化の進歩に伴わずして、かえって衰えたという。しかしながら、余は何ゆえに道徳が退歩、もしくは頽廃《たいはい》したか、その理由を知るに苦しむ者である。これを昔日の商工業者に比すれば、今日の商工業者とそのいずれが道徳観念に富み、いずれが信用を重んずるであろうか。余は今日をもって遥《はる》かに昔日に優るものと断言するに憚《はばか》らぬけれども、今日他の事物の進歩した割合に道徳が進んでおらぬとは、すでに前説のごとくであるから、余は必ずしも世人の説を駁《ばく》する訳ではない。ただ吾人のこの間に処するものは、かくのごとき世評の生ずる理由を詮索《せんさく》し、一日も早く道徳をして、物質的文明と比肩せしめ得るの程度に、向上させなくてはならぬ。それは前に述べたるがごとき方法の下《もと》に、道徳を講ずるのが先決問題であろう。しかし、それとても特別の工夫方法を要する訳でなく、ただ日常の経営において、左様心掛けておれば足るのであるから、左までむずかしいものではない。

維新以来、物質的文明が急激なる発達をなしたるに反し、道徳の進歩がそれに伴わなかったので、世人はこの不釣合いの現象に著しく注目して、商業道徳退歩というのであるとして見れば、仁義道徳の修養に心を用い、物質的進歩と互角の地位に進ませるが、目下の急務には相違ないが、一面から考察してみると、単に外国の風習ばかりを見て、ただちにこれをわが国に応用せんとすれば、あるいは不可能を免れぬこともある。国、異なれば道義の観念もまた自ずから異なるものであるから、仔細《しさい》にその社会の組織風習に鑑み、祖先以来の素養慣習に考え、その国、その社会に適応する所の、道徳観念の養成を務めなければならぬものである。一例を挙ぐれば、「父召せば諾なし、君命じて召せば駕《が》〔乗り物〕を待たずして行く」とは、すなわち、日本人が君父に対する道徳観念である。「父召せば声に応じて起ち、君命じて召すことあれば、場合を問わずして、ただちに自ら赴く」とは、古来日本人士の間に自然的に養成されたる一種の習慣性である。しかるに、これを個人本位の西洋主義に比較すれば、その軒輊《けんち》〔優劣の差〕は非常なもので、西洋人の最も尊重する個人の約束も、君父の前には犠牲として、あえて顧みぬも宜《よ》いということになる。日本人は、忠君愛国の念に富んだ国民であると称揚さるるかたわらから、個人間の約束を尊重せぬとの誹謗《ひぼう》を受くるのも、要するにその国固有の習慣性がしからしめたので、われと彼では、その重んずる所のものに差異がある。しかるに、そのよって来たる所以《ゆえん》を究めずして、いたずらに皮相の観察を下し、一概に日本人の契約観念は不確実である、商業道徳は劣等であると非難するは、あまりに無理であるというより外はない。

かく論ずればとて、余が日本の商業道徳の現在に満足せぬことは、もちろんである。とにかく、近頃の商工業者の間に、あるいは道徳観念が薄いとか、あるいは自己本位に過ぎるとかいう評を加えられることは、当業者の相互の警戒せねばならぬことではあるまいか。

功利学の弊害を取り除く

日本魂《やまとだましい》、武士道をもって誇りとするわが国の商工業者に、道義的観念の乏しいということは、実に悲しむべきことであるが、そも、そのよって来たるところを繹《たず》ぬれば、従来因襲する教育の弊であると思う。予は歴史家にあらず、また学者にあらざれば、遠くその根源を究むることはできないけれども、かの「民ハ可クレ使ムレ由ラレ之ニ、不レ可カラレ使ムレ知ラレ之ヲ（民はこれに由らしむべく、これを知らしむべからず）」という、朱子派の儒教主義は、近く維新前まで文教の大権を掌握せる林家〔林羅山《はやしらざん》を祖とする朱子学〕の学によって、その色彩を濃厚にし、被治者階級に属する農工商の生産界は、道徳の天則外に放置せらるるとともに、おのれまた自ら、道義に束縛せらるるの必要なしと感ずるに至った。

この学派の師宗朱子その人が、ただ大学者というまでにて、実践躬行《じっせんきゅうこう》〔みずから実効すること〕、口に道徳を説き、身に仁義を行なう底の人物でなかったから、林家の学風も、儒者は聖人の学説を講述する者、俗人はこれを実地に行なうべきものとし、説く者と行なう者との区別を生じ、これが結果として、孔孟のいわゆる民、すなわち被治者階級に属する者は、ただ命これ奉じて、一村一町の公役行事を怠らざれば足るという、卑屈根性を馴致《じゅんち》〔なれさせる〕し、道徳仁義は治者のなすべきこと、百姓は政府より預かりたる田畑を耕し、町人は算盤の目をせせってさえいれば、能事《のうじ》〔なすべきこと〕了《おわ》るという考えが、習い性をなして国家を愛するとか、道徳を重んずるとかいう観念は、全く欠乏したのである。

鮑魚《ほうぎょ》の市に入るものは、自らその臭を知らずといえば、かかる数百年の悪風に養われ、いわゆる糞厮《ふんし》の臭きを忘れたるものを薫化し、陶冶《とうや》〔才能などを練ってつくりあげる〕し、天晴れ有道の君子的人物となすは、もとより容易のことではないのに、欧米の新文明の輸入は、この道義的観念の欠乏に乗じ、翕然《きゅうぜん》〔多くのものが集まって一つになるさま〕として功利の科学に向かわしめ、いよいよその悪風を助長することとなった。

欧米にも倫理の学は盛んである。品性修養の声もはなはだ高い。しかし、その出発点が宗教によりて、わが国の民性と容易に一致しがたき所があるより、最も広く歓迎せられ、最も大なる勢力となったのは、この道徳的の観念ではなくして、利を増し産を興すに覿面《てきめん》の効果ある科学的智識、すなわち功利の学説である。富貴は人類の性欲とも称すべきではあるが、初めより道義的観念の欠乏せる者に向かって、教うるに功利の学説をもってし、薪《たきぎ》に油を注いでその性欲を煽《あお》るにおいては、その結果はけだし知るべしではないか。

往時の下級生産者より出でて、天晴れ身を立て家を興し、一躍具瞻《ぐせん》〔衆人が共に仰ぎ見ること〕の地位に進みたる人も、もとより少なくないが、これらの人々は果たして道徳仁義に終始し、正路《せいろ》に歩《ほ》し公道を進み、俯仰《ふぎょう》〔立ち居ふる舞い〕天地《てんち》に怍《はず》るなきの心事をもって、よく今日に至った者であろうか。関係の会社銀行等の事業を盛大ならしむべく、昼夜不断の努力を尽くすは、実業家としてまことに立派のことである。その株主に忠なる者と称するも不可なしであるけども、もし会社銀行のために尽くす精神が、よってもって自ら利せんとする、いわゆる利己の一念に止まりて、株主の配当を多くするのは、自家の金庫を重からしむるためなりとせば、もし会社銀行を破産せしめ、株主に欠損を与うるをもって、自己の利益が多いという場合に際会したならば、あるいはこれを忍ぶやも測られない。孟子のいわゆる「奪わずんば饜《あ》かず〔満足しない〕」とは、すなわちこれである。

また富豪巨商に仕えて、一意主家のために尽瘁《じんすい》する者のごときも、ただその事蹟より見れば、克《よ》く仕うる所に忠なる者ということはできるが、その忠義的行為が、全く自家損得の打算より発し、主家を富ましむるは自ら富む所以、番頭手代と見下げらるるは面白からざるも、実際の収入は遥かに尋常事業家に優るものあれば、われは名を捨て得を取るなりとの心事より出でたるものなるときは、その忠義振りも帰する所は利益問題の四字に止まり、同じく道徳の天則外にあるものといって差し支えあるまい。

しかるに、世人はこの種の人物を成功者として尊敬し羨望《せんぼう》し、青年後進の徒もまたこれを目標として、何とかしてその塁を摩せん〔地位を同等にする〕とするに腐心する所より、悪風滔々《とうとう》として底止するところを知らざる勢いとなっておる。かくいえば、わが商業者のすべては皆、腐心背徳の醜漢《しゅうかん》のようであるが、孟子も「人の性は善なり」と言えるごとく、善悪の心は人皆これあれば、なかには君子的人物であって、深く商業道徳の頽廃を慨し、これが救済に努力しおる者も少なくないが、何にせよ既往数百年来の弊習《へいしゅう》を遺伝し、功利の学説によりて悪き方面の智巧を加えたる者を、一朝有道の君子たらしむるは、容易に望み得らるべきではない。さりとて、それをこのままに放任するは、根なき枝に葉を繁らし、幹なき樹に花を開かしめんとするものにて、国本培養も商権拡張も、到底得て望むべきに非ざれば、商業道徳の骨髄にして、国家的、むしろ世界的に直接至大の影響ある、信の威力を闡揚《せんよう》〔明らかにする〕し、わが商業家のすべてをして、信は万事の本《もと》にして、一信よく万事に敵するの力あることを理解せしめ、もって経済界の根幹を堅固にするは、緊要中の緊要事である。

なぜ商売は軽んじられるのか

由来競争は何物にも伴うもので、その最も激烈を極むるものは競馬《けいば》とか、競漕《きょうそう》とかいう場合である。その他朝起きるにも競争がある。読書するにも競争がある。また、徳の高い人が徳の低い人から尊重されるにも、それぞれ競争がある。けれども、これら後の方のものにおいては、あまり激烈なものは認めない。しかるに競馬、競漕となると、命を懸けても構わないというほどになる。自己の財産を増すについてもこれと同様で、激烈なる競争の念を起こし、彼よりもわれに財産の多からんことを欲する。その極、道義の観念も打ち忘れて、いわゆる目的のためには手段を択ばぬというようにもなる。すなわち同僚を誤り、他人を毀《こぼ》ち、あるいは大いに自己を腐敗する。古語に、「富をなせば仁ならず」というのも、畢竟そういう所から出た言葉であろう。アリストートルは、「すべての商売は罪悪なり」と言っているそうであるが、それはまだ人文の開けぬ時代のことで、如何に大哲学者の申し分とあっても、真面目には受け取れない。しかし孟子も、「富をなせば仁ならず、仁をなせば富まず」と言っているから、等しく味わうべき言葉である。

思うに、かくのごとく道理を誤るようになったのは、一般の習慣のしからしめた結果といわなければならぬ。元和《げんな》元年に大坂方が亡び、徳川家康が天下を統一し、武を偃《ふ》せてまたこれを須《もち》いない時代となって以来、政治の方針は一に孔子教より出ておったようである。その以前、支那あるいは西洋に相当の接触もしたのであるが、たまたま「ゼシュイット」教徒が、日本に対して恐るべき企てを持っているかに見えたことがあった。あるいは宗教によって国を取るの を、その趣意としておるなどという書面が、和蘭《オランダ》から来たというようなことから、海外との接触を全く絶って、わずか、長崎の一局部においてのみこれを許し、内は全く武力をもってこれを守り治めた。しかして、その武力をもって治める人の遵奉《じゅんぽう》〔したがい、固く守る〕したのは、実に孔子教であった。修身、斉家《せいか》、治国、平天下《へいてんか》の調子で治めるというのが、幕府の方針であった。ゆえに武士たる者はいわゆる仁義孝悌《こうてい》忠信の道を修めた。そうして仁義道徳をもって人を治める者は、生産利殖などに関係する者でない。すなわち、「仁をなせば富まず、富をなせば仁ならず」を事実において行ったのである。人を治める方は消費者であるから、生産には従事しない。生産利殖のことをするのは、人を治め、人を教うる者の職分に反するものとして、いわゆる「武士は喰わねど高楊枝《たかようじ》」という風を保った。「人を治める者は、人に養わるるものなり。ゆえに人の食を喰《は》むものは人のことに死し、人の楽しみを楽しむ者は人の憂いを憂う」というが、彼らの本分と考えられていた。生産利殖は、仁義道徳に関係のない人の携わるものとされていたから、あたかもすべて商業は罪悪なりと言われた昔時と同様の状態であった。これが、ほとんど三百年間の風を成した。それも初めはごく簡単な方法で宜《よ》かったが、次第に智識は減じ気力は衰え、形式のみ繁多になり、ついに武士の精神廃り、商人は卑屈になって、虚偽横行の世の中となったのである。

第九章

目的をはっきりと持って学ぶ

「教育と情誼」

はっきりと目的を持って学ぶ

『教育と情誼』の章のあらすじ

　孝行は親がさせてくれて初めて子供ができるもの。子供が孝行をするのではなく、親が子に孝行させるのである。

　昔の学問と今の学問とを比較してみると、昔は心の学問ばかりだった。一方、今は知識を身につけることばかりに力を注いでいる。

　多くの場合、善良な女性からは善良な子が生まれ、優れた婦人の教育によって優秀な人材ができるものである。そうだとするなら、女性を教育してその能力や道徳を育んでいくのは、女性本人ばかりでなく間接的には善良な国民を育てるもととなるのだ。

　実業界に立つ人は、「自由」を尊重しなければならない。軍事における事務のように、いちいち上官の命令を待っているようではチャンスを逃しやすいからだ。

　私は実務教育においても、知育と徳育とを一緒に行っていきたいと長年努力しているのである。社会はどこも同じというわけではなく、社会が必要とする人材には様々なタイプが必要なのだ。ところが今日の学生のほとんどは、人を使う側の人物になりたいと志している。

編集部

「親孝行」は強制するものではない

論語の為政篇中に、「孟武伯問レフ孝ヲ、子曰ク、父母ハ唯其ノ疾ヲ之レ憂フ（孟武伯《もうぶはく》孝を問う、子いわく、父母はただその疾《やまい》をこれ憂う）」、また「子游問レフ孝ヲ、子曰ク、今之孝ナル者ハ謂二フ能ク養一フコトヲ、至二ルマデ於犬馬一ニ、皆ナ能ク有リレ養フコト、不レバ敬セ何ヲ以テ別タン乎（子游《しゆう》孝を問う、子いわく、今の孝なる者は、よく養《やしな》うことを謂《い》う、犬馬に至るまで、みなよく養うことあり、敬せざれば何をもって別《わか》たんや）」、なお、この外にもある如く、孔夫子は孝道のことについてしばしば説かれておる。しかし親から子に対して孝を励めよと強ゆるのは、かえって子をして不孝の子たらしむるものである。私にも不肖の子女が数人あるが、それが果たして将来どうなるものか、私には解からぬ。私とても子女等に対して、時折「父母はただその疾《やまい》をこれ憂う」というようなことを説き聞かせもする。それでも決して孝を要求し、孝を強ゆるようなことは致さぬことにしておる。親は自分の思い方一つで、子を孝行の子にしてもしまえるが、また不孝の子にもしてしまうものである。自分の思う通りにならぬ子を、すべて不孝の子だと思わば、それは大なる間違いで、皆よく親を養うというだけならば、犬や馬のごとき獣類といえども、なおかつこれをよくする。人の子としての孝道は、かく簡単なるものではあるまい。親の思う通りにならず、絶えず親の膝下《しっか》にいて、親をよく養うようなことをせぬ子だからとて、それは必ずしも不孝の子でない。

　かかることを述べると、如何《いか》にも私の自慢話のようになって恐縮であるが、実際のことゆえ、憚《はばか》らずお話しする。確か私の二十三歳の時であったろうと思うが、父は私に向かい、「其許《そこもと》〔そなた〕の十八歳頃からの様子を観ておると、どうも其許は私と違った所がある。読書をさしてもよく読み、また何事にも悧発《りはつ》である。私の思う所から言えば、永遠までも其許を手許に留め置いて、私の通りにしたいのであるが、それではかえって其許を不孝の子にしてしまうから、私は今後其許を私の思う通りのものにせず、其許の思うままにさせることにした」と申されたことがある。如何にも父の申されたごとく、その頃、私は文字の力の上からいえば、不肖ながら、あるいはすでに父より上であったかもしれぬ。また父とは多くの点において、不肖ながら優った所もあったろう。しかるに父が無理に私を父の思う通りのものにしようとし、かくするが孝の道であると、私に孝を強ゆるがごときことがあったとしたら、私はあるいはかえって父に反抗したりなぞして、不孝の子になってしまったかもしれぬ。幸いにかかることにもならず、及ばぬうちにも不孝の子にならずに済んだのは、父が私に孝を強いず、寛宏《かんこう》〔心のひろいこと〕の精神をもって私に臨み、私の思うままの志に向かって、私を進ましめて下された賜物《たまもの》である。孝行は親がさしてくれて、初めて子ができるもので、子が孝をするのではなく、親が子に孝をさせるのである。

　父がかかる思想をもって、私に対して下されたため、自然その感化を受けたものか、私も私の子に対しては、父と同じような態度をもって臨むことにしておる。私がかく申すと、少し烏滸《お こ》がましくはあるが、いずれかといえば、父よりも多少優れた所があったので、父と全く行動を異にし、父と違った所があって、父のごとくになり得なかったのである。私の子女等は将来どうなるものか。もとより神ならぬ私の断言し得る限りでないが、今のところでは、とにかく、私と違った所がある。この方は、私と父とが違った違い方と反対で、いずれかと申せば劣る方である。しかし、かく私と違うのを責めて、私の思う通りになれよ、と子女らに強いて試みたところで、それはかく注文して強いる私の方が無理である。私の通りになれよ、と私に強いられても、私のようになれぬ子女は、どうしてもなれぬはずのものである。しかるになお強いて、子女らをすべて私の思う通りにしようとすれば、子女らは私の思う通りになり得ぬだけのことで、不孝の子になってしまわねばならぬ。私の思う通りにならぬからとて、子女等を不孝の子にしてしまうのは、忍ぶべからざることである。

ゆえに、私は子に孝をさせるのではない。親が孝をさせるようにしてやるべきだという、根本思想で子女等に臨み、子女等がすべて私の思うようにならぬからとて、これを不孝の子だとは思わぬことにしておる。

目的を持って勉強する

昔の青年と今の青年とは、昔の社会と今の社会の異なるがごとくに異なっている。余が二十四、五歳の頃、すなわち明治維新前の青年と現代の青年とは、その境遇、その教育を全然異にしておるがために、いずれが優《まさ》りいずれが劣っているということは、一口には言い現せない。しかも一部の人士は、昔の青年は意気もあり、抱負もありて、今の青年より遥《はる》かに偉かった、今の青年は軽浮《けいふ》〔うわついて落ち着かない〕で元気がないというが、一概にそうばかりも言えまいと思う。何となれば、昔の少数の偉い青年と、現今の一般青年とを比較し来りて、かれこれ言うことは少しく誤っている。今の青年の中《うち》にも偉い者もあれば、昔の青年にも偉くない者もあった。維新前の士農工商《しのうこうしょう》の階級は極めて厳格であった。武士の中《うち》にも上士《じょうし》と下士《かし》というがごとき階級があり、百姓町人の間にも、代々土地の素封家《そほうか》で庄屋を勤めているような家柄と、普通の百姓、町人とは、おのずからその気風教育に異なる所があった。かくのごとき有様であったから、昔の青年といっても、武士《さむらい》と上流の百姓、町人と、一般の百姓、町人とは、その教育も異なっていたのである。

昔の武士及び上流の百姓、町人は、その青年時代に多く漢学教育を受けたもので、初めは小学とか孝経とか近思録《きんしろく》とか、さらに進んでは論語、大学、孟子等を修め、一方、身体の鍛錬とともに武士的精神を鼓吹したものである。しかして一般の町人、百姓は如何なる教育を受けたかといえば、極めて卑近な実語教《じつごきょう》とか、庭訓往来《ていきんおうらい》とか、また加減乗除の九九等を学んだに過ぎない。したがって、高尚な漢学教育を受けた武士は、理想も高く見識もあったものであるが、百姓、町人は通俗な手習いに過ぎなかったので、概して無学者が多かったのである。しかるに今は四民平等となり、貴賤《きせん》貧富の差別なく、ことごとく教育を受くることとなり、すなわち岩崎、三井の息子も九尺二間の長屋の息子も、皆同一の教育を受くるという有様であるから、その多数の青年中の品性の劣等な、学問のできない青年のあるのは、けだし止むを得ないことである。ゆえに今の一般の青年と、昔の少数なる武士階級の青年とを比較して、かれこれと非難するは、当を得ないことである。

現今でも、高等教育を受けた青年の中《なか》には、昔の青年に比較してどうも遜色《そんしょく》のない者がいくらもある。昔は少数でも宜《よ》いから、偉い者を出すという天才教育であったが、今は多数の者を平均して啓発するという、常識的教育となっているのである。昔の青年は良師を選ぶということに非常に苦心したもので、有名な熊沢蕃山《ばんざん》のごときは、中江藤樹《なかえとうじゅ》の許《もと》へ行って、その門人たらんことを請い願ったが許されず、三日間その軒端を去らなかったので、藤樹もその熱誠に感じて、ついに門人にしたというほどである。その他、新井白石の木下順庵《きのしたじゅんあん》における、林道春の藤原惺窩《せいか》におけるがごときは、皆その良師を択《えら》んで学を修め、徳を磨いたのである。

しかるに、現代青年の師弟関係は、全く乱れてしまって、美《うるわ》しい師弟の情誼《じょうぎ》〔人とつきあうえでの人情や誠意」に乏しいのは寒心の至りである。今の青年は自分の師匠を尊敬しておらぬ。学校の生徒の如きは、その教師を観ること、あたかも落語師か講談師かのごとく、講義が下手だとか、解釈が拙劣《せつれつ》であるとか、生徒として有るまじきことを口にしている。これは一面より観れば、学科の制度が昔と異なり、多くの教師に接するためであろうが、すべて今の師弟の関係は乱れている。同時に教師もまた、その子弟を愛しておらぬという嫌いもあるのである。

要するに、青年は良師に接して、自己の品性を陶冶《とうや》〔人間の持って生まれた性質を円満完全に発達させる〕しなければならない。昔の学問と今の学問とを比較してみると、昔は読む書籍その者が、ことごとく精神修養を説いているから、自然とこれを実践するようになったのである。修身斉《せい》家《か》と言い、治国平天下《ちこくへいてんか》と言い、人道の大義を教えたものである。

論語にも「其ノ為リレ人ト也、孝弟ニシテ、而好ムレ犯スコトヲレ上ヲ者ハ鮮シ矣、不シテレ好マレ犯スコトヲレ上ヲ、而好ムレ作スコトヲレ乱ヲ者ハ、未ダ二之レ有一ラ也（その人となりや孝弟にして、上《かみ》を犯すことを好む者は鮮《すくな》し、上を犯すことを好まずして、乱をなすことを好む者は、いまだこれあらざるなり）」といい、「事ヘテレ君ニ能ク致スニ二其ノ身一ヲ（君につかえてよくその身を致す）」といって、忠孝主義を述べ、かつ仁義《じんぎ》礼智信《れいちしん》の教訓を敷衍《ふえん》〔意義を広くおしひろげて説明すること〕しては、また同情心、廉恥心《れんちしん》を喚起させるようにし、また礼節を重んずるようにし、あるいは勤倹生活の貴ぶべきことを教えたものであるから、昔の青年は自然と身を修むるとともに、常に天下国家のことを憂い、朴実にして廉恥を重んじ、信義を貴ぶという気風が盛んであった。これに反して、現今の教育は知育《ちいく》を重んずるの結果、すでに小学校の時代から多くの学科を学び、さらに中学、大学に進んで、ますます多くの智識を積むけれども、精神の修養を等閑《とうかん》に付して〔なおざりにして〕、心の学問に力を尽くさないから、青年の品性は大いに憂うべきものがある。

一体現代の青年は、学問を修める目的を誤っておる。論語にも「古ノ之学者ハ為ニシレ己ガ、今ノ之学者ハ為ニスレ人ノ（古《いにしえ》の学者はおのれがためにし、今の学者は人のためにす）」といって嘆じてあるが、移してもって、今の時代に当て嵌《は》めることができる。今の青年はただ学問のために、学問をしているのである。初めより確然たる目的なく漠然と学問する結果、実際社会に出てから、われは何の為に学びしやというがごとき疑惑に襲われる青年が往々にしてある。「学問すれば誰でも皆偉い者になれる」、という一種の迷信のために、自己の境遇生活状態をも顧みないで、分不相応の学問をする結果、後悔するがごときことがあるのである。ゆえに一般の青年は、自己の資力に応じて小学校を卒業すると、それぞれの専門教育に投じて、実際的技術を修むべきである。また高等の教育を受くる者も、まだ中学時代において、将来は如何なる専門学科を修むべきかという、確然たる目的を定むることが必要である。浅薄なる虚栄心のために修学の法を誤らば、これ実に青年の一身を誤るのみならず、国家元気の衰退を招く基となるのである。

女性と教育

婦人はかの封建時代におけるがごとく、無教育にしてむしろ侮蔑《ぶべつ》的に取り扱っておけば宜《よろ》しいであろう。それとも相当な教育を施し、修身斉家の道を教えねばならぬであろうか。これは言わずとも知れ切った問題で、教育はたとい女子だからとて、決して疎かにすることはできないのである。それについて余は、まず婦人の天職たる子供の育成ということに関して、少しく考慮してみる必要があろうと思う。

およそ婦人とその子供とは、如何なる関係を持っておるものであるかというに、これを統計的に研究してみれば、善良なる婦人の腹から善良なる子供が多く生まれ、優れた婦人の教育によって優秀な人材ができるものである。その最も適切な例はかの孟子の母のごとき、ワシントンの母のごとき、すなわちそれであるが、わが国においても、楠正行《くすのきまさつら》の母、中江藤樹《なかえとうじゅ》の母のごとき、また皆賢母として人に知らるるものであった。近くは伊藤公《いとうこう》、桂公《かつらこう》の母堂のごときも賢母であったと聞いている。とにかく優秀の人材は、その家庭において賢明なる母親に撫育《ぶいく》された例は非常に多い。偉人の生まれ、賢哲の世に出づるは婦徳による所が多いということは、独り余一家の言ではないのである。してみれば、婦人を教育してその智能を啓発し婦徳を養成せしむるは、独り教育された婦人一人のためのみならず、間接には善良なる国民を養成する素因となる訳であるから､女子教育は決して忽諸《こつしょ》〔軽んじること〕に付すことができないものである、ということになるのである。しかり、女子教育の重んずべき所以《ゆえん》はまだそれのみにては尽きない。余はさらに、女子教育の必要なる理由を次に述べてみようと思う。

明治以前の日本の女子教育は、もっぱらその教育を支那思想に取ったものであった。しかるに、支那の女子に対する思想は消極的方針で、女子は貞操なれ、従順なれ、緻密《ちみつ》なれ、優美なれ、忍耐なれと教えたが、かく精神的に教育することに重きを置いたにもかかわらず、智慧《ちえ》とか学問とか学理とかいう方面に向かっての智識については、奨めも教えもしなかった。幕府時代の日本の女子も、主としてこの思想の下《もと》に教育されたもので、貝原益軒の『女大学』はその時代における、唯一最上の教科書であった。すなわち、智の方は一切閑却され、消極的に自己を慎むことばかり重きを置いたものである。しかして、そういう教育をされて来た婦人が今日の社会の大部分を占めている。明治時代になってから、女子教育も進歩したとはいえ、まだそれら教育を受けた婦人の勢力は微々たるもので、社会における婦人の実体は『女大学』以上に出づることのできぬものと言うも、あえて過言ではなかろうと思う。ゆえに今日の社会に婦人教育が盛んであるとはいっても、なおいまだ充分その効果を社会に認識せしむるには至らぬ。いわば女子教育の過渡期《かとき》であるから、その道に携わる者はその可否をよく論断し、講究しなくてはならぬではないか。いわんや昔の「腹は借りもの」という様なことは口にすべからざる今日、また言ってはならぬ今日とすれば、女子は全く昔日のごとく侮蔑視《ぶべつし》、嘲弄視《ちょうろうし》することは出来ないことと考えられる。

婦人に対する態度を耶蘇《やそ》教的に論じて云々することはしばらく別とするも、人間の真正なる道義心に訴えて、女子を道具視して善いものであろうか。人類社会において男子が重んずべきものとすれば、女子もやはり、社会を組織する上にその一半を負って立つ者だから、男子同様重んずべき者ではなかろうか。すでに支那の先哲も、「男女室におるは大倫《たいりん》なり」といってある。言うまでもなく、女子も社会の一員、国家の一分子である。果たして、しからば女子に対する旧来の侮蔑的観念を除却し、女子も男子同様、国民としての才能智徳を与え、倶《とも》にともに相助けて事をなさしめたならば、従来五千万の国民中、二千五百万人しか用をなさなかった者が、さらに二千五百万人を活用せしめることとなるではないか。これ大いに婦人教育を興さねばならぬという根源論である。

師を敬い弟子を愛する

師弟間の関係をして、情誼《じょうぎ》を厚くし、相親しむの念慮を強くあらせたいと思う地方の学校においてはどうか知らぬが、私が聞き及ぶ東京の中辺の学校においては、すこぶるこの師弟の関係が薄い。ほとんど師と弟子とが、悪い例を言おうならば、寄席に出る落語を聴きに往った多数の聴衆のごとく、見受けられる。あの人の講義は面白くないとか、あの人は時間が長いとか、はなはだしきは悪い癖を見付けて、これを批評すると聞き及ぶ。もっとも昔とても、師弟の間の情愛がすべて密だとは言えぬけれども、こころみに孔子は三千の弟子があった。これらが皆よく顔を知り、皆よく談話した人ではあるまい。しかしその中《うち》で六芸に通ずるものが七十二人あった。これらの人々は常に孔子と談話しておったように見える。七十二人は全く孔子の人格に感化されたように見える。かくのごとき師弟を例として論ずるも、あまり過当であろうが、また今日の支那を見ると、左まで模範ともされない。しかし今日の支那が悪いからとて、孔子の徳が変遷する訳はない。支那が後に悪いからとて孔子を軽んぜぬでも宜《よ》い。支那が善いからとても、桀紂《けっちゅう》〔古代中国の暴君〕を重んずる訳には往かない。ゆえに孔子が主として子弟を導いた有様は、誠に、師たり弟子たる間柄がごく善いと思う。かくのごとき有様を今日求める訳には往かぬけれども、徳川時代においても、師弟間の感化力は強かった。その情誼が切実であったということは、こころみに一例を言わんか、熊沢蕃山が中江藤樹に師事した有様などで分かる。蕃山はあれほど気位の高い人であって、いわゆる威武に屈せず、富貴に蕩《とう》せずという、天下の諸侯を物の数ともせず、備前《びぜん》侯に仕えたが、師として敬せられたから、政を施したくらいの見識のあった人だが、中江藤樹に向かっては真に子供のようになって、三日忍んでそうして弟子たることを得た。その師弟間の情愛の深かったのは、けだし中江藤樹の徳望が人を感化せしめたものと思う。また新井白石という人も剛情で、智略といい、才能といい、また気象といい、実に稀有《けう》の人である。それが終身、木下順庵には服従していたということである。近世、佐藤一斎《さとういっさい》という人も、よく弟子を感化せしめた。また広瀬淡窓《ひろせたんそう》も同様である。私の知ってるのは漢学の先生だけだけれども、師弟という関係が、昔風では一身を抽《ぬき》んでて親しむというのである。しかるに今の師弟の間は、ほとんど寄席を聴きに往った有様をなしているということは、私は満足の風習でないと恐れている。畢竟これは師匠たる人が悪いといわなければならぬ。徳望、才能、学問、人格がモウ一層進まなければ、その子弟をして敬虔《けいけん》の念を起こさしむることはできぬ。そこには師たる人に欠点があるといわねばならぬ。

しかし、弟子の心得方もはなはだ悪いと思う。一般の風習が、その師に対して敬うという念が少ない。他の国々の有様はよく分かりませぬが、かの英吉利《イギリス》などは、どうも私は師弟の間の関係が、日本の今日のようではないと思う。ただし日本でも優れた教育に従事した人が、なお今、私が述べた有様とは言わぬ。ある方面には中江藤樹も木下順庵もあろうけれども、はなはだ鮮《すくな》い。過渡時代のため、不幸にして俄《にわか》出来の先生がたくさんあるから、おのずから、かかる弊害を惹《ひ》き起こしたのだと弁解すれば、弁疎《べんそ》〔言いわけ〕の言葉があるけれども、いやしくも人に教授する以上は、その人自身が自ら省みて、よほど注意して貰《もら》いたいものであると同時に、また一方よりこれを充分敬うという心をもって、師弟の間に情愛をもってしたいと思う。もし諸君の従事なさる学校の教員諸氏にも、生徒をして常にこれに接触せしむるに、かく心掛けられたら、その風儀を良くするということが、ことごとくは届かないまでも、悪いのを防ぐというだけぐらいのことは、必ずなし得られるものであろうと、こう思うのである。

理論より実践を

世間一体に、教育のやり方をみると――私はことに今の中等教育なるものが、その弊がはなはだしいと思う――単に智識《ちしき》を授けるということにのみ、重きを置き過ぎている。換言すれば、徳育《とくいく》の方面が欠けている。確かに欠乏している。また一方に学生の気風をみると、昔の青年の気風と違って、今一と呼吸《いき》という勇気と努力、それから自覚とが欠けている。かく言えばとて、自分のごとき昔者が決して自慢、高慢をする訳ではないが、何しろ当時の教育は学課の科目が多い。あれもこれもという有様であるので、その多い科目の修得にのみ逐《お》われて、維《こ》れ日も足らずという風であってみれば、したがって他を顧みる遑《いとま》もない勘定で、人格、常識等の修養に心を注ぐことのできぬのも自然の数で、返す返すも遺憾千万《いかんせんばん》な訳である。現に処世の人となってる人々は、ともかくとして、これから世間に出て大いに奮励努力、国家のために尽くそうと思われる方々は、この辺によくよく心を用いて貫いたい。

ところで、自分に最も関係の深い実業方面の教育について見るに、その昔にありては実業教育と名付くべきほどのものはなかったが、維新以後になっても、明治十四、五年の頃までは、この方面には些《すこし》の進歩を見ることはできなかった。商業学校のごときも、その発達は僅々《きんきん》この二十年ほどの間のことである。

一体文明の進歩ということは政治、経済、軍事、商工業、学芸等がことごとく進んで、そこに初めて見ることができるので、その中《うち》のいずれか一つが欠如しても、完全なる発達、文明の進歩のあるものではない。しかるに日本では、その文明の一大要素である商工業が、久しい間、閑却して顧みられずにあった。ひるがえって、欧州の諸列強に見るに、他の方面のことも、もちろん進歩しているが、その中《うち》でも、とりわけ進んでいるのが実業である。すなわち商工業である。わが国においても、近来は実業教育に世人が注意するようになって、進歩発達はして来たが、さて惜しいかな、その教育の方法はというと、前述のごとく、その他の教育の方法と同じく、せくがままに、急ぐがままに、理智の一方にのみ傾き、規律であるとか、人格であるとか、徳義であるとかいうことは、ごうも顧みられない。機運の趨《おもむ》く所、余儀ない次第と言わば言え、実に嘆ずべきことである。これを軍人社会に見ると、その教育法のしからしむる所か、あるいは軍事とかいうその職が、すでにその性質を養うものか、その辺の所は解らぬが、一般的統一、規律服務、命令等のことが、整然と厳格に行なわれているようであるのは、実に結構なことで、立派な人格な士を見受けるものも、非常に頼もしい次第である。

実業界に立つ者は、前述の諸性質を充分に備えた上に、なお一つ尊ばなければならぬ一大事が残っている。それは自由ということで、実業の方では、軍事上の事務のように、一々上官の命令を俟《ま》ってるようでは、とかく好機を逸しやすいので、何事も命令を受けてやるという具合では、一寸《ちょっと》発達ということはむずかしいのである。その結果、ただ智へ、智へと傾いて行って、ただもう、おのれが利益利益とのみ逐って孟子のいわゆる「上下こもごも利を征《と》りて饜《あ》かず、国危し」というような状態に陥ってはと、これのみ気遣われるので、どうがなして、こういうことに立ち至らぬようと、竊《ひそ》かに手近い実業教育においても、智育と徳育とを併行せしめて行きたいものと、及ばずながらも、多年努めている次第である。

本当の親孝行とはなにか

徳川幕府の中葉《ちゅうよう》より行なわれはじめ、神儒仏三道《しんじゅぶつさんどう》の精神を合わせ、平易なる言葉を用い、ごく卑近にして、しかも通俗な譬喩《ひゆ》を挙げて、実践道徳の鼓吹に力《つと》めたものに、「心学《しんがく》」というものがある。八代将軍吉宗《よしむね》公の頃、石田梅巌《いしだばいがん》初めてこれを唱え、かの有名な『鳩翁道話《きゅうおうどうわ》』なども、この派の手に成ったものであるが、梅巌の門下よりは手島堵庵《てじまとあん》、中沢道二《なかざわどうに》などの名士出で、この両人の力により、心学は普及せらるるようになったものである。

私はかつてこの両人の中《うち》の中沢道二翁の筆《ふで》になった、『道二翁道話《どうにおうどうわ》』と題せらるる一書を読んだことがある。その中《なか》に載ってる近江《おうみ》の孝子《こうし》と信濃《しなの》の孝子についての話は、いまだに忘れ得ざるほど意味のある面白いもので、確か「孝子修行」という題目であったかのごとくに記憶しておる。

その名は何といったか、今明確に覚えておらぬが、近江の国に一人の有名な孝子があった。「それ孝は天下の大本《たいほん》なり、百行《ひゃっこう》のよって生ずる所」と心得て、日夜その及ばざるを、ただ惟れ怖《こ》れておったが、信濃の国にまた有名なる孝子あると聞き及び、親しくその孝子に面会して、「如何《いか》にせば最善の孝を親に尽くすことのできるものか、一つ問い訊《ただ》して試みたいものだ」との志を懐き、遥々《はるばる》と野越え山越えて、夏なお涼しき信濃の国まで、わざわざ近江の国から孝行修行に出掛けたのである。

　漸々《ようよう》にして孝子の家を尋ね当て、その家《や》の敷居を跨《また》いだのは、正午《ひる》過ぎであったが家の中《なか》には、ただ一人の老母があるだけで、実に寂しいものである。「御子息は」と尋ねると、「山へ仕事に行ってるから」とのことに、近江の孝子は委細来意を、留守居の老母まで申し述べると、「夕刻には必ず帰ろうから、とにかく上がって御待ち下さるように」と勧められたので、遠慮なく座敷に上がって待ってると、果たして夕暮れ方に至れば、信濃の孝子だと評判の高い子息殿が、山で採った薪《たきぎ》を一杯背負って帰って来られた。そこで近江の孝子は、ここぞ参考のために大いに見ておくべき所だろうと心得て、奥の室《へや》から様子を窺《うかが》っておると、信濃の孝子は、薪《まき》を背負ったままで縁に瞠平《どっか》と腰を掛け、荷物が重くて仕様がないから、手伝って卸してくれろと、老母に手伝わしている模様である。近江の孝子はまず意外の感に打たれて、なお窺ってるとも知らず、今度は足が泥で汚れてるから、浄水《すすぎ》を持って来てくれの、やれ足を拭《ぬぐ》うてくれのと、様々な勝手な注文ばかりを老母にする。しかるに老母は如何にも悦《よろこ》ばしそうに嬉々《きき》として、信濃の孝子が言うままに、よく倅《せがれ》の世話をしてやるので、近江の孝子は誠に不思議のこともあればあるものと驚いてるうちに、信濃の孝子は足も綺麗《きれい》になって炉辺に座ったが、今度はまたあろうことか有るまいことか、足を伸ばして、大分疲れたから揉《も》んでくれと老母に頼むらしい模様である。それでも老母は嫌な顔一つせず揉んで行《や》ってるうちに、「はるばる近江からの御客様があって、奥の一ト間に通してある」由《よし》を信濃の孝子に語ると、そんならば御逢いしようとて座を起《た》ち、近江の孝子が待ってる室にノコノコやって来た。

近江の孝子は一礼の後、信濃の孝子に委細来意を告げて、孝行修行のために来れる一部始終を物語り、かれこれ話し込むうち早や夕飯の時刻にもなったので、信濃の孝子は晩飯《ゆうめし》の支度をして客人に出すようにと、老母に頼んだ様子であったが、いよいよ膳《ぜん》が出るまで、信濃の孝子は別に母の手伝いをしてやる模様もなく、膳が出てからも平然として母に給仕させるのみか、やれ御汁が鹹《から》くて困るとか、御飯の加減がどうであるとか、と老母に小言《こごと》ばかりを言う。そこで近江の孝子もついに見かねて、「私は貴公《あなた》が天下に名高い孝子だと承って、はるばる近江より孝行修行のため罷《まか》り出たものであるが、先刻よりの様子を窺うに、実にもって意外千万のことばかり。どうも御老母を労《いた》わらるる模様のなきのみか、あまつさえ老母を叱らせらるるとは何事ぞ。貴公のごときは孝子どころか、不孝のはなはだしきものであろうぞ」と励声《れいせい》一番開き直って詰責《きっせき》に及んだのである。これに対する信濃の孝子の答弁が、また至極面白い。

「孝行孝行と、如何にも孝行は百行の基《もとい》たるに相違ないが、孝行をしようとしての孝行は、真実の孝行とは言われぬ。孝行ならぬ孝行が、真実の孝行である。私が年老いたる母に種々《いろいろ》と頼んで、足を揉ませたりするまでに致し、御汁や御飯の小言をいったりするのも、母は子息《むすこ》が山仕事から帰って来るのを見れば、さだめし疲れてることだろうと思い、「さぞ疲れたろう」と親切に優しくして下さるので、その親切を無にせぬようにと、足を伸ばして揉んで貰い、また客人を饗応《きょうおう》すについては、さだめし不行き届きで息子が不満足だろうと思って下さるものと察するから、その親切を無にせぬため、御飯や御汁の小言までもいったりするのである。何でも自然のままに任せて、母の思い通りにして貰うところが、あるいは世間に、私を孝子孝子と言い囃《はや》して下さる所以であろうか」というのが、信州の孝子の答えであった。これを聞いて、近江の孝子も翻然《ほんぜん》〔急に心を改めるさま〕として大いに悟り、「孝の大本は何事にも強いて無理をせず、自然のままに任せたる所にある。孝行のために孝行を力めて来たわが身には、まだまだ到らぬ点があったのだ」と気付くに至った、と説いた所に『道二翁道話』の孝行修行の教訓があるのである。

なぜ人手が余るのか

経済界に需要供給の原則があるごとく、実社会に投じて活動しつつある人にも、またこの原則が応用されるようである。言うまでもなく、社会における事業には一定の範囲があって、使うだけの人物を雇い入れると、それ以上は不必要になる。しかるに、一方人物は年々歳々《ねんねんさいさい》たくさんの学校で養成するから、いまだ完全に発達せぬわが実業界には、とてもそれらの人々を満足させるように使い切ることは不可能である。ことに今日の時代は、高等教育を受けた人物の供給が、過多になっておる傾きが見える。学生は一般に高等の教育を受けて、高尚の事業に従事したいとの希望を持ってかかるから、たちまち、そこに供給過多を生じなければ止まぬことになってしまう。学生がかくのごとき希望を懐くのは、個人として、もちろん嘉す《よみ》〔ほめたたえる〕べき心掛けであるが、これを一般社会から観、あるいは国家的に打算したらどうであろうか。余は必ずしも喜ぶべき現象として迎えることはできないように思われる。要するに、社会は千篇一律のものではない。したがって、これに要する人物には、いろいろの種類が必要で、高ければ一会社の社長たる人物、卑《ひ》くければ使丁《してい》たり車夫たる人物も必要である。人を使《し》役《えき》する側の人は少数なるに反し、人に使役される人は無限の需要がある。されば学生がこの需要多き、人に使役さるる側の人物たらんと志しさえすれば、今日の社会といえども、いまだ人物に過剰を生ずるようなことはあるまいと考える。しかるに今日の学生の一般は、その少数しか必要とされない、人を使役する側の人物たらんと志しておる。つまり、学問して高尚な理窟《りくつ》を知って来たから、馬鹿らしくて人の下《した》などに使われることは、できないようになってしまっておる。同時に、教育の方針もまた若干その意義を取り違え、無暗《むやみ》に詰込主義の智識教育で能事足れりとするから、同一類型の人物ばかり出来上がり、精神修養を閑却した悲しさには、人に屈するということを知らぬので、いたずらに気位ばかり高くなって行くのだ。かくのごとくんば、人物の供給過剰もむしろ当然のことではあるまいか。

今さら、寺子屋時代の教育を例に引いて論ずる訳ではないが、人物養成の点は不完全ながらも、昔の方が巧《うま》くいっていた。今日に比較すれば、教育の方法などは極めて簡単なもので、教科書と言ったところで、高尚なのが四書五経に八大家文ぐらいが関の山であったが、それによって養成された人物は、決して同一類型の人物ばかりではなかった。それは、もちろん教育の方針が全然異なっていたからではあろうけれども、学生は各々その長ずる所に向かって進み、十人十色の人物となって現れたのであった。例えば、秀才はどんどん上達して高尚な仕事に向かったが、愚鈍の者は非望を懐かずに、下賤《げせん》の仕事に安んじて行くという風であったから、人物の応用に困るというような心配は少なかった。しかるに、今日では教育の方法は極めて宜《よ》いが、その精神を穿《は》き違えているために、学生は自己の才不才、適不適をも弁《わきま》えず、彼も人なり我も人なり、彼と同一の教育を受けた以上、彼のやるくらいのことは自分にもやれるとの自負心を起こし、自ら卑しい仕事に甘んずる者が少ないという傾向である。これ昔の教育が百人中一人の秀才を出したに反し、今日は九十九人の普通的人物を造るという教育法の長所ではあるが、遺憾ながらその精神を誤ったので、ついに現在のごとく中流以上の人物の供給過剰を見るの結果を齎《もたら》したのである。しかし、同じ教育の方針を執りつつある、欧米先進国の有様を見るに、教育によって、かかる弊害を生ずることは少ないように思う。ことに英国のごときは、わが国における現時の状態とは、大いに違って、充分なる常識の発達に意を用い、人格ある人物を造るという点に、注意しておるように見える。もとより教育のことに関してその多くを知らぬ余のごとき者の、容易に容喙《ようかい》〔横合いから口を出す〕さるべき問題ではないが、大体から観て今日のような結果を得る教育は、あまり完全なるものであるとは、いわれまいと思う。

日《ひ》に其《そ》の亡《な》き所《ところ》を知《し》り、月《つき》に其《そ》の能《よ》くする所《ところ》を忘《わす》るることなきは、学《がく》を好《この》むと謂《い》うべきなり。 論語

【訳】毎日、今まで自分の知らなかったことを知り、毎月、知ったことを忘れないように復習を怠らなければ、これこそ本物の学問好きと言うことができる。

学《まな》ぶに暇《いとま》あらずと謂《い》う者《もの》は、暇《いとま》ありと雖《いえど》も亦《また》学《まな》ぶこと能《あた》わず。 淮南子

【訳】勉学したいけれども忙しくてその暇《ひま》がないと言うような者は、たとえ暇があったとしても勉学することはできない。

第十章

成功なんて気にするな

「成敗と運命」

成功なんて気にするな

『成敗と運命』の章のあらすじ

仕事は一生懸命取り組まなければならない。たとえ人生の運が事前に定まっていたとしても、自分で努力してその運を開拓していかないと決してこれを掴むことはできないのだ。

もしその人に優れた知能があって、そのうえに絶え間ない勉強をしていくなら、決して逆境などにいるはずがない。逆境とは、自分で招いた境遇にすぎないのだ。細心さと大胆さの両面を兼ね備え、溌剌とした活動を行うことで、初めて大事業は成し遂げることができる。

成功や失敗といった価値観から抜け出して、超然と自立し、正しい行為の道筋にそって行動し続けるなら、成功や失敗などとはレベルの違う、価値ある生涯を送ることができる。成功など、カスにすぎない以上、気にする必要などまったくないのである。

編集部

ただ「忠恕」のみを

およそ業は勤むるに精《くわ》しく、嬉《たの》しむに荒《すさ》むというが、万事がすなわちそれである。もし大なる趣味と大なる感興とをもって事業を迎えられたならば、たとい如何《いか》に忙《せわ》しく、また、いかほど煩《わずら》わしくとも、倦怠《けんたい》もしくは厭忌《えんき》というがごとき、自己が苦痛を感ずる気分の生ずべき理由はない。もし、またこれに反して、全然没趣味をもってイヤイヤながら事務に従うという場合には、必ずまず倦怠を生じ、次いで厭忌を生じ、次いで不平を生じ、最後には自分がその職を抛《なげう》たねばならぬようになるは、けだし数の自然である。前者は、精神溌剌《はつらつ》として愉快の中《うち》に趣味なるものを発見し、この趣味よりして無限の感興を惹起《じゃっき》し、感興はやがて事業の展開を来すことに至るものである。しかして事業の展開は、すなわち社会に公益を与うることになる。後者は精神が萎縮《いしゅく》して、怏々《おうおう》〔心が満ち足りないさま〕鬱々《うつうつ》、倦怠より困憊《こんぱい》を醸し、困憊はやがてその身の滅亡を意味することになる。仮に前者と後者とを対照して、そのいずれを執るかを諸氏に試問したならば、前者を執ることの最も賢く、後者を執ることの最も愚なるを、明答せらるることであろう。また、よく世人が口癖のように、運の善悪《よしあし》ということを説くが、そも人生の運というものは、十中の一、二、あるいは予定があるかもしれぬ。しかしながらたといこれが予定なりとして見た所が、自ら努力して運なるものを開拓せねば、決してこれを把持《はじ》するということは不可能である。愉快に事務を執りつつ、一方に大なる災厄を招致すると、そのはじめ、ただに天淵《てんえん》〔非常にへだたっていること〕のみであるまい。諸氏もまた必ずその一方を捨てて、他の一方を把持せられんことを熱望せらるるであろう。しかして諸氏が銘々その事業上に大なる趣味と、大なる感興とを有《も》たるると同時に、その内容の充実を期さねばならぬ。まして救済事業のごときは、その性質上、注意の上にもなお一層の注意を払い、務めてその内容の豊富ならんことにおいて、遺憾なきを期すべきである。さればといって、その内容にのみ腐心して形式を疎外視することも宜《よろ》しくない。およそ各種の事業として、内外ともに権衡を欠いてはならぬ。要するに、単にその表面を衒《てら》わんがため、いたずらに形式にのみ囚《とら》わるるということは、最も注意してこれを避けねばならぬ。

さらに言うまでもなきことながら、本院（東京市養育院）には、現に（大正四年一月）二千五、六百人の窮民が収容してある。その中《うち》には除外例として、善因かえって悪果《あくか》を結びて窮民たり、行旅《こうりょ》病人たるもののなきにあらざれども、その多くは、いわゆる自業自得の輩《はい》である。しかしながら、彼らを自業自得の者なりとして、同情をもって臨まぬははなはだよろしくない。それ吾人の須臾《しゅゆ》も離るべからざる人道なるものは、一つに忠恕《ちゅうじょ》に存するものであるから、いずれもその職務に忠実にして、しかしてかつ仁愛の念に富まねばならぬ。余はあえて彼らを飽くまで優遇せよとは言わぬが、これに臨むに、常に憐愍《れんみん》の情を欠いてはならぬというのである。諸氏はくれぐれもこの道を体得して、これを執務上に現実せねばならぬ。また医務に従事せらるる諸氏においても、収容の患者をもって単に自己研究の資料となすにこれ努むるならば、そはなはだ遺憾の極みである。研究さるるも程度問題であるから、絶対に悪いとは言わぬが、医員諸氏においては、患者を治療するということが、当面の義務と信じて勉励せらるることを望むのである。また看護婦の人々にあっても同様であって、患者へ対しては誠に親切に取り扱われたきものである。彼らには精神上欠陥する所が多い。社会の落伍者《らくごしゃ》、敗残者として、これに同情するということが、前に述べた忠恕である。忠恕はすなわち人の歩むべき道にして立身の基礎、つまりはその人の幸運を把持することになるのである。

失敗は成功である

支那で聖賢といえば、堯舜《ぎょうしゅん》がまず始まりで、それから禹湯《うとう》、文武、周公、孔子となるのであるが、堯舜とか禹湯とか文武、周公とかいう人達は、同じ聖賢の中《うち》でも、いずれも皆、今の言葉でいう成功者で、生前において、はやくすでに見るに足るべき治績を挙げ、世人の尊崇を受けて死んだ人々である。これに反し、孔夫子は今の言葉のいわゆる成功者ではない。生前は無辜《むこ》〔罪のないこと〕の罪に遭って、陳蔡《ちんさい》〔旅の道中〕の野に苦しめられたり、随分、艱難《かんなん》〔つらいこと〕ばかりを嘗《な》められたもので、これという見るべき功績とても、社会上にあった訳ではない。しかし千載《せんざい》〔千年〕の後、今日になって見ると、生前に治績を挙げた成功者の堯舜、禹湯、文武、周公よりも、一見その全生涯が失敗不遇のごとくに思われた孔子を崇拝する者の方がかえって多く、同じく聖賢の内でも、孔夫子が最も多く尊崇せられている。

支那という国の民族気質には一種妙な所があって、英雄豪傑の墳墓などは粗末にしておいて、どうも怪しまず平然たり得る傾向がある。しかし、友人にして支那の事情に通ぜらるる、白岩《しらいわ》君に面会して親しく聞いた所や、また白岩君が「心の花」に寄せられた紀行などを読んでも明らかに知られるように、曲阜《きょくふ》にある孔夫子の廟《びょう》ばかりは、さすがの支那人もこれをすこぶる鄭《てい》重《ちょう》に保存して、善美壮厳を極め、夫子の後裔も今なお現存して、一般より非常なる尊敬を受けているとのことである。しからば孔夫子が生前において、堯舜、禹湯、文武、周公のごとき政治上に見るべき功績を挙げて、高き位におるまでに至らず、その富も天下を有《たも》つというまでになれずに、今の言葉でいう成功をしなかったことは、決して失敗でないのである。これがかえって真の成功というべきものである。

眼前に現れた事柄のみを根拠として、成功とか失敗とかを論ずれば、湊川《みなとがわ》に矢尽き刀折れて戦死した楠正成《くすのきまさしげ》は失敗者で、征夷大将軍《せいいたいしょうぐん》の位に登って勢威四海を圧するに至った足利尊氏は、確かに成功者である。しかし今日において尊氏を崇拝する者はないが、正成を尊崇する者は天下に絶えぬのである。しからば生前の成功者たる尊氏は、かえって永遠の失敗者で、生前の失敗者たりし正成はかえって永遠の成功者である。菅原道真《すがわらのみちざね》と藤原時平《ときひら》とについて見ても、時平は当時の成功者で、太宰府《だざいふ》に罪なくして配所の月を眺めねばならなかった道真公は、当時の失敗者であったに相違ないが、今日では一人として時平を尊む者なく、道真公は天満大自在〔菅原道真の神格化された呼称〕として、全国津々浦々の端においても祀《まつ》られている。道真公の失敗は決して失敗でない。これかえって真の成功者である。

これらの事実より推して考えると、世のいわゆる成功は必ずしも成功でなく、世のいわゆる失敗は必ずしも失敗でないということが、すこぶる明瞭《めいりょう》になるが、会社事業その他一般営利事業のごとき、物質上の効果を挙げるのを目的とするものにあっては、もし失敗すると、出資者その他の多くの人にも迷惑を及ぼし、多大の損害を掛けることがあるから、何が何でも成功するように努めねばならぬものであるが、精神上の事業においては、成功を眼前に収めようとするごとき浅慮《せんりょ》をもってすれば、世の糟《かす》を啜するがごとき弊に陥って、ごうも世道人心の向上に貢献するを得ず、永遠の失敗に終わるものである。例えば、新聞雑誌のごときものを発行して、一世を覚醒《かくせい》せんとしても、この目的を達するがために時流に逆らって反抗すれば、時にあるいは奇禍《きか》〔思いがけない災難〕を買って、世のいわゆる失敗に陥り、苦い経験を嘗めねばならぬごとき場合が、ないとも限らぬのである。しかし、それは決して失敗ではない。たとい、一時は失敗のごとくに見えても、長い時間のうちには努力の功空しからず。社会はこれによって益せられ、結局その人は必ずしも千載の後を待たずとも、十年二十年あるいは数十年を経過すれば、必ずその功を認められることになる。

文筆言論、その他すべて精神的方面の事業に従事する者が、今のいわゆる成功を生前に収めようとして悶《もが》けば、かえって時流に阿《おもね》り、効果を急ぐがために、社会に益を与えぬようなことになる。さればとて如何に精神的事業でも、いたずらに大言壮語《たいげんそうご》して、人生の根本に触るることのできぬ、大きな目論見《もくろみ》ばかり立てて、ごうも努力する所がないようでは、百載の後、たとい、黄河《こうが》の澄む期節《じせつ》があっても、到底失敗に終わり、最後の成功を収め得らるべきものでない。渾身《こんしん》の努力をさえ尽くしておれば、精神的事業においての失敗は、決して失敗ではない。あたかも孔夫子の遺業が、今日世界幾百千万の人に、安心立命の基礎を与えつつあるごとく、後昆《こうこん》を裨益《ひえき》〔利益となること〕し、人心の向上発達に貢献し得ることになり得るものである。

人事を尽くして天命を待て

天の果たして、如何《いか》なるものであろうかということについては、私の関係しておる帰一協会などの会合でも、しばしば議論の起こるところであるが、ある一部の宗教家中には、天を一種の霊的動物であるかのごとくに解釈し、これを人格ある霊体とし、あたかも人間が手足を動かして、あるいは人に幸福を授けたり、不幸を下《くだ》したりするのみならず、祈祷《きとう》したり御縋《おすが》り申したりすれば、天はこれをそうせられて、命を二、三にせらるるかのごとくに考えておらるる方もある。しかし天はこれらの宗教家方の考えらるるごとく、人格や人体を具《そな》えたり、祈願の有無によって、幸不幸の別を人の運命の上につけるごときものではない。天の命は、人のこれをしりもせず覚りもせぬ間に、自然に行なわれてゆくものである。もとより天は手品師のごとき、不可思議の奇跡などを行なうものではない。

これが天命であるか、かれが天命であるとかいうのは、畢竟人間が自分でそれぞれ勝手に決めることであって、天のごうも関知する所ではないのである。ゆえに人間が天命を畏《おそ》れて、人力の如何ともする能わざる、ある大なる力の存在を認め、人力を尽くしさえすれば、無理なことでも不自然なことでも、何でも必ず貫徹するものと思わず、恭、敬、信をもって天に対し、明治天皇の教育勅語《きょういくちょくご》のうちに、いわゆる古今に通じて謬《あやま》らず、中外に施して悖《もと》らぬ、坦々《たんたん》として長安《ちょうあん》に通ずる大道をのみ歩み、人力に勝ち誇って無理をしたり、不自然の行為をしたりするのを慎むということは、誠に結構の至りであるが、天あるいは神、あるいは仏を人格人体あり、感情に左右せらるるものであるかのごとくに解釈するのは、はなはだ間違った観念であろうかと思うのである。

天命は、人間がこれを意識してもはた意識しなくっても、四季が順当に行なわれて行くように、百事百物の間に行なわれてゆくものたるを覚り、これに対する恭、敬、信をもってせねばならぬものだ、と信じさえすれば、「人事を尽くして天命を待つ」なる語のうちに含まるる真正の意義も、初めて完全に解し得らるるようになるものかと思う。されば実際世に処して行く上において、如何に天を解してゆくべきものかという問題になれば、孔夫子の解せられておった程度にこれを解して、人格ある霊的動物なりともせず、天地と社会との間に行なわるる因果応報の理法を、偶然の出来事なりともせず、これを天命なりとして恭、敬、信の念をもって対するのが、最も穏当《おんとう》なる考え方であろうかと思うのである。

中国・湖畔で考えたこと

大正三年の春、支那旅行の途上、上海《シャンハイ》に着いたのは五月六日であったが、その翌日は鉄道で杭州《こうしゅう》に行った。杭州には西湖《せいこ》という有名な景勝の湖水があり、その辺《ほとり》に岳飛《がくひ》の石碑がある。その碑から四、五間《けん》ほど離れた処に、当時の権臣、秦檜《しんかい》の鉄像があって相対しておる。岳飛は宋末の名将で、当時宋と金《きん》との間にはしばしば戦いがあって、金のために宋は燕京《えんけい》を略取せられ、南宋《なんそう》と称して南方に偏在した。岳飛は朝命を奉じて出征し、金の大軍を破って、まさに燕京を回復《かいふく》しようとしたのであるが、奸臣《かんしん》〔わるだくみをする臣〕秦檜は、金の賄賂《わいろ》を納《い》れて岳飛を召還した。岳飛その奸を知って、「臣が十年の功一日にして廃《すた》る、臣職に称《かな》わざるにあらず。実に秦檜、君を誤るなり」と言ったが、彼はついに讒《ざん》〔告げ口〕によりて殺された。この誠忠なる岳飛と奸佞《かんねい》〔悪賢い人〕なる秦檜とは、今数歩を隔てて相対しておるのだ。如何にも皮肉ではあるが、対象また妙である。今日岳飛の碑を覧《み》に行った人々は、ほとんど慣例のように、岳飛の碑に対《むか》って涙を濺《そそ》ぐとともに、秦檜の像に放尿して帰るとのことである。死後において忠好判然たるは実に痛快である。

今日、支那人中にも岳飛のような人もあろう。また秦檜に似たる人がないとも言われぬけれども、岳飛の碑を拝して、秦檜の像に放尿するというのは、これ実に孟子のいわゆる「人性《にんせい》善《ぜん》」なるに、よるのではあるまいか。天に通ずる赤誠《せきせい》〔まごころ〕は、深く人心に沁《し》み込んで、千載の下《もと》、なおその徳を慕わしむるのである。これをもっても人の成敗《せいはい》〔成功と失敗〕というものは、蓋棺《がいかん》〔死ぬこと〕の後に非ざれば得て知ることができない。わが国における楠正成と足利尊氏も、菅原道真と藤原時平も、皆しかりというべきである。この碑を覧るに及んで、感慨ことに深きを覚えた。

「順境の人」と「逆境の人」

ここに二人があるとして、その一人は地位もなければ富もなく、もとよりこれを援《ひ》き立てる先輩もない。すなわち、世に立って栄達すべき素因というものが、極めて薄弱であるが、わずかに世の中に立つに足るだけ、一通りの学問はして世に出たとする。しかるに、その人に非凡の能力があって、身体が健全で、いかにも勉強家で、行ないが皆節に中《あた》り、何事をやらせても先輩をして安心させるだけに仕上げるのみならず、かえってその長上の意想外に出るほどにやるから、必ず多数人はこの人の行なう所を賞讃するに相違ない。しかして、その人は官にあると野にあるとを問わず、必ず言行《こと》なわれ、業《ぎょう》成り、ついには富貴栄達を得らるるようになる。

しかるに、この人の身分地位を側面から見ておる世人は、一も二もなく、彼を順境の人と思うであろうが、実は順境でも逆境でもなく、その人自らの力でそういう境遇を造り出したに過ぎないのである。

さらに他の一人は、性来懶惰《らんだ》〔なまける〕で、学校時代には落第ばかりしておったのを、やっとお情で卒業したが、さてこの上は今まで学んだ所の学問で世に立たねばならぬけれども、性質が愚鈍でかつ不勉強であるから、職を得ても上役から命ぜらるる所のことが、何もかも思うようにできない。心中には不平が起こって仕事に忠実を欠き、上役に受けが悪く、ついには免職される。家に帰れば父母兄弟《ふぼけいてい》には疎んぜられる。家庭に信用がないくらいなら、郷里にも不信用となる。こうなれば不平は益々嵩《かさ》まり、自暴自棄に陥る。そこにつけ込んで悪友が誘惑すると、思わず邪路《じゃろ》に踏み入り、勢い正道をもって世に立てぬことになるから、已むを得ず窮途《きゅうと》に彷徨《ほうこう》しなければならぬ。しかるに世人はこれを見て逆境の人といい、またそれが如何にも逆境であるらしく見えるのである。実はそうでなくて、皆自ら招いた所の境遇であるのだ。韓退《かんたい》之《し》がその子を励ました『符読書城南（符　書を城南に読む）』の詩の中に、「木之就テ二規矩ニ一、在リ二梓匠輪輿ニ一、人ノ之能ク為ルハレ人、由テナリ三腹ニ有ルニ二詩書一、詩書勤ムレバ乃チ有リ、不バレレ勤メ腹ハ空虚、欲セバレ知ント二学之ノ力ヲ一、賢愚同一初、由テ二其ノ不ルニレ能ハレ学ブ、所レ入ル遂ニ異ニスレ閭ヲ、両家各生メリレ子ヲ、提孩ニシテ巧ハ相ヒ如ケリ、少ク長ジテ聚テ嬉戯ス、不レ殊ナラ二同隊ノ魚ニ一、年至テ二十二三ニ一、頭角稍ミ相疎ナリ、二十ニシテ漸ク乖張ス、清溝映ズ二汗渠ニ一、三十ニシテ骨骼成ル、乃チ一ハ竜一ハ豬飛黄騰踏シ去ル、不レ能ハレ顧ルコト二蟾蜍ヲ一、一為リ二馬前ノ卒ト一、鞭レテレ背ヲ生ズ二虫蛆ヲ一、一為リ二公ト与レ相ト、潭潭タリ府中ノ君、問フレ之ヲ何ニ因テ爾ル、学ブ与ト不ルレ学バ歟」（木の規矩《きく》につきて、梓匠輪輿《ししょうりんよ》にあり。人のよく人たるは、腹に詩書あるによりてなり。詩書勤むれば、すなわち有り。勤めざれば腹は空虚。学の力を知らんと欲せば、賢愚同一初、其の学ぶあたわざるによりて、入るところついに閭《りょ》を異《こと》にす。両家おのおの子を生めり。提孩《ていがい》にして巧《う》は相如《あいし》けり。少《すこ》しく長じて聚《あつ》まりて嬉戯《きぎ》す。同隊の魚にことならず。年、十二、三に至りて、頭角やや相疎《あいそ》なり。二十にしてようやく乖張《かいちょう》す。清溝《きよきみぞ》、汙渠《きたなきみぞ》に映ず。三十にして骨骼《こっかく》なる。すなわち一《いつ》は竜、一は豬《ちょ》。飛黄騰踏《ひこうとうとう》し去る。蟾蜍《ひきがえる》を顧みることあたわず。一《いつ》、馬前の卒《そつ》となり、背を鞭《むちう》たれて虫蛆《うじ》を生ず。一《いつ》、公と相《しょう》となり、潭潭《たんたん》たり府中の君。これを問う、何に因りてしかる。学ぶと学ばざるとか）」云々という句があるが、こは主として学問を勉強することについて、いったものであるとはいえ、またもって順逆二境のよって岐《わか》るるを知るに足るであろう。要するに悪者は教うるとも仕方なく、善者は教えずとも自ら仕方を知っていて、自然とその運命を造り出すものである。ゆえに厳正の意味より論ずれば、この世の中には順境も逆境も無いということになる。

もしその人に優れた智能があり、これに加うるに欠くる所なき勉強をしてゆけば、決して逆境におるはずはない。逆境がなければ順境という言葉も消滅する。自ら進んで逆境という結果を造る人があるから、それに対して順境なぞという言葉も起こって来るのである。たとえば、身体の尫弱《おうじゃく》「ひよわ」の人が、気候を罪して寒いから風を引いたとか、陽気に中《あた》って腹痛がするとかいって、自分の体質の悪いことはさらに口にしない。これも風邪《ふうじゃ》や腹痛という結果の来る前に、身体さえ強壮にしておいたならば、何もそれらの気候のために病魔に襲わるることはないであろうに、平素の注意を怠るがために、自ら病気を招くのである。しかるに病気になったからといって、それを自分の責めとはせず、かえって気候を怨《うら》むに至っては、自ら作った逆境の罪を天に帰すると同一論法である。孟子が梁《りょう》の恵王《けいおう》に「王歳《とし》を罪すること無くんば、ここに天下の民至らん」といったのも、やはり同じ意味で、政治の悪いことを言わず、歳の悪いことにその罪を帰せしめんとした誤りである。もし民の帰服せんことを欲するならば、歳の豊《ほう》凶《きょう》はあえて与《あず》かる所にあらず。もっぱら治者の徳の如何を主とせなければならぬ。しかるに民が服せぬからといって、罪を凶歳《きょうさい》に帰して自己の徳の足らざるを忘れているのは、あたかも自ら逆境を造りながら、その罪を天に問わんとすると同一主義である。とにかく世人の多くは、わが智能や勤勉を外《よそ》にして逆境が来たかのごとくいうの弊がある。そは愚もまたはなはだしいもので、余は相当なる智能に加うるに勉強をもってすれば、世人のいわゆる逆境などは、決して来らぬものであると信ずるのである。

以上述べた所よりすれば、余は逆境はないものであると、絶対に言い切りたいのであるが、そうまで極端に言い切れない場合が一つある。それは智能才幹《ちのうさいかん》〔物事を成しとげる知恵や能力〕、何一つの欠点もなく、勤勉精励、人の師表《しひょう》〔模範となること〕と仰ぐに足るだけの人物でも、政治界、実業界に順当に志の行なわれてゆく者と、その反対に何事も意と反して蹉跌《さてつ》〔失敗〕する者とがある。しかして後者のごとき者に対して、余は真意義の逆境なる言葉を用いたいのである。

細心にして大胆であれ

社会の進歩とともに、秩序が整ってくるのは当然のことであるが、それとともに新規の活動を始めるに多少不便ともなり、自然保守に傾くようなことにもなる。もとより軽佻《けいちょう》浮薄な行動は、いずれの場合においても慎むべきであるが、あまりに大事を考えて因循《いんじゅん》姑息《こそく》〔古いしきたりにこだわって、その場しのぎに終始する〕となり、いわゆる固くもなり、惰弱に流るるごときこともなる結果、進歩発展を阻害する傾向を生じては個人の上においても、また国家の前途に関しても、はなはだ憂うべきことといわねばならぬ。

　世界の大勢は、日に月に動いて競争は激甚となり、文物は日進月歩の有様であるが、わが国は不幸にして、久しい間鎖国の状態にあったので、世界の趨勢《すうせい》に後れた。開国以来、たとい列国を驚異せしむるほどの、急速の進歩をなしたとは言え、万般の事物が彼に後れていることは争われぬ。すなわち後進国の状態を免れないのである。ゆえに、かの先進国と競争し角逐《かくちく》〔勝ちを争う〕し、さらにこれを凌駕《りょうが》して行こうとするには、彼に倍する努力をもって進まねばならぬ。多少にても個人の向上を助け、国運を進転せしむる事には、全力を傾倒して勇猛心を必要とするのである。されば従来の事業を後生大事に保守し、あるいは過失失敗を虞《おそ》れて逡巡《しゅんじゅん》するごとき弱い気力では、到底国運の退嬰《たいえい》を来さずにはおらぬのである。ぜひとも深くこの点を考えて、大いに計画もし発達もして、真実の価値ある一等国とならねばならぬ。溌剌《はつらつ》たる進取の気力を養うことはもちろん、且つ発揮する必要を痛切に感ずることは、現時においてことさらである。

溌剌たる進取の気力を養い、かつ発揮するには、真に独立独歩の人とならねばならぬ。人に依頼するに過ぐる時は、はなはだしく自分の実力を退嬰せしめ、最も大切な自信というものが容易に生ぜず、ついには因循卑屈の性をなしてしまうものなれば、深く自己を鞭撻《べんたつ》して、弱い気の生ずるを防がねばならぬ。また、あまりにか堅苦しく物事に拘泥《こうでい》し、細事に没頭する時は、自然に溌剌たる気力を銷磨《しょうま》〔すりへらす〕し、進取の勇気を挫《くじ》くことになるのであるから、この点も深く注意せねばならぬ。元より細心周到なる努力は必要であるが、一方大胆なる気力を発揮して、細心大胆両者相俟ち、溌剌たる活動をなし、初めて大事業を完成し得るものであるから、近来の傾向については、大いに警戒せねばならぬ。近頃青年の間に新しい活気が勃興《ぼっこう》し、大いにその本領を発揮せんとする傾向を生じたのは、すなわち慶賀すべきことになるが、壮年社会に不活発の傾向が、依然として瀰漫《びまん》〔広がりはびこる〕するようでは、憂うべきことと言わねばならぬ。独立不羈《どくりつふき》の精神を発揮するには、今日のごとく政府万能の状態で、民間の事業が政府の保護に恋々たる状の見えるごとき風を一掃し、鋭意民力を伸張して、政府を煩わさないで事業を発展せしむる覚悟が必要である。また細事に拘泥し部局のことにのみ没頭する結果、法律規則の類を増発し、汲々《きゅうきゅう》としてその規定に触れまいとし、あるいはその規定内のことに満足し、齷齪《あくせく》しているようでは、とても進新の事業を経営し、溌剌たる生気を生じ、世界の大勢に駕することは覚束《おぼつか》ない。

成功も失敗も人生の残りかす

世の中には悪運が強くて、成功したかのごとくに見える人が、ないでもない。しかし人を見るに、単に成功とかまたは失敗とかを標準とするのが、根本的誤りではあるまいか。人は人たるの務めを標準として、一身の行路を定めねばならぬので、いわゆる失敗とか成功とかいうものは問題外で、仮に悪運に乗じて成功したものがあろうか、善人が運拙くして失敗した者があろうが、それを見て失望したり悲観したりするには及ばないではないか。成功や失敗のごときは、ただ丹精した人の身に残る糟粕《そうはく》〔酒のしぼりかす〕のようなものである。

現代の人の多くは、ただ成功とか失敗とかいうことのみを眼中に置いて、それよりもモット大切な天地間の道理を見ていない。彼らは実質を生命とすることができないで、糟粕に等しい金銭財宝を主としているのである。人はただ人たるの務めを完うすることを心掛け、自己の責務を果たし行ないて、もって安んずることに心掛けねばならぬ。

広い世界には、成功すべくして失敗した例はいくらもある。智者は自ら運命を作ると聞いているが、運命のみが人生を支配するものではない。智恵がこれに伴って、初めて運命を開拓することができるのである。如何に善良の君子でも、肝腎《かんじん》な智力が乏しくて、イザという場合に機会を踏み外したら成功は覚束《おぼつか》ない。家康と秀吉とはよくこの事実を証明している。仮に秀吉が八十歳の天寿を保ち、家康が六十で死去したらどうであったろうか。天下は徳川の手に帰せずして、かえって豊臣の万歳であったかもしれぬ。しかるに数奇なる運命は、徳川氏を助けて豊臣氏に禍《わざわい》した。単に秀吉の死期が早かったのみならず。徳川氏には名将智臣《ちしん》が雲のごとく集まったが、豊臣氏には淀君《よどぎみ》という嬖妾《へいしょう》〔めかけ〕が権威を擅《ほしいまま》にして、六尺の孤《みなしご》を託すべき誠忠無二の且元《かつもと》は擯《しりぞ》けられ、かえって大野父子が寵用《ちょうよう》されるという有様、しかのみならず、石田《いしだ》三成《みつなり》の関東征伐の一挙は、豊臣氏の自滅を急がしむるの好機会を造った。そも豊臣氏愚なるか、徳川氏賢なるか、余は徳川氏をして三百年の泰平の覇業を成さしめたものは、むしろ運命のしからしむる所であったと判断する。しかしながら、この運命を捉《とら》えることがむずかしい。常人は往々にして際会せる運命に乗ずるだけの智力を欠いているが、家康のごときはその智力において、当来せる運命を捕捉したのである。

とにかく人は誠実に努力《どりょく》黽勉《びんべん》〔精を出す〕して、自ら運命を開拓するが宜《よ》い。もしそれで失敗したら、自己の智力が及ばぬためと諦《あきら》め、また成功したら智恵が活用されたとして、成敗《せいはい》に関わらず天命に托《たく》するがよい。かくて敗れても飽くまで勉強するならば、いつかは再び好運に際会する時が来る。人生の行路は様々で、時に善人が悪人に敗けたごとく見えることもあるが、長い間の善悪の差別は確然とつくものである。ゆえに成敗に関する是非善悪を論ずるよりも、まず誠実に努力すれば、公平無私なる天は、必ずその人に福《さいわい》し、運命を開拓するように仕向けてくれるのである。

道理は天における日月のごとく、終始昭々《しょうしょう》〔明るく輝くさま〕乎《こ》としてごうも昧《くら》まさざるものであるから、道理に伴って事をなす者は必ず栄え、道理に悖《もと》って事を計る者は必ず亡ぶることと思う。一時の成敗は長い人生、価値の多い生涯における泡沫《ほうまつ》のごときものである。しかるにこの泡沫のごときものに憧憬《あこが》れて、目前の成敗のみを論ずる者が多いようでは、国家の発達進歩も思いやられる。よろしくその様な浮薄な考えは一掃し去りて、社会に処して実質のある生活をするが宜い。いやしくも事の成敗以外に超然として立ち、道理に則《のっと》って一身を終始するならば、成功失敗のごときは愚か、それ以上に価値ある生涯を送ることができるのである。いわんや成功は人たるの務めを完《まっと》うしたるより生ずる糟粕たるにおいては、なおさら意に介するに足らぬではないか。

格言五則

天地鬼神之道、皆悪二満盈一。謙虚冲損、可二以免レ害。 **顔氏家訓**

天地鬼神《てんちきじん》の道《みち》、皆満盈《みなまんえい》を悪《にく》む。謙虚冲損《けんきょちゅうそん》なれば、以《もっ》て害《がい》を免《まぬ》かるべし。

【訳】天道地道そして神霊祖霊は、満ちあふれること（満盈）を好まれない。〔それにしたがい〕満ちあふれるのではなく謙遜して引いていれば、災難を避けることができる。

天道先レ春後レ秋、以成レ歳。為レ政先レ令後レ誅、以為レ治。 **揚子**

天道《てんどう》　春《はる》を先《さき》にし秋《あき》を後《あと》にし、以《もっ》て歳《とし》を成《な》す。政《まつりごと》を為《な》すに令《れい》を先《さき》にし誅《ちゅう》を後《あと》にせば、以《もっ》て治《ち》を成《な》す。〔この文言は、『揚子法言《ようしほうげん》』の本文ではなく、李軌《りき》の注である。〕

この文は、『揚子法言《ようしほうげん》』先知篇にある「天　秋を先にし春を後にせんや、将《は》た春を先にし秋を後にせんや」という本文に対して李軌《りき》がつけた注の文である。それを『揚子法言』の本文だと思って誤引している。また、「成治」を「為治」と誤記していたため、「成」に改めた。

【訳】天体の運行する道は、〔種を蒔く〕春を先にし、〔収穫をする〕秋を後にして一年が成り立っている。行政の場合も、先に法令を定めて〔従わなかった者を〕罰するのは後とすることで、統治を完成する。

論レ農曰、霑レ体塗レ足、暴二其髪膚一、尽二其四肢之力一、以従二事於田野一。

国語

農《のう》を論《ろん》じて曰《いわ》く、体に霑《あせ》し足《あし》に塗《どろぬ》り、其《そ》の髪膚《はっぷ》を〔太陽に〕暴《さら》し、其《そ》の四肢《しし》の力《ちから》を尽《つく》し、以《もっ》て田野《でんや》に従事《じゅうじ》す。〔「論農曰」の語句は『国語』の原文にはない。〕
『国語』斉《せい》語のことばである。ただ、「論農曰」は誰かが原文の内容を踏んで勝手に加えたことばである。または、渋沢がそのような文を孫引きしたのかもしれない。なお、「力」は原文では「敏」であるが、これは訓《よ》みにくく、韋昭《いしょう》は「敏」を「材」〔能力〕と注釈を加えている。それをさらに分かりやすくするために、誰かが「力」に変えたのであろう。
【訳】〔農業について論じたうちの一節〕身体は汗だくで足は泥まみれ、身体は焼けるような強い日差しの下、その手足の力の限りを尽くして、農業に励む。

農不レ如レ工、工不レ如レ商、刺二繡文一、不レ如レ倚二市門一。

史記貨殖伝

農《のう》は工《こう》に如《し》かず、工《こう》は商《しょう》に如《し》かず、繡文《しゅうぶん》を刺《ぬ》うは、市門《しもん》に倚《よ》るに如《し》かず。

【訳】農民よりも工員の収入が高く、工員よりも商人の収入が高く、〔手作業で〕刺繍《ししゅう》をする職人よりも街の入り口にある門あたりでそれを売る商人の収入が高い。

農事傷則饑之本也。女工害則寒之源也。

劉新勰論

農事《のうじ》傷《そこな》わるるは則《すなわ》ち饑《うえ》の本《もと》なり。女工《じょこう》（紡織）害《そこな》わるるは則《すなわ》ち寒《かん》の源《みなもと》なり。

劉勰《りゅうきょう》『新論』のことば（『劉新勰論』は原文の誤り）。「饑」は原文では「飢」。

【訳】農業が天災に見舞われることは飢饉のもとになる。紡織が調子を落とすことは寒さに苦しむもとになる。

付録

「渋沢栄一」これからを生き抜く言葉27

1

世の中の事はすべて心の持ちよう一つでどうにでもなる。

（『渋沢栄一訓言集』一言集）

2

無欲は怠慢の基である。

（『渋沢栄一訓言集』一言集）

3

悲観的の人は残酷である。

（『渋沢栄一訓言集』一言集）

4

真似はその形を真似ずして、その心を真似よ。

（『渋沢栄一訓言集』一言集）

5

長所はこれを発揮するに努力すれば、短所は自然に消滅する。

（『渋沢栄一訓言集』一言集）

6

一朝《いっちょう》、事に臨んで感激すれば、おのずから意気の奮興するものである。

(『渋沢栄一訓言集』一言集)

7

道は誰にも行い得られるものである。人にはみな道を行うに足るだけの力がある。ただその力と道とに大小の差があるに過ぎぬ。

(『渋沢栄一訓言集』道徳と功利)

8

何事にも熱情なき人がある。これを国家社会の上から見れば、酔生夢死《すいせいむし》の人間というほかなく、その種の人が多くなればすなわち国は必ず滅ぶ。

(『渋沢栄一訓言集』座右銘と家訓)

9

経済に国境なし。いずれの方面においても、わが智恵と勉強とをもって進むことを主義としなければならない。

(『渋沢栄一訓言集』国家と社会)

10

ただ悪い事をせぬというのみにては、世にありて、何も効能もない。

(『渋沢栄一訓言集』処事と接物)

11

要するに習慣というものは、善くなり、悪くもなるから、別して注意せねばならない。

（『渋沢栄一訓言集』座右銘と家訓）

12

礼儀ほど美しいものはない。

（『渋沢栄一訓言集』一言集）

13

信用は暖簾《のれん》や外観の設備だけで、収め得られるものではなく、確乎たる信念から生ずるものである。

（『渋沢栄一訓言集』座右銘と家訓）

14

およそ目的には、理想が伴わねばならない。その理想を実現するのが、人の務めである。

（『渋沢栄一訓言集』処事と接物）

15

すべて世の中の事は、もうこれで満足だという時は、すなわち衰える時である。

（『渋沢栄一訓言集』国家と社会）

16

人は誠実に努力して運命を俟《ま》つに如《し》くはない。

（『経済と道徳』）

17

神経的のくだらぬ心配は健康上大害がある。これを除くには学問を立脚地として、精神修養の功を積むほかはない。

（『渋沢栄一訓言集』立志と修養）

18

功名心は大切だが、間違えると人を誤らせる原因になる。功名心には、常に「道理」が伴わなければならない。

（『富と幸せを生む知恵』）

19

いずれの教えにしろ、人間の根本性について説くところは『愛』であり、『善』である。

（『渋沢栄一訓言集』座右銘と家訓）

20

その人、その国の生存上最も必要なるは実業である。この実業の力を強くするのが、すなわち国の富を強くする所以《ゆえん》である。

（『渋沢栄一訓言集』実業と経済）

21

自分が信じぬことは言わず、知った以上は必ず行うという念が強くなれば、自然に言語は寡黙になり、行為は敏捷になるものである。

（『渋沢栄一訓言集』立志と修養）

22

一人の楽しみは、決してその人限りに止まらず、必ず広く他に及ぶ。

（『渋沢栄一訓言集』処事と接物）

23

いかに忙しき時とても、仕事を考えながら人と談話し、談話しながら事務上に心を配るなどは、過誤を招く所以である。

（『渋沢栄一訓言集』処事と接物）

24

多くの葉を摘まんと思えば、その枝を繁茂させなければならない。その枝を繁茂させようと思えば、その根を培養せねばならない。

（『渋沢栄一訓言集』座右銘と家訓）

25

他人を押し倒してひとり利益を獲得するのと、他人をも利して、ともにその利益を獲得するといずれを優れりとするや。

（『渋沢栄一訓言集』道徳と功利）

26

銀行は大きな河のようなものだ。銀行に集まってこない金は、溝《みぞ》に溜《た》まっている水やポタポタ垂れている滴《しずく》と変わりない。

（『第一国立銀行株主募集布告』）

27

人の幸福は自己の才識、勉強によってのみ発展すると思うは、大いなる誤解である。

（『渋沢栄一訓言集』処事と接物）

引用・参考図書

・『あらすじ論語と算盤』渋澤健＝監修／宝島社
・『経済と道徳』渋沢栄一＝著／徳間書店
・『現代語訳 渋沢栄一自伝』渋沢栄一＝著、守屋淳＝訳／平凡社
・『現代語訳 論語と算盤』渋沢栄一＝著、守屋淳＝訳／筑摩書房
・『渋沢栄一訓言集』渋沢栄一＝著／国書刊行会
・『渋沢栄一の生涯』渋沢栄一研究会＝著／宝島社
・『渋沢百訓 論語・人生・経営』渋沢栄一＝著／角川学芸出版
・『青淵百話』渋沢栄一＝著／同文館
・「第一国立銀行株主募集布告」
・『富と幸せを生む知恵』渋沢栄一＝著／実業之日本社
・『論語講義（一）』渋沢栄一＝著／講談社
・『論語講義（二）』渋沢栄一＝著／講談社
・『論語と算盤』渋沢栄一＝著／ＫＡＤＯＫＡＷＡ

[新書版《しんしょばん》]論語《ろんご》と算盤《そろばん》—お金《かね》の大事《だいじ》なこと

2024年3月15日　初版第1刷発行
2024年8月15日　　　第2刷発行

著者　渋沢栄一《しぶさわえいいち》

発行者　笹田大治
発行所　株式会社興陽館
〒113-0024
東京都文京区西片1-17-8　KSビル
TEL 03-5840-7820
FAX 03-5840-7954
URL https://www.koyokan.co.jp

装丁　長坂勇司（ナガサカデザイン）
校正　結城靖博
編集補助　伊藤桂　飯島和歌子
編集人　本田道生

印刷　惠友印刷株式会社
DTP　有限会社天龍社
製本　ナショナル製本協同組合

ISBN978-4-87723-322-8 C0234